体教融合下高校体育教学创新研究

吴佐　刘翀　刘昱材　著

吉林科学技术出版社

图书在版编目（CIP）数据

体教融合下高校体育教学创新研究 / 吴佐，刘翀，刘昱材著 . -- 长春：吉林科学技术出版社，2023.6
ISBN 978-7-5744-0674-2

Ⅰ. ①体… Ⅱ. ①吴… ②刘… ③刘… Ⅲ. ①体育教学－教学研究－高等学校 Ⅳ. ① G807.4

中国国家版本馆 CIP 数据核字 (2023) 第 136467 号

体教融合下高校体育教学创新研究

著	吴 佐 刘 翀 刘昱材
出 版 人	宛 霞
责任编辑	赵海娇
封面设计	长春市阴阳鱼文化传媒责任有限公司
制 版	长春市阴阳鱼文化传媒责任有限公司
幅面尺寸	185 mm×260 mm
开 本	16
字 数	290千字
印 张	14.75
印 数	1-1 500册
版 次	2023年6月第1版
印 次	2024年2月第1次印刷

出 版　吉林科学技术出版社
发 行　吉林科学技术出版社
地 址　长春市净月区福祉大路5788号
邮 编　130018
发行部电话/传真　0431-81629529 81629530 81629531
　　　　　　　　　　81629532 81629533 81629534
储运部电话　0431-86059116
编辑部电话　0431-81629380
印 刷　三河市嵩川印刷有限公司

书 号　ISBN 978-7-5744-0674-2
定 价　95.00元

在新时代背景下，体教融合是中国体育和教育领域共同做出的一项具有新特点的重大改革项目。实现体教融合理念引导下的高校体育教学的创新发展，不仅是体教融合发展的需要，同时也是助推体育强国建设的重要保障。在这个大背景下，体教融合视域下的高校体育教学在高质量发展中可能存在的问题，以及如何解决问题，使体育与高等教育领域的各方面都可以高质、高量、高效发展，是学术界亟需解决的难点。基于此，在体教融合理念的引导下，遵循创新性原则，来探讨新发展时期高校体育教学的建设与发展，具有重要的现实意义。本书通过对体教融合理念的产生背景与发展动态进行解析，回顾了我国学校体育教学的发展历程，总结了"举国体制"与"体教结合"的局限性与弊端，进一步阐述了体教融合视域下的高校体育教学创新发展的时代意蕴与研究价值。

本书分十一章，分别为：第一章、学校体育概述；第二章、学校体育的地位与作用；第三章、学校体育教学改革发展趋势；第四章、体教融合的提及背景与发展基础；第五章、高校体育体教融合的体制难点与制度设计；第六章、体教融合下高校体育教学改革的模式构建；第七章、体教融合下高校体育教学的高质量发展；第八章、体教融合下高校足球人才培养的现状审视与提升路径研究；第九章 体教融合下高校体育教学过程与评价的革新；第十章 体教融合下课外体育管理探索；第十一章 体教融合下高校科学化运动训练理论。

本书共 29 万字，吴佐负责撰写 15 万字，刘翀负责撰写 13 万字，刘昱材负责撰写 1 万字。

在本书撰写过程中，参考和引用了国内外许多专家学者的著作和宝贵研究成果及鲜活的实践经验，因种类较多，不能一一说明，兹将文章名称附录于书后，在此谨向这些宝贵资料的原著作者致以由衷的谢意。由于编者水平有限，书中定会存在一些不足甚至是错误的地方，恳请读者批评、斧正。

目录

高校体育体教融合的体制难点与制度设计

体教融合下高校体育教学改革的模式构建

体教融合下高校体育教学的高质量发展

体教融合下高校足球人才
的培养审视与提升路径

体教融合下高校体育教学评价的革新

体教融合下课外体育教育管理探索

体教融合下高校科学化运动训练理论

学校体育教学
的发展历程

我国学校体育
的发展概况

▍ 我国古代学校体育简况

我国是一个有着悠久历史的文明古国，几千年的文化教育历史曾为世界文明的发展做出了积极的贡献。中国古代学堂始于奴隶社会，据史书记载，夏代已有不同名称的学堂"学堂"、"序"、"库"等。商代另有学校教育"大"、"库"两个层次。西周时，学校又有所发展，分为"国学"和"乡学"两种，但都是为奴隶主的贵族子弟而设，以礼、乐、射、御、书、数为教育内容，称为"六艺"六艺"），"其中，《射雕》、《皇家》和《音乐里的舞蹈》，都是具有运动性质。学校在这个时候已经形成了一个比较完整的体系。西周以后，东周和春秋战国时期，我国社会由奴隶制向封建制社会转变，由原来的"学而优则仕"学而优则仕"转变，民间讲学、办学堂之风甚为流行。然而，从西汉到清末，学校的教育内容以儒家的"四书"、"五经"为主，注重德育、智育，教育思想重文轻武，"四经"、"五经"五经"五经"五经"五经直到清末，我国开始学习日本和欧美国家的教育，开办了近代式的学校学校中才开始有了体操（相当于体育运动）的教育内容，社会上也开始有了西式的体育活动，直到清朝末年，日本和欧美国家的教育才开始有了。由此可见，我国古代的学校体育由于受封建社会重文轻武思想的影响，学校学校教育中始终未能取得应有的地位，甚至在学校教育中基本被排除在外，所以在我国古代，学校体育一直未能得到应有的发展。

▍ 中国现代学校体育的形成与发展概况

1840 年，第一次鸦片战争使以小农经济和家庭手工业相结合为特征、自给自足的封建自然经济逐步发生根本性变化，清朝政府被迫签订了一系列不平等条约。19

世纪 60 年代，清王朝为了挽救自己发发可危的统治推出了一次所谓的洋务运动，开始提倡"办洋务"、"兴西学"。在"中学为体，西学为用"的思想指导下，洋务派在近代中国教育史上创立了多所新式学堂。并派出最早的官费留学生，在为中国近代社会发展产生重大影响的同时，也奠定了中国学校推行体育运动的基础，为中国培养了第一批新型人才。

甲午战争在 1894 年的失败，标志着洋务运动的彻底失败，继往开来的的改良主义。中国近代史上的一批有志之士抱着"救亡图存"的目的，他们纷纷寻求西方国家的真相，一股改良主义思潮逐渐形成。以康有为、梁启超、谭嗣同、严复等为代表的维新派，积极主张西学，大量引进西方资产阶级的科学文化教育，其思想观念是中国知识，提倡学校教育应该"三育并重"。他们所强调的体育运动在学校教育中的重要地位和作用，尽管维新运动很快就以全面失败而告终，提出的对传统封建教育思想的的冲击，是锻炼体魄、崇尚尚武精神的表现，同时对我国学校体育的发展也产生了深远的影响。

1901 年，清政府开始宣布实行"新政"，以缓和国内阶级矛盾。《奏定学堂章程》于 1903 年颁布。章程对各级各类新型学校的学制、班制、学时标准等作了规定。同时，"体操"科目"宜以兵式体操为主"，不论大、中、小学均有规定学校教育要开设体操科，这在我国历史上还是第一次以政府名义。这一新学制的实施，使近代学校体育得以普遍推行，从而结束了我国学校教育两年多来基本无体育的历史，也是我国学校体育教育的一个重要原因。辛亥革命时期的学校体育并无大的发展，基本上还是沿袭以兵士体操为主的体操课。

"五四"新文化运动使我国学校体育事业进入了一个新的发展时期。我国当时的一些具有先进思想的教育家先后发表了自己对体育的独特认识：胡适作为新文化的先驱，提倡新文化、新体育；恽代英，中国青年运动的先驱，提倡群众体育，他提出学校体育的目的应是"保学生之健康"；陈独秀提倡"三育并重"；毛泽东同志 1917 年发表在《新青年》上的《体育之学》一文，提出体育的目的不仅是为了"健康"，更重要的是为了"为国家保驾护航"；运动的效用可以"强筋骨，长见识，调感情，强意志"，使人"身不离心，身不离意"。这些教育家的先进教育思想对我国学校体育的发展起到了非常重要的作用。

1922 年 9 月，教育部在济南召开学制会议，稍加修改全国教育总会通过的学制草案，并于同年 11 月颁布了所谓新学制（教育史上称为"壬午学制"）的《学校制度改革令》。壬午学制的颁布，标志着我国军国主义教育走向衰亡。新学制颁布后.《中小学课程标准大纲》又于 1923 年 6 月颁布。学校的"体操课"正式更名为《课标》中的"体育课"。

从此，学校体育彻底取消兵操，更加丰富了体育课和课外体育活动内容，向有利于学生健康成长的方向发展了田径、体操、球类等项目。这是中国学校体育事业的一次重大变革，也标志着中国学校体育事业发展迈上了一个新的台阶。在这个阶段，学校体育思想也发生了很大的改变，过去以军国民主义为主导的体育思想逐渐被欧美的自然主义思想所取代。在教学方法上，大量采用三段教学法，将一节课分为三个阶段：预备操，主操，整理操，以强化教学效果。在女子项目得到长足发展的同时，也逐渐开始重视培养体育师资力量。

中国出现了两种政权，两个地区，学校体育的发展也处在错综复杂的环境中，发展很不平衡，1927年国民党背叛革命，建立南京国民政府，同时中国共产党开展了创建农村革命根据地的武装斗争。在国民党统治区，为了加强学校体育的管理，国民党政府一度成立了学校体育领导机构，先后颁布了多部学校体育法令，并在此基础上于1940年3月公布了《各级学校体育实施方案》，这是中国近现代史上第一部比较全面的学校体育实施方案，是中国近代体育的第一部实施方案。

同时，中共领导下的革命根据地对学校开展体育运动十分重视。体育课外体育活动在苏区和解放区各级各类学校中都有开展，各类体育比赛、运动会也经常举办。为解放区培养了一批体育干部，1941年创建延安大学体育系。革命根据地的学校体育事业在中国共产党的正确领导下有了长足的发展，也奠定了学校体育在新中国的基础。

建国以来学校体育发展概况

1949年10月，中华人民共和国成立，揭开了崭新的中国历史一页。国的学校体育也像其它学科一样走上了一条虽婉蜒但却前途光明的大道。国后我国的学校体育教育大致可分为以下4个阶段教育阶段。

（一）初创阶段（1949—1957）

学校体育体育的基础，是国家体育事业的重点，对学校体育工作的特殊关注，在新中国刚刚诞生的时候就体现了出来。1950年年，毛泽东两次给当时的教育部长马叙伦写信，提出"卫生第一、学习第二"的指示。

1951年7月，十五届全国学生代表大会决议又提出：要"在学校中积极开展体育和文娱活动，努力提高全国学生的身体健康状况，使每个学生都有强健的体魄，能胜任紧张的重要的工作"。特别是1951年8月6日，中央人民政府政务院发布的《关于改善各级各类学校学生身体健康状况的决定》指出：要"切实改进体育教学，尽量充实文体娱乐器材，加强学生体质锻炼"；规定"除体育课和晨操或课间活动外，学生每天的体育、娱乐活动或生产劳动时间以1小时小时半为原则"。从那时起，学校的体育运动就开始朝着全面建设的路子上迈进。1952年，教育部和国家体委联合颁布了《学校体育工作暂行规定》，明确指出我国学校体育的基本目标是："促进学生身心发展，强健体魄，对学生进行品德教育，使其在从事社会主义建设和保卫祖国的工作中，能够很好地完成学习任务"。为了达到这一目标，1952年教育部在各级各类学校的教育计划中正式规定：为保证学校体育目标的实现，从小学一年级开始，到大学二年级，每周两课时，都要开设体育必修课程。1953年，教育部为了学习和借鉴，组织翻译了《苏联十年制体育教学大纲》，把它介绍给全国的体育老师。教育部于1956年7月月分别制定了适合我国国情的《小学体育教学大纲（草案）》、《中学体育教学大纲（草案）》和《师范学校体育教学大纲（草案）》。第一个全国统一使用的《普通体育课教学大纲》也是高教部1956年制定的。《体育教学大纲》的颁布，使我国学校体育教学的课堂常规初步建立起来，对各级各类学校的体育教学有了统一的规范要求。

1954年，国家体委参照苏联模式，结合我国情况，制定并颁布了《劳动和卫国体育预备制度》（简称"劳卫制"），要求初中毕业生达到"劳卫制"低年级标准，高中毕业生达到"劳卫制"低年级标准，同时要求初中毕业生达到"劳卫制"一级这一制度的推行，对于促进中国学校体育运动的发展，有着举足轻重的作用。新中国成立之后，党和政府十分重视我国的体育师资培训，并采取了一系列措施来培养体育师资。

1952年，中国历史上第一所体育学院——华东体育学院（1956年更名为上海体育学院）在上海诞生，其指导方针是"以培养工业建设人才和师资为重点，发展专门专门学校"。后来，11所体育学校和中体大专班相继在全国建立起来，体育科系设在38所师范院校，使建国之初学校对体育师资的需求矛盾得到了很大的缓解，新中国的学校体育也得到了很大的发展。

（二）曲折发展阶段（1958-1965）

1958年教育战线受"左"的思想干扰，学校正常教学秩序被"大跃进"的影响而打乱。学校体育也受到左倾思想的影响，在一定程度上损害了学生的同时，提出了与学校体育工作一般规律相违背的的高指标。"左"的思想得到遏制，人们的思想得到解放，学校体育工作在党中央"调整、巩固、充实、提高"的指导下重新走上正轨。

1961年，人民教育出版社及时编辑出版了《普通高等学校体育课教材大纲》和《小学体育教材和教师用书》，由高教部颁发。特别是1963年5月，教育部在北京召开了省、市、自治区教育部门（局）体育干部座谈会。

重点就积极开展各项体育活动、体育竞赛和提高在职教师业务水平等方面的问题，对试用中、小学体育教材，提高课堂教学质量进行了研讨。讨论使大家开始把注意力转移到体育课如何提高教学质量上来，从而推动了体育教学工作的正规化。

1964年8月，国务院批转了教育部、卫生部、国家体委《关于中小学校学生健康状况的报告》（以下简称《报告》），对学校体育卫生工作进行了改进。《报告》中指出："学校体育要面向广大学生，首先是每周上好两节课，同时坚持晨练、课间操，每周安排两次课外体育活动，然后可以在广泛开展群众性体育活动的基础上，适当组织学生体育比赛，""学校体育活动应面向广大学生，坚持每天两节课有条件的学校开始试行"青少年体育锻炼标准"，报告也在鼓励之列。这样，初步形成了学校以"两课两操两活动"为中心的文体活动格局。从此学校体育运动又蓬勃开展起来。

（三）严重破坏阶段（1966—1976）

"文化大革命"使学校教育受到了严重破坏，学校体育也难逃厄运。体育课基本上被军事课和劳动课所替代，违背学校体育宗旨，违背学生身心发展规律，教学内容达不到体育课应有的作用。由于无法完成既定的教学目标和内容，给体育教育造成极大损失，学生的身体状况明显下降。

1973—1974 年，北京、天津、沈阳等城市对当地近万名中小学生进行了体检，目前已有近万名中小学生接受了体检，发现肺活量、心血管功能等指标都低于"文革"前的同龄学生水平。因此，这一时期的学校的体育基本上是乱七八糟、原地踏步。

（四）改革开放，发展新阶段（1977 年至今）

一九七六年十月，历时十年的 [文化大革命] 总算告一段落。在 1977 年，教育部成立了体卫司，国家体委又重新建立了学校体育处，各省、市、县、教育厅（局）也分别成立了体育卫生处（科），并设置了专门研究体育教学的体育教研室。中国党在一九七八年十二月召开了十一届三中全会，这是一个非常重要的历史事件。这次会议后，改革的阳光开始普照祖国大地，我们国家的学校体育事业也进入了一个新的发展时期。一九七九年五月，在扬州举行的"全国学校体育卫生工作经验交流会议"，标志着我国学校体育工作进入了新的阶段，思想上完成了拨乱反正，工作上指明了方向。为了加强学校体育的科学研究，相继成立了许多体育研究会，并创办了《中国学校体育》杂志，还召开了多次全国性的体育学术报告会和研讨会，这些都有力对我们学校体育改革和发展起到了很大的促进作用。

1989 年以来，国家教委体育司进行了九年义务教育体育与健康教育的试验，并于 1992 年审查通过了实验大纲《九年义务教育体育与健康教育教学大纲》（初审稿，供试验使用），已于 1992 年 11 月由国家教育部颁布。大纲强调体育与健康理论同实践结合，注重提高学生加强对学生体育的认识，提高学生体育锻炼的自觉性，提高学生的体育保健能力，培养学生良好的体育卫生习惯。为了贯彻实施"科教兴国"战略，推动教育改革与发展，提升国民素质与创造力，为贯彻《中华人民共和国教育法》、《中国教育改革和发展纲要》，1998 年 12 月，教育部颁布了《面向 21 世纪教育振兴行动计划》。"健康第一"是 1999 年中共中央、国务院发布《关于深化教育改革全面推进素质教育的决定》的一个重要内容。教育部根据这一决定于 2000 年 12 月制定了《九年义务教育全日制中小学体育与健康教学大纲》，正式将体育谋改为体育与健康课程。

《体育与健康课程标准》是以"健康第一"为指导思想，于2001年9月在38个国家试点地区开展的一项新的试点工作。

　　总之，新中国成立我国的学校体育在发展过程中经历了一段波折，并取得了丰硕的成果。特别是这次基础教育课程改革《体育与健康课程标准》的出台，使学校体育又迎来了新的发展历程。但我们也应清醒地看到，我国由于各地经济水平存在明显差异，加之新课程标准本身的复杂性以及实施中种种因素的影响，因此，新课程标准的推行必然会遇到很多的困难和挫折，我们必须清楚地认识到这一点，才能推动学校体育教育的改革能沿着正确的方向发展。

学校体育的
功能与目标

┃ 学校体育的功能

学校体育的职能是指学校体育对人的发展与社会的进步所起到的作用及其状态。通过对学校体育功能的研究，我们可以深化对学校体育的认识，确定学校体育是可以发挥什么作用以及学校体育对现代生活有什么重要意义等问题。

它的作用既有其自身特征，也有其社会需求。学校体育运动与学校其它教育之间有着密切的联系，同学校其它教育一样共同担负着教书育人的重任。同时学校体育也是人们现代生活的重要组成部分，是人们健康生活的基础和保证。这种特殊的地位使学校体育具有多种功能：

（一）学校体育的本质功能

学校体育作为学校教育的一个重要组成部分，与学校的德育、智育紧密结合，承担着为社会培养德智体全面发展的人才的历史任务。而学校体育则是以锻炼为主，以锻炼身体为主要内容，以增强体质为目标。所以，教育、强身是学校体育的基本功能。

1. 育人功能

学校体育的育人功能表现为通过体育活动促进学生的智力发展以及培养学生优良的道德品质。学校体育以多种形式的体育运动为载体，以提高学生的智能水平。研究表明，体育锻炼能够促进学生神经系统的发育，这为开发学生的智力水平奠定了良好的生物学基础。人体在运动时需要身体多个感官参与工作时，所有的感官刺激都会在大脑中传递，使大脑皮层的各个中枢不断得到刺激和强化，从而加快了工作效率。

学校体育还是培养学生优良道德品质的重要内容和手段。学校体育大多是采取集体活动的形式进行的．并在进行运动的过程中，身体要承受一定的生理负荷和心理负荷。此外，要想学会某一动作，还需要有一定的勇气来克服学习中所遇到的困难。这是为了锻炼他们的意志力，形成良好的品质提供一个很好的机会。教师可以利用这个机会培养学生勇敢、顽强、吃苦耐劳和坚忍不拔等优良品质。另外，集体活动需要充分发挥每个人的力量，这对培养学生的协作精神，增强学生的责任感、荣誉感将会起到很好的教育作用。

2. 健身功能

学校体育的健身功能是学校体育最为独特的功能，这一功能关系到学校体育的生存与发展。在校的青少年是一个重要的成长阶段，其身体的可塑性比较大，而适当的体育锻炼可以有效的促进机体的生长发育。经常参加体育锻炼还可以改善身体机能。运动可以提高身体的能量消耗，促进新陈代谢加快，从而使身体的循环系统、呼吸系统、消化系统的功能得到改善。另外，运动也可以提高人体的抗病能力和对环境的适应能力。

总之，通过体育运动，可以让青年学生健康成长，健康体魄，身体的机能水平提高，适应能力增强，从而达到增强体质、增进健康的目的。

（二）学校体育的一般功能

随着社会的发展，人们对学校体育的认识也越来越深刻，人们对它的理解也越来越多，从生物的、社会的、教育的等多个方面，对它的理解也越来越深刻。

1. 娱乐功能

学校体育的娱乐功能，指的是在学校体育中，能够让学生学会并掌握在未来生活中所需要的文化娱乐知识、技能和方法。在学习之余，青年学生参加体育活动，既可以锻炼他们的身体，又可以减轻他们的学习压力，还可以通过体育活动来促进他们之间的交往，丰富课余文化生活。另外，学校体育还是学生休闲的重要手段，丰富多彩的课余体育活动为学生们提供了表现自我、展示自我的重要舞台。

更为重要的是，学生在校期间如果获得了体育方面的良好体验将会对学生未来继续进行体育锻炼产生影响。因此，充分发挥学校体育的娱乐功能，让每个学生在学校体育中都能获得乐趣和美好的情感体验，让学生对体育的价值有了深刻的理解所在，这对培养学生终身体育的意识将会起到很好的推动作用。

2. 文化功能

学校体育是校园文化的重要内容，丰富多彩的体育活动能够挖掘学生潜力、启发智力，活跃学校的文化气氛，对学生身心的成长具有很强的潜移默化作用。校园体育文化也是一个学校对外展示的窗口，学校在自己的发展过程中，都会致力于营造一个和谐向上、健康文明的校园氛围，从而使校风校貌得以形成。另外，奥林匹克精神"重在参与"和"公平竞争"是深植于体育文化中的，为学校大学生创造了一种良好的、健康的、充满活力的、充满活力的人文环境。更为重要的是，学校通过对学生进行全面、系统的身体教育，可以使学生掌握体育、卫生保健等方面的基本知识、技术，在这一过程中，体育文化被一代地传递、继承和发扬。

3. 美育功能

学校体育对培养学生的审美观点和审美能力有很大的影响。学生通过参加体育活动会意识到健康是美、协调是美、舒展是美、运动是美。教师在体育教学过程中可以培养学生学会发现美、欣赏美。在学习动作时，由于每个人的协调性不尽相同，并不是每个同学所作的动作都是美的，甚至有些同学的动作还会显得有些笨拙。这时就会引来许多同学的大笑，这就是对弱势群体的不尊重，同时也是审美情趣较低的表现，教师对此情况要善于引导，对大笑的同学要教会他们宽容的笑，对动作笨拙的学生要给予鼓励，强调其自身的发展。因此，学校体育既能塑造人的外貌，又能培育人的内在美，使人的心灵变得高尚，心灵变得美好。

（一）学校体育目标的概念

目的就是人们希望达到的条件和标准。它指的是人们经过努力，在一段时间内.期望所要获得的预期结果。学校体育教学目标是在某一阶段，通过教育教学活动，使学生在教学活动中获得的期望效果。它是学校体育指导思想的具体体现，指出学校体育应该培养哪些"人才"，应该具有哪些层次、哪些类型、哪些基本特征，这是我们进行学校体育的起点和归宿。

目标是有层次的。学校体育教学目标具有多级、综合性的特点。在学校体育的总目标之下，以总目标为中心，并以每一项体育工作的特征和要求为依据，将其分解为下一个层面的目标，进而还可以将其分解为各个具体目标。它们之间相互联系，最终形成了一个学校体育目标体系，体现出了目标的层次性和整体性，它们之间可以相互配合，最终实现了学校体育的总目标（见图 2-1）。 （二）我国高校体育教学目标

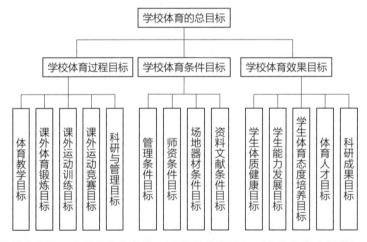

图 1 学校体育目标体系结构示意图 （《学校体育学》，人民体育出版社，2004）

确立的理论基础

学校体育是人类社会在一定历史时期内，为社会提供有用的人才而进行的一项教育活动。为人服务特定的目的而产生，又以特定的目标去履行自己的使命，培养特定的人才。学校体育目标是客观存在的，因此，它的制订要以客观规律为依据，要反映教育需求和社会发展以及学生个体的现实与发展需要。

1. 依据教育需求和社会发展的需要

学校体育作为一种教育活动和社会活动，首先要依据教育需求和社会需求来确定自己的目标。学校教育是为培养适应未来社会发展的人才服务的，学校体育作为学校教育的重要组成部分也要为将来的社会发展培养高素质的人才做出贡献，因此，学校体育的目标必须反映教育需求和社会发展的需要。目前，我国社会正处于全面发展的小康社会，提升公民的思想道德素质、科学文化素质和身体健康素质，是全面建设小康社会的一项重要指标，因此学校体育的目标也要与之相呼应。

2. 依据学生身心发展特点

学校体育是一种以人为客体对象的活动，对象本身对学校体育目标的提出与实现也起着能动的作用以学生为主体的学校体育教学目标，应该以促进学生身体和心理的和谐发展为主要目的。以往，我们在制定学校体育教学目标的时候，总是把国家、社会的需求放在第一位，而对学生身心发展的需要却考虑很少，从而使我们制定的学校体育目标大而笼统，但却并不符合学生的实际。只有对学生身体和心理发展的特征有了全面的了解，根据这些特征所制定出来的学校体育目标，才是具有科学性和实用性的，才能对实现学校体育目标起到指导作用。

（三）我国学校体育的目标

1. 学校体育的总目标

在此基础上，提出了一种新的教育理念，即：充分发挥学生的身体、心理、心理、社会、文化等多方面综合素质，提高学生的综合素质；在体育教学中，应重视对学生的体育态度、体育兴趣、体育习惯、体育能力的培养；促进学生个体社会化，对学生进行优良的思想品质的培养，让他们成为具备创新精神和创新能力，德智体美全面发展，为社会主义建设服务的合格人才。

2. 学校体育的效果目标

要使学校体育的总体目标得以实现，其首要的作用是：

（1）提高学生的身体素质，提高学生的身体素质。在学生的成长过程中，要针对学生的不同年龄和性别，通过各种不同的体育活动来促进他们身体的正常生长发育，在此基础上，培养学生的体能与基本运动技能，提高其对自然环境的适应性与抗病能力。近年来，虽然我国人民的生活水平得到了大幅度的提高，但青少年的身体素质在某些方面却呈现出下降的趋势。造成这种现象的原因是多方面的，但学校体育也应负有一定的责任。因此，加强大学生的身体素质，提高大学生的身体素质，是高校体育工作的一项重要任务。

（2）向学生传授体育、保健、健康生活的知识、运动技能和健身方式，培养他们的体育文化素质

运用多种体育方式，对学生展开系统的体育知识、技术、卫生保健等基础知识的教育，让学生明白学校体育的重要意义，明白科学锻炼身体的基本原理和方法，提高学生的体育文化素养。

（3）培养体育兴趣，体育习惯，体育能力，为终生体育打下坚实的基础

培养学生对体育的兴趣、习惯和能力是学校体育重点要解决的问题。因为兴趣是一位伟大的导师，只有在兴趣的驱使下，才能更好地学习。如果学校体育不能激起学生学习的兴趣，学生上体育课并不是很情愿的，那学生的体育锻炼习惯和运动能力的培养将无从谈起。学生的体育兴趣爱好和养成体育锻炼的习惯，都是形成终身体育的主要原因。因此，在学校体育的工作中，应该把更多的精力放在如何对学生进行体育的兴趣和能力的培养上，以此为基础，慢慢地引导学生们树立起稳定的体育价值观，并树立起积极的体育态度。有了对体育运动的兴趣和积极的体育态度，学生在走出校门的时候才会时刻意识到锻炼身体的重要性，从而才会坚持进行身体锻炼。

（4）推动学生的全面个性发展和形成良好的个性

学校体育蕴含着丰富的思想品德教育因素，要与体育的特征相结合，在多种形式的体育活动中，对学生展开品德教育，使学生的人格得到升华得以发展，思想境界得以提高。要对学生进行教育，让他们增强自己的社会责任感，要树立起自己的群体意识，让学生们能够热爱集体、遵纪守法、团结合作、勇敢顽强等品德和作风，这样才能在未来的生活中，为自己能够适应社会发展的需求打下良好的基础。

（5）培养学生的体育天赋，使他们的体育技能得到提高

学校是培养人才的摇篮，应对一些身体素质较好、身体素质较好、有较强运动能力的学生，在课余时间进行系统的体育锻炼，使其技能得到提高。有能力的学校，也可以组建一支有自己特点的高水平的运动队，为国家培养优秀的体育运动人才。

学校体育的
发展趋势

在经历了二十余年的教育改革后,我国的学校教育正在由"应试教育"到"素质教育"的转换,使学校体育在学校教育中占有举足轻重的地位同样以前所未有的速度发展着。伴随着社会的飞速发展,以及教育改革的深入,学校体育的发展和未来,一定要将学校体育与社会的高度文明、素质教育和协调结合起来。未来的社会,是一个以现代化为基础,快速发展的商品化社会,而体育是一种与人类社会发展相适应,互相促进的联结,是人们更好地参与到社会生活中的一种有效方式。因此,我国未来学校体育教育的发展也必须与我国的国情以及社会发展的需要相适应。未来学校体育的发展趋势体现在以下几个方面:

| 坚持"健康第一"是学校体育工作的根本

在经济快速发展的今天,现代社会的生产、生活方式发生了巨大变化,使得现代人越来越重视健康问题。在人类社会中,健康问题并不只是个人问题、家庭问题,而是关系到整个社会与国家问题,对一个国家的发展有直接的影响。《中共中央国务院深化改革全面推进素质教育的决定》在 1999 年 6 月发布,明确提出:"青年一代要为国家、为人民服务,必须有一个健康的身体,这是一个民族强大活力的表现。在学校教育中,要树立"健康第一"的理念,在体育教学中,要加强对学生的体育锻炼,让他们学会一些基本的运动技巧,并养成一些好的体育习惯。《决定》中明确指出,要坚持"健康第一",树立终身体育观念,促进学生身体素质的提高。在新世纪,"健康第一"是学校体育的总体指导方针,因此,我们要坚持以此为指导方针来开展学校体育工作。近年来我国中小学生体质出现下降的趋势,肥胖儿童增多,学生的肌肉力量、肌肉耐力、肺活量等指标都有所降低,这给学校体育敲响了警钟,同时也给新世纪我国学校体育的发展提出了新的要求和标准。在学校体育中，体育是一项不可缺少的内容，担负着发展学生身体、增强学生体质等方面的重任，因此，学校体育在未来的发展中，要坚定不移地贯彻执行"健康第一"的指导思想，以学生的实际健康水平和身体状况为依据，有针对性地使用不同的教学手段，以提高学生参加体育活动的实际成效，使学校体育追求学生全面发展、健康成长以及身心和谐发展的目标落到实处。

学校体育要坚持"以人为本"的教育理念，凸现学校体育的文化使命和人文价值

"以人为本"不仅是一个新的基本思想，也是一个新的价值取向，同时也是我国"素质教育"精神的具体反映，也是今后学校体育发展的必然趋势。学校是培养满足社会发展需要的人才的地方，而学校体育则肩负着培养具有强健体魄的人的重任，体魄与健全人格的符合社会发展需要人才的历史使命。在学校体育教学中贯彻"以人为本"的教学思想，是其达到教学目的的必要条件。学校体育是一种体育文化，它对人的修养和道德教育起着独特的作用。以往我们传统的体育课程把学生作为接受知识的容器，在体育教学中重视体育知识、技术的传授，但却忽视了利用这些知识、技术对学生进行德育教化方面的教育。这种重教轻育的理念必然导致学生片面发展，从而使学生们会变得有知识，有技术，但没有受过教育。教育不全，难成全。未来的学校体育要坚持"以人为本"的教育理念，重视学生的主体地位，关注学生的个体差异以及体育需求的新发展新需要，为学生的体育活动创造了条件，从而推动学生积极参与到体育活动中去，让学校体育从单纯的健身和单纯的传授技术中解脱出来，让它充分体现出人文性。体育的教育与文化内涵，是体育教育发展的精髓。学校体育是对学生进行人文素质教育的重要内容和手段，肩负着传播体育运动文化的重要使命。因此，未来的学校体育发展在新的时代背景下，我们不能仅仅局限于传授体育知识和技能，更要承担起体育的文化任务。

学校体育要注重对学生的个性化培养

学校体育在素质教育中占有举足轻重的地位，在其它课程中占有举足轻重的地位。素质教育具有促进人的个性发展、促进人的全面发展、促进人的全面发展的重要作用。未来随着社会结构变得越来越复杂，人们的分工也变得越来越精细，在每一个层次、每一个领域、每一个行业，都需要各种各样、形形色色、形态各异的人来承担责任。因此，素质教育与个性化教育是来来学校体育工作的基本要素和特点。学校体育工作要发挥其学科本身所独有的教学过程和环境，在教学中更强调人的良好心理素质的形

成，使每个学生都会在体育教学与参与活动的过程中，展现出经常的、相对稳定的、且带有一定倾向性的心理特征，也就是学生的个性，它能够使每一个学生能够区别于其他学生，从而拥有自己个人独特的体育倾向、体育行为习惯、体育价值判断等。另外，未来学校体育对学生个性化的培养要体现在培养模式和环境的宽松性上，通过引导学生的体育需求，培养他们的体育兴趣，提高他们的智力活动水平，同时．正确对待学生的"差异性"、"潜能性"，在体育教学、课外体育活动等多种环境中尊重学生的能力、发育等各个方面的差异，激发学生的潜能，不用严格统一的标准去衡量学生，给学生个性的形成和发展创造一个良好的环境。未来学校体育的发展如果能注意在在学生的各项素质满足基本条件的情况下，要对学生的个性进行最大限度的培养、鼓励和发展，使每一名学生都能发现可以将其潜力完全发挥出来的领域，我们培养出来的人才就更能适应未来社会发展的需要。

| 学校体育的教学内容与教学方法向多样化发展

我国于 2000 年启动了新一轮的基础教育课程改革。学校体育课程也在原有基础上进行了较为深入的改革。新课改后体育与健康课的教学内容的选择，已经不再是之前的教学大纲那样的一成不变的模式，在教学内容的选择上，也更加的具有灵活性和多样性，但原则上讲究循序渐进且有利于促进学生身心健康发展。经过几年的摸索尝试，体育与健康课程已经取得了一些实效，学生对体育与健康课程的态度和热情较以往改变了很多．我们从中也看到了新课程改革的发展趋势。

未来的学校体育课程还将进一步贯彻实施新课程标准的精神和理念，在教学内容的选择和运用上要面向全体学生，以社会发展、学生个体需要及学校的教学条件为基础，进行设置，内容涵盖了理论、技术、保健、素质等方面，并突出了健身性、休闲性、娱乐性、终身性、实用性，有利于吸引学生积极地参与到学习和锻炼当中。

教学内容的多样化同时也要求体育与健康教师在教学中也要采取相应的方法和手段去实施，以便取得良好的教学效果。要想在课堂上取得好成绩，就必须改革教学方法。未来的学校体育教学方法的改革应向实施个性化和多样化的教学改革，努力实现"因材施教"和"因人施教"的相互促进。在教学与学习的过程中，要充分激发学生的动手、动脑能力，从而建立起他们的学习兴趣和自信心。要对学生展开现代化的主体性体育教育，将单调乏味的技术转化为多姿多彩的主体性体育活动，将其寓教于乐，让学生在快乐中锻炼，在锻炼中享受快乐，将素质教育融入到体育与健康的教学中。同时，充分运用适合新课程改革在教学实践中，笔者采用了"发现"法、"情景"法、"程序法"法和"自主性"法。在体育教学中，应充分利用多媒体等现代教学手段，以加速学生对运动的理解和掌握，提高体育教学质量。实践证明，未来学校体育教学方法的改革将伴随着教育观念的转变，教育内容的改革也朝着多元化和现代化的方向进行。

学校体育应根据社会发展的需要，注重树立学生的终身体育观念

学校体育是学校教育教学的重要组成部分在提高人的体质的教育体系中，占据着十分重要的地位，它是开展终身体育的一个重要步骤和基础，同时也是培养创新型人才不可缺少的一个方面。

在全面贯彻教育方针，落实素质教育，以提高学生身心素质为根本宗旨的当今，怎样才能将学生的主体地位体现出来，将学生的学习积极性和学习潜能充分发挥出来，提升学生终身体育意识，这是未来学校体育发展的趋势之一。终身体育思想除了强调通过体育来促进人体健康之外，还重视人的社会生活品质，促进人的全面发展，让人在现代社会的发展过程中，能够不断地完善自己，从而体现出人的个性，从而获得驾驭生活和担当社会主人的感觉。终身体育可以帮助人们适应高速度、大强度、快节奏的社会生产以及现代文明所带来的挑战，从而减轻了现代社会对人的身心造成的压力，促进了人们健康文明的生活方式的形成。因此，在实施素质教育的前提下，学校体育应该与社会发展的需求相适应，在教学过程中，将终身体育作为主要内容，利用教育的效果，从思想上提升学生对体育的认识，让他们对体育实践的兴趣和爱好得到加强，从而养成良好的习惯和能力。同时应重视在学生中建立起一种终身体育的理念，对他们的体育意识和体育能力进行培养，让他们可以更多地享受到体育带来的快乐。这样，他们就可以充实自己的生活，创造自己的生活，以满足当今社会对人的身体和精神的需要，让自己的生命有更大的价值。

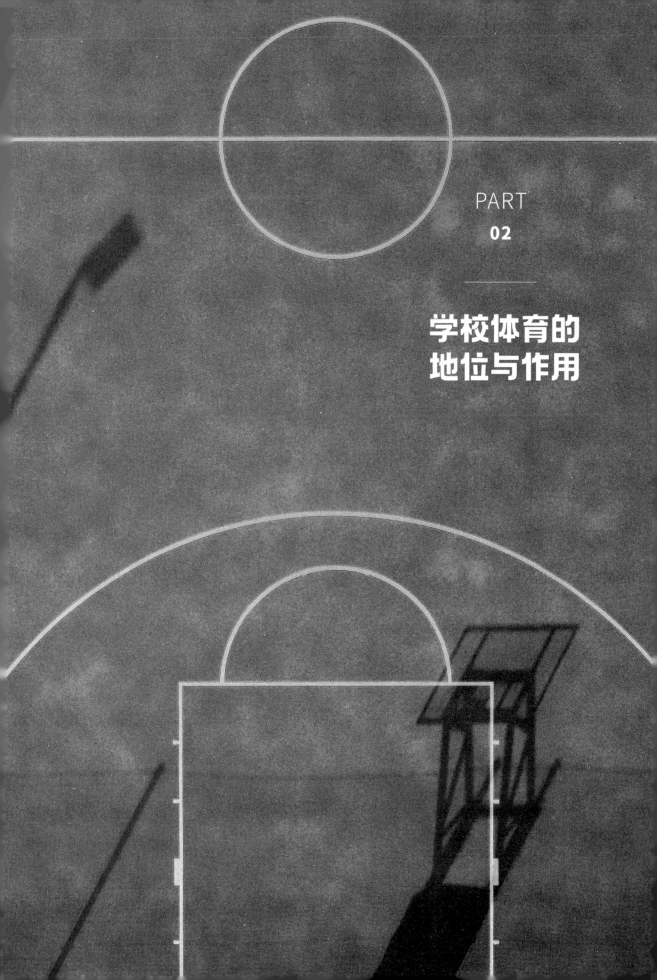

PART
02

学校体育的
地位与作用

体育在学校教育中
地位和作用

学校体育作为教育的一个重要部分，它与德育、智育、美育等内容有机统一，相互协调，共同促进学生的全面发展，健康成长。发展教育，振兴体育，让学校体育走上科学化、规范化的轨道，让体育在学校教育中的全方位、多功能，塑造高素质人才，从而满足社会发展和素质教育的要求，这是教育界和体育界一直在探索的问题。但是，在我们国家，"重文轻武"的传统文化中，长期以来，我们国家对体育的重视程度很高，从学校到社会，从普通民众到体育工作人员，到处都是这样的想法，这就给我们的体育事业的全面发展造成了很大的障碍，近几年来的素质教育倡导了"学会学习、学会生存、学会创造"的主体意识，特别是新世纪提出了学校体育应以"健康第一"的指导思想，使学校体育逐渐从单纯的"增强体质"的生物学功能解脱出来，走向身心全面发展的轨道，学生也从机器般地接受知识向发展能力方向转化，重视对学生的心理素质教育，这不但为学校带来了活力，也为学校的发展带来了新的希望，也给体育活动的广泛开展提供了机遇。本章从中外著名思想家的体育论述中来探讨体育在历代学校教育的地位和作用。

中外著名思考者谈"学校教育中体育的位置与功能"

据我国《古籍昭氏春秋》和黄帝内经》等的记载，人们对于体育运动的了解，可以上溯到原始社会的末年，因为中国人生活在一个封闭而宁静的环境中，他们生活在一个封闭而宁静的、自给自足的小农经济中，铸造了以个人修身养性为重的活动形式，人们通常以保健手段运用于医学和体育之中，如舒展筋骨、宣导阀滞、呼吸按摩之类的活动，对养生和治病有重要作用。到了夏朝，"序"和"校"等专门教育机构，阐述了军事体育在学校中的作用。殷商时期的教育既有宗教教育，也有军事教育，其中以射箭和传授各种武术为主。而西周时期的教育，更是注重培养文武双全，全面发展，博学多才的人才，这是中国教育史上最早发现的一种教育形式，就像《礼记·射义》里说的："……立德行者，莫能射，是圣人之事。"春秋时代，孔子对中国古代奴隶社会的教育进行了全面的总结，对"六艺"、体育等方面的教育给予了充分的认可，并将"智、勇"作为人才培养的标准，以""文武兼备""为"仁"，"有文者，必有武，有武者，必有文"为孔子的教育目的。荀子是一个唯物的思想家，也是一个教育家，他非常注重"乐"的教育，认为音乐舞蹈不但可以修身养性，而且可以改善人的体质，还可以净化人的心灵。墨子对箭术的培养，更是十分重视，将"射"作为一门课程的重点。

到了封建社会，由于长期推行禁欲教育，把"渎经"、"养性"看得比什么都重要，把体育运动从学堂中排除出去，魏晋士人的生存方式，对养生学说、术法的发展起到了间接推动作用，也是"柔弱轻武"风气的主要原因，这段时间，体育活动被认为是"下技""下里巴人"之所为。崇尚的风气，导致了古代学校体育的没落。在宋明两个时期，因为儒家占据了主导地位，所以它主张"居敬穷理，和主静倡敬"，并号召天下士子将自己埋在纸堆中，穷章摘句，皓首渎经，这样的社会思潮给学校教育和体育的发展带来了严重的危害，""重文轻武"的风气，已经达到了极致。在明朝晚期，统治阶级为巩固其统治，还通过在各府州县推行"儒生习武"，在一定程度上促进了学校体育的发展。在中国经过二千多年的封建统治，沦落为半殖民地半封建的情况下，随着资本主义的侵略，民族资产阶级的兴起，这一时期的思想家和教育家们，提出了许多新的观点，比如康有为就提出，大中小学应该开设体操课程，并对学生进行"德教，体教，智教"的综合教育，并强调"体育是教育的一部分"。梁启超提出了德育，智育，体育三者缺一不可的观点。蔡元培他首先提出了"五育并举"的教育思想，以培养健康的个性，并指出："这五个方面，都是当今教育中不能偏颇的。"在教学实践中，他还非常强调"注意学艺与体操的协调，在课业中穿插体操，借此恢复疲劳"。他曾在《爱国女校的演说》中，阐明「人之性格，首先在于运动，而其最要紧者，则在于运动」，并主张「有健康的体魄，才能有健康的心灵」。谭嗣同在批判封建文化教育的同时，又大力倡导西方资本主义的新文化，倡导"动"而不是"静"，从而使人民对体育有了更深刻的理解。

毛泽东同志曾在《体育之研究》中有过深刻的论述："体育之道，既有德性，又有智性，德智都在身体上，没有身体，就无德智，身体，既是知识的载体，又是道德的载体，它的载体，就像一辆马车，就像一座平台。体，就是用来承载知识的，也就是用来承载道德的。"这一部分，既阐明了体育在学校教育中所处的位置及其重要意义，又阐明了"体育"与"第二"之间的关系，从而为以后学校体育的发展打下了坚实的基础。

外国教育思想史同样表明，人们较早就对体育有了较高的认识，在古希腊，亚里士多德提倡人的理智全面发展，他将人的发展划分为三个时期，第一个时期是生理发育时期，第二个时期是感情发育时期，第三个时期是理智发育时期，与此相对应的是，首先是体育，然后是道德，智力。尤维纳利斯是一位伟大的诗人，他用一句名言来讽刺古罗马的奢侈和奢侈，来表达他对这句名言的不满。教育家昆体良认为，高强度的脑力工作，应该在休息中交替进行，这样才能使学生在学习中更有精力，而最佳的休息则是玩、运动、跳舞等，则能使学生在运动中得到充分的休息，以提高学业。在文艺复兴时期，人文教育家对体育的理解得到了进一步的发展。例如，意大利人本主义教育家维多利诺就主张个体的和谐发展，认为教育是实现人与自然和谐发展的根本。后来英国的教育家洛克，他将体育与教育结合起来，认为它是人类获得健康和幸福的基础。他第一次将德，智，体三个方面划分得很清楚，并提出"人的全面发展"的绅士教育观，并确定了"人的运动，人的运动"的重要性。夸美纽斯是捷克著名的教育家，他对文艺复兴时期的人文精神进行了继承与发展，并在此基础上提出了"适应自然"这一教育理念，这一理念为现代资产阶级的教育理念及学校体育建设提供了坚实的理论依据。法国人卢梭提倡教育要顺其自然，他认为健全的体魄是智力的工具，而运动则是所有教育的根本，并且认为必须从幼儿时代开始打下这一根基，让幼儿得到天然的成长，摆脱所有生理上的束缚。瑞士教育家裴斯泰洛齐是对卢按思想的进一步发展，提出要用理性的教育把孩子从兽性、情绪化中解放出来，并重视孩子的全面发展，认为"知、行、体"是一个完整的教育过程，而"知、体、体"是一个不可分的整体，而"体"又是其中最为重要的一环，因为唯有藉由它，才能培育出智力与品德上的"奴仆"，即强壮的体魄，才能实现"全人"的教育。"新体育"这一概念后来发展起来，主要是美国学者托马斯·伍德、赫塞林顿等从实用主义教育学角度出发，并在此基础上发展起来的，该理论认为：镕智育的关系，与此同时，他还阐明了体育在整个教育中的作用，并对其强健筋骨、增学问、调感情、强意志等方面的作用进行了深入的剖析，他着重指出；"运动对我来说是最重要的，身体强健，然后才是学习，道德的培养，才是长远的目标。"新中国成立后，毛泽东又提出了"健康第一，学习体育是一种通过身体展开的一种教育活动，"'体'字指的是整个有机体活动，而不只是智力是教育的手段"，"教育既不是单为身体，也不是只为精神，而是发展由于教育活动而实现的人类一切能力"。体育教育应该包括身体素质教育，神经肌肉活动教育，道德素质教育，智能教育。日本著名教育家小原国芳（1887-1977）的全人教育学说，认为人的文化包括知识，道德，艺术，宗教，体能，生活等6个层面，体能教育以提高人民的身体素质为目的，体育运动不但可以提高人民的身体素质，还可以培养意志，勇气，礼貌，忍耐，协作，节制等优秀品质。原苏联著名体育教育家凯洛夫提出了"主智主义"的体育教育思想，并提出了以"智育"、"综合技能"、"德育"、"体育美育"为主要内容的体育教育理念，并提出了"以人为本"、"以人为本"、"以人为本"的体育教育理念。此后，在1965年开始的一场终生教育运动对今天的体育产生了深远的影响也深远，林格兰德先生在教科文组织大会上提出"终身教育"的建议，他认为：教育是一项终生事业，它应该是一项多元化的教育，包括美育、智力、道德、体育和职业技能等。

马克思主义学说代表了先进的社会观，对于体育，马克思也有了一个科学的认识，他说："我们认为教育是三件事：首先是智育；第二项运动，就是在体育课上，在体育课上，在军训中；第三，技术教育，这样，孩子们就可以学习各种生产方式的基础知识，并掌握各种生产方式所需要的最简单的技巧。"恩格斯还认为，体育是教育的一个主要方面，他认为："教育包括身体、精神、社会生活等方面的发展。"列宁认为，"年轻人不应该要求有活力，有活力，有健康的运动，"正确的精神，正确的身体，正确的精神，正确的身体，正确的精神，正确的身体。

| 小结

以上我们概述了古今中外一些思想家、教育家对体育在教育中地位的认识，从他们的思想历程中我们提出学校体育的地位主要表现在：

（一）体育作为教育的一个不可缺少的、不可分割的有机部分，在教育系统中起着举足轻重的作用，它需要德，智，体等各方面的和谐发展，才能培养出一个全面的人才。

（二）体育对青少年儿童的成长有着独特的意义与功能。健康的心灵孕育健康的躯体，身心发育成熟就是青春、儿童教育的基础，是他仍接受良好的德、智、美教育的长远之策和坚实的保障。

（三）体育在完成了强化身体这一主要作用之后，育还有增智、调情、强意志的作用，为学生的整体素质发展提供良好的场所。

（四）以上这些思想为新世纪学校体育"健康第一"的指导思想这将为今后学校体育从单纯的"增强体质"的生物效用模式，向全面发展学生身体和心理的健康观奠定坚实的基础。

"健康第一"理念在学校体育中的
定位和效应的影响

有第一，必有第二，是否有了第一，第二就需放弃？第一、第二有什么样的层次关系呢？这些便是本节想回答的问题。我们先来看看教育系统的第一与第二之问题。之前，只存在着"德、智、体、美、劳全面发展的教育方针，其中五育并重，没有哪个是第一的问题，但在具体的实践运作过程中，由于人们过于一味追求高学历、高学历，忽视了非智力因素的培养，特别是学生思想工作的偏废，以至造成曾轰动全国的多起骇入学生事件。基于以上背景，国家提出了"健康第一"的教育指导思想，旨在培养全面发展的社会主义合格人才。有了第一，何者居二呢？当然是学习第二，以前过分注重学习，学校间相互竞争，追求高升学率，忽略了学生道德品质的培育，现在把方向盘摆正了，把德育工作明确地放在首位，并利用学校各科不同的独特功能，以发挥教育的全面发展的整体效果，这是首先应明确的，目前全国教育界掀起的减负热潮便是个明显的举措；其次，应提醒的是，有了第一，不是放弃第二，而是指"健康第一"的思想赋予"学习第二"以新的意义，因此减负并不能走向"无事可做"的另一极端，学生在校的主要目的还是学习，所不同的是，有了"健康第一"的指导方向，学习应更有目的性，更符合全面发展的人才观，在学习科学文化的同时，还要学会学习，学会生活，学会做人。学校体育作为教育的一个重要部分，在教育体系中的独特作用是：学校体育不但可以对学生的身体进行锻炼，还可以通过"促进学生在户外环境下广泛的身体交往、合作与竞争"等方式，来对学生的心理品性进行发展，并对个人的社会化程度进行提升，这些功能是其他教育形式所没有的，因此应在发挥学校整体效应中加以充分利用；再次，学校体育要摆脱"头脑简单，四肢发达"的社会成见，以及传统观念的错误观念，更应该在加强学生身体素质的基础上，重视对学生非智力方面的培养，从而使学生身心健康，和谐统一。

"健康第一"不仅是学校教育的指导方针，也是学校体育工作的指导方针，同时也是一项重要的工作，在学校体育内部，"体质论"与"技术教学论"这对长期以来无法调和的主要矛盾，原先为"何者居一"，互不退让，而如今，因为"健康第一"的理念，他们只能屈居第二，但他们之间的冲突却依然存在（学者们试图寻找一种调和的方法，但最终没有达成一致）。内容不同了，其具体表现在以下几个方面。

（一）提出"健康第一"的指导方针，并不意味着对"技能论"、"体适能"等理论的否定，相反，它对学生的身体素质有了新的认识，对学生的身体素质有了新的认识。学校体育的本质是一种体育活动，而不是一种品德课程，也不是一种心理咨询，也不是一种家庭保健，所以，学校体育应该通过体育知识、体育技术的传授，以及体育锻炼来提高学生的身体素质，并以此作为切入点，将"健康"的作用发挥到极致，而不是单纯的体质作用，从而培养出一个全面发展的人。

（二）"健康第一"的思想对技术教学提出了新要求和内容。以往，在技术教学中，最大的缺点就是教授了太多的繁复和细致的技术，导致学生在极少的课时中，很难掌握那么多的复杂技术，只能是一种"蜻蜓点水"的方式，这样，不仅不能达到健身的目的，也不能掌握终身体育所需的娴熟的运动技能。因此对传统的技术教学的改革势在必行，从"健康第一"这一理念的提出，到科技教育调改提出了指导性意义。素质教育和健康教育对学生提出，在学校期间，他们不仅要进行锻炼身体，还要学会锻炼身体的方法，并养成良好的习惯。，为今后走出校门、为"全凭自觉行动维持的终生运动"的工作氛围奠定了良好的基础。健康的持续性、长效性代表了终身体育的含义，而终身体育习惯的养成若没有熟练的运动技能作为基石，那将成为一句空话。因此传授运动技术，并使学生掌握运动技能应作为体育教学或学校体育的丰导，然而关键的问题在于怎样选择对身体有益的体育技术传习手段，以顾及竞技运动内容在体育教材中的安排不致过于偏废，又不会远离学生对运动项目的兴趣和爱好。

当然，这牵涉到运动技术教材内容的选择和编排问题，我们另将讨论，这里所要明确的只是一个重要观点：运动技术的传授既要将健身价值考虑在内，又要与学生的兴趣、爱好相符合，更要将其体现出来。终身体育（对运动技术的特殊要求——即运动技能要求）的特点。

（三）"强身健体"说应当被纳入"强身健体"的概念中。体格是一种综合性的观念，技高等学校体育通用教材《体育概论》的理论应包括身体和心理内容，然而在实际运作过程中或在人们的心目中，体质虽然是一个综合的概念，但是它并没有包括心理的内容。。因此在体育教学具体实践中，增强体质的目标往往会导致过度强调体育负荷与训练密度，应用体育训练过强的理论，从而形成了"锻炼课"，认为只要让学生出汗，便能达到成效。然而学生并非机器，而是活生生的有情感的人，高兴地玩能出汗，痛苦地干也能出汗，但"出汗"绝不是体育教学效果，因此他们的感受、热情、体验是最重要的，我很赞同有些人所说的"体育教学效果是汗水与笑容的结晶"的提法，这就是身体与心灵，生理与心理的理性统一。；其次体育教学为培养学生的心理素质提供了非常独特的环境和功效，学生在锻炼身体的同时，不仅体验着成功与失败情绪，而且可以通过团队运动的形式使学生学会在集体中生存，更学会做人，就像是教育部吕福源副部长在无锡"……体育运动不但可以强健身体，还可以锻炼孩子们不畏艰难，不惧挫折，不惧失败，勇于奋斗，并且可以锻炼孩子们的团队协作能力，团结协作的团队精神。"因此，在学校体育中，强调学生的身心和谐发展，这是一个时代的要求，但是仅仅强调体育的生物学功能（体质概念）已经被淘汰了，体育的生物学、心理学、社会学功能已经被整合在了一起，"健康第一"应该成为一个协调发展的现实。和素质教育思想的良好体现。因而体质论并归入健康观，既能确切表达身心和谐的含义，又能扩大体质的概念，同时也符合学校教育人才培养的总要求。

学校体育在促进学生个体
社会化方面的功能

　　社会化指的是人类自身发展和完善的一个过程，它指的是人们用社会互助的方式，来形成人的社会属性，从而促进并维持社会的一致性，从而创造出一定生活模式的人。对社会而言，实现了人的社会化，使社会生活的文化得以继续；从一个人的角度来说，就是要了解这个社会的规则，从而获得自己的身份，获得"社会资格"。

　　学校教育以德，智，体，美，劳等多种形式的教育，实现了青少年的社会化，并让他们学会了各种知识，技能，规范等。学校体育在满足学生增强体质的生理机能的前提下，对学生智力和心理素质的提高起到了积极的推动作用。本节从心理上、身体上、社会交往等几方面，来阐述学校体育在促进个体社会化方面的特殊意义。

｜ 强身健体、发展智力，为学校社会化提供体力和智力因素

　　体育锻炼可以起到增强人的体质、促进生长发育、提高身体素质等方面的作用，已是众所周知的事实，在此不再赘言。

　　体育活动在促进青少年智力发展方面的作用常被人忽视，因此，需要着重强调和分析，从以下几个方面阐明体育促使智力发展的功能。

　　（一）健全的身体，尤其是健全的脑，是智力发育的物质基础

　　人体的健康首先体现为神经系统，尤其是脑组织功能的正常协调。实验和社会实践都表明，体育锻炼能够促进青少年大脑结构的形成，提高脑神经元的突起分支，提高神经过度的兴奋和抑制的强度和灵活性，使其能够更快、更灵敏、更准确地响应外部信息。

（二）坚持体育锻炼可以发展人脑，较长时间的有效学习和工作

学习是一项高强度的智力劳动，在高升学率的推动下，大学生面临着大量"题海"般的压力。以生理生化原理为依据，当人们在学习和思考的时候，他们的脑细胞会处于一种紧张的活动状态，这就要求有非常多的能量和氧气，仅仅依靠心脏的活动来保持氧气和能量的供应是远远不够的，还需要依靠肌肉系统来支撑，肌肉在血液循环中扮演着一个辅助心脏的角色。经常参与体育活动的学生，他们拥有的不仅仅是比普通人更大的肺活量，还拥有更强大的心血管系统。此外，他们还拥有发达的肌肉群，可以为心脏提供一个强有力的支持系统，从而确保学生头脑较长时间的学习所需要的能量物质和氧气的充足供应，从而让他们能够在较长的时间里，保持精力充沛、头脑清醒、高效地进行学习。

（三）以其独有的特点培养学生智力

体育活动是一种在大脑的指挥下，展开的既有体力又有智力的复杂活动，学生除了要承受某种的生理负荷之外，还要承受某种的心理负荷，要接受来自视觉、听觉、触觉、肌肉运动觉、平衡觉等综合信息刺激，要求学生对所有的刺激展开快速、准确的分析、判断、并做出相应的符合练习要求的回应，也要求我们在学习和实践中不断的学习和实践中不断创新地解决新情况，新问题。在这个过程中，对培养学生敏锐的观察力、良好的注意力与记忆力、丰富的想象力、灵活敏捷的反应能力以及思维能力都有很大的帮助，为培养学生的思维灵活性、敏锐性、创造性等素质奠定了良好的基础。

（四）体育活动有利于开发大脑右半球的功能

人类的大脑有两个半球，它们各自负责自己的工作。但是总体上来说，"左脑优势"现象是普遍存在的。美国加州理工大学神经生理学家斯佩里在 20 世纪 60 年代的一项研究中首次提出了左、右脑功能的高度专业化，并在此基础上提出了一系列新的研究方向。这一研究成果彻底改变了人们对左侧脑是"优势半球"的看法，斯佩里在这一重要突破的基础上提出了自己的看法的成果而获得了诺贝尔奖。

用脑电图的方法可以看出，当人在进行运动操作的时候，左半球 a 波指数呈现出一条直线上升的曲线，这说明在这个时候，左脑处于一种相对抑制的状态，但是右半球 a 波没有显著的增加，这表明右半球处于一种相对的兴奋状态（张力为，1992）。许多运动员在回想起自己的运动经历时，都会有这样一种共同的感受：最好的运动表现时，自己什么都没有想，有些精彩的动作，好像是在无意识的情况下，在之后很难解释清楚，自然也就很难再重复。这种经验和我们在运动中发现的左脑受抑制，右脑受兴奋这一现象是相吻合的。因此在体育活动中，频繁的四肢协调配合以及时问、瞬时、瞬时的信息刺激，对人的右脑功能的开发，以及对人的思考和抽象能力的发展，都具有重要的意义。

发展非智力因素，提高心理品质，为学生社会化提供心理素质基础

青春期是个体社交的重要阶段。在常态条件下，个体的社会化与个体的自然生理和心理发展是同步的，个体的社会化与个体的身体和心理发展的协调状态密切相关。因此，衡量一个青年个体的社会性是否健全，主要的指标就是智力与非智力。在一定程度上，青少年的非智力因素是决定一个人社会化程度的重要因素。

在宏观上，非智力因素包括动机、兴趣、情感、抱负、性格等，在微观上，它体现为成就动机、求知欲、学习热情、责任感、自信心、自尊心、自制性、坚持性、良好心情等。体育教学活动以其特有的方式，实现了学校教育对学生心理素质的培养。比如，在进行耐久跑的教学过程中，当学生在面对生理极点的时候，可以在教师的提前启发下，在同学们的鼓励下，帮助他们战胜困难，这样的活动不仅可以锻炼学生的体质，还可以培养出他们顽强的意志，以及战胜困难的毅力等素质。这三个方面都是影响青少年社会化的关键因素。

随着年龄的增长，多样化的体育运动培养出了健全的个性，诸如以上所提及的耐久性项目能够培养学生意志品质。此外，投掷项目能培养学生的自制力、爆发力。球类项目能培养学生对体育的乐题，活动的灵活性、坚持性等素质。跳跃又能培养学生果断性、勇敢性素质等等。总而言之，体育活动可以让学生在更宽广的空间中，接受生理和心理上的双重负荷，让他们体会到了运动的乐趣，感受到了成功的喜悦，为他们的社会化提供了一个很好的地方和方法。

当然，在当今的体育教学中，难免产生各种功利性追求的思想，只求完成单一性的生物性的功效，忽视或轻视了体育活动的社会性、心理性功能。但这否定不了体育促进入的社会化作用的事实。因而以青少年社会化大计为重，彻底改变体育生物功能的观念，充分挖掘体育教育的社会性功能，促进身心和谐发展的理论正在形成，并付诸实践。

加强各种和谐的人际关系，完成体育教育的社会性功能

人是生物体，同时也是社会的个人"社会化"是指人们为了适应这个社会而学习社会习尚的过程。游戏与体育是人的基本行为，是人与人交往的一种最有效的途径。（Barrow，197）。

有些学者在探讨体育对人的社会化过程所带来的影响时，做出了这样的描述（Alice,1982）：如果一个人要真正理解人在社会交往中相互影响的行为，他只要去观察一个球队，就能得到完整的答案。对一个团队进行调查，能够理解诸如价值观，准则，认同，结构，角色，地位，以及人格的基本问题。另外，团队成员还应对团队中所产生的各种文化观念、运作机制以及解决问题的方式进行积极的认同。

早在学校体育课开始时，人们就意识到了体育是一种促进社会化的载体："心理发展在弹跳的球体中，在球场上的速度要比在教室里的速度更快。"在运动中，儿童是在做正确的事情，而不是坐下来讨论什么是正确的事情，只把它当作一种道德原则来遵循。

（一）"竞赛"是社会生产力发展到一定程度的一种体现，它体现了一个个体或一个群体对自身的追求与成功的动力。体育运动能使人们产生权利与义务，成功与失败，机遇与风险，人人平等。体育运动的目标是"公平竞争"，而运动规则的根本要求是确保比赛中的每一个人都能得到一视同仁。"公平竞争"也是一种德育，在体育运动中，人们对"公平竞争"的认识与理念也逐渐形成。

（二）协作是一种重要的行为，但是，仅靠讲授与讨论是无法培养协作精神的。合作需要通过一定的活动来进行，在人与人交往的过程中，通过一起完成任务并获得对各种结果的经验，以及成果共分享和责任的关系来进行培养，而集体运动项目就是一种可以培养和发展合作意识的有效手段。

（三）归属感和认同感指的是个人与团队（团队）之间的联系，归属感指个人为了逃避孤独而融入团队的需求。当一个人在一个群体中感觉到快乐、满足时，他就会更加努力地工作、学习，从而获得更大的进步。它的可接受性取决于个人与别人的互动，个人的行为模式，以及与别人的互动关系。体育活动使得个人拥有更多的属于群体（团队），从而满足个人的归属感需求。一项对 5 00 名对犯罪儿童与其他正常儿童进行的调查（Curtiss,1N7）发现：在健康、勇气、智力、成就、动机等方面，犯罪儿童都比一般的孩子好，但是，他们缺少的是一种最基本的素质，那就是成为一名群体中的一员的能力，甚至渴望。个体的社会化通过社会的相互帮助而实现，每个人从一个自然人转变为一个社会人，同时也与另一个人发生着社会性的相互作用。人与人之间的关系是一种以人为本，以人与自然为本的社会关系为基础的人际关系，是一种具有情感特征的人际关系。所以，和谐的人际关系能够极大地提升团队内部的整合力，也就是亲和力。提高教学和教育效果。

学校体育教学和课余体育活动它为青少年之间的交往提供了一条良好的途径。在遵守共同体育规则的前提下，学生之间进行互动活动，从而学会了在大集体中如何团结、合作、互助，如何公平竞争等生存方式。以此而发展起来的交往素质具体地表现为：

1. 同伴的合作精神，互助素质；
2. 遵守体育道德作风和体育竞技规则；
3. 尊重裁判和对方运动员；

4．在合理公平的体育原则下，具有强烈的进取和竞争意识，抵制不正当的手段来赢得比赛胜利；

5．表现为严格的组织纪律性，充分认识体育课堂常规、体育竞技原则对个人的约束力；

6．胜不骄、败不馁，团结就是力量，把个人融合于集体之中。

以上这些通过体育活动与竞赛而培育起来的交往素质对于学生今后的成长和社会化具有重要意义。事实上，体育赛场本身就是社会，学生们可以按照自己的感情，兴趣和爱好，组成一个小组，进行体育运动活动与竞赛，不仅可以提高体育锻炼的效果，而且可以促进学生间的相互交往及和谐的人际关系，促进社会化进程，并克服各种由于个人主义、自我为中心思想而带来的自私、逃避、不合群、妒忌、报复等不良习气和品行。

激发爱国热懂，增强民族自信心、自尊心

实现体育活动的教育功效，可为学生的社会化提供良好的社会化环境。

在马克思主义经典作家关于教育的著作中，对体育的教育作用进行了多次论述，他们认为体育是教育中不可或缺的一部分，是培养学生全面发展的一个重要途径，这是我们论述体育教育的功能的理论依据。

体育在学校教育中占有举足轻重的地位。体育在各个国家的教育系统中得到了广泛的应用。从孩提时代起，我们就一直致力于以体育运动促进人的全面发展，共同完成学校教育的整体功能。通过学校体育教育，培养学生的思想品德与爱国主义热情。具体体现在：

（一）热爱社会主义祖国，热爱中国共产党；

（二）增强民族自尊心、自信心；

（三）学习运动员团结奋勇拼搏的意志，激发学习动力等。

体育活动之所以能培养学生多方面的思想道德品行，是由体育本身所具有的持点所决定的。因为体育运动的竞赛所具备的群众性、国际性、技艺性和礼仪性等特征，使得它成为了一种很好的传播价值的载体，可以有效地激发人民的爱国热情，鼓舞人民的精神，并教育人民要与社会保持一致。此外，运动员所佩戴代表国家的标志，比赛结束时的奏国歌、升旗仪式，运动员比赛中的拼搏精神等，无一不鼓舞着广大的人民，尤其是青少年学生。学校通过组织学生观看比赛，邀请运动员作报告，体育教师介绍冠军、优秀运动员的事迹等形式来达到体育的功能。

体育活动有助于自我概念的形成与培养，提高个体的自信心

尽管对个性与体育间关系这一问题目前有两种截然不同的观点，但有一点是一致的：即所有涉及自我概念的研究都得出肯定的结果，体育运动有助于自我概念的提高。

（一）自我概念的形成

一个人如何看待自己是个性的一个重要方面，作为一种行为方式，会相对稳定地表现出来，通常把导致这种行为方式的认知称为自我概念。自我概念是个体主观上关于自己的看法和感觉的总和（Rosenberg，1979 年）。自我概念可看作是一个人涉及及其自身由思维活动和印象组成的结合体，一个抽象的概念，或一种思维方式。自我概念的形成或改变要依赖于自我评价，而自我评价则依据自我知觉。

正性自我概念与正性自我评价、快乐性、自主性等因素密切相关。自尊是在个人思想的结果，是个人的印象和经验的累积，它使人对自己将来的行为有了预期，这就是自尊。自尊代表着个体的需求与自我概念，通常被认为是个体能够识别并影响个体的情感与生活状态。这些都可以被称为"自觉性"，见下图所示。

图 2-1 自我意识构图

（二）有关研究结论

一些比较研究的结果显示（Berger，1994）；参加体育运动者较之不参加者有更高的自尊，体质良好者倾向有更积极的自我概念。因此，高自尊和积极的自我概念也与体育参与和体制状况有关。体育运动鼓励人去检验自己面对新的挑战和完成新的任务的能力，人在体育运动中一次次地证明不是用语言而是用活动。多项研究都获得了趋于一致的结果：体育活动使自我概念发生积极变化，这种变化与个体对自身情况的知觉而不是与实际状况有关。

许多研究文献都强调身体活动对儿童可以培养积极自我概念的影响，指出（Jacob,1963）"积极的自我概念或身体想象依赖于愉快而自主支配的身体活动"，儿童如果在承受不了身体挑战和心理上的打击时，就不能达到真正意义上的成熟。一篇对 84 项研究（其中 27 项有控制组对照）的分析论文（Gruber,1986）的结果进行了归纳，得出了"自我概念的改变"与"游戏"和"体育"相关，参与有组织的体育运动对提升小学生自尊起着重要作用。

学校体育与
青少年学生身心特点

| 中小学生体育活动的生理特点

（一）身体形态方面

大学生的体形发展呈现出一种随着年龄增长而发展的波动、阶段特征。小学生的体形发育有两个快速生长时期：一是从胚胎期到新生儿期，二是出生后一年；第二个高潮发生在青年时期。之后生长的速度就会缓慢下来，直至达到成熟期。男孩在 7-11 岁之间，女孩在 7-9 岁之间，在这期间，学生的形态发育呈现出一种匀速的生长状态，在 10 岁之前，男生和女生之间在形态发育上的差别并不显著。但是，因为男生和女生在青春期的开始时间上存在着一定的差异，所以女生通常会比男生提前 2-3 年。中学生的身高、体重、胸围、躯干、脊住、盆骨等部位快速发育，在进入青春期后，是腿部发育最快的时期，这是决定个体身体高度的关键因素。由于下肢的快速增长，增大了它在高度上所占的比率，这个比率是扩大活动范围和提高活动性的关键作用。因此，初中学生多喜欢跑、跳和踢等活动。高中学生的身体形态指标已接近成人，能承受较大远动负荷，但关节灵活性不及初中学生。

因为学生的体型不平衡，所以他们的身高生长速度要高于体重，所以他们的"身长体轻"，这就导致了他们的肌肉支撑能力比较差，很容易发生脊椎畸形。调查结果显示，城镇中学生的个头比农村中学生高，但体形比农村中学生修长，尤其是女生。

以学生身体形态发育的特点为依据，学校要对学生的体育锻炼进行科学的安排，特别是对中小学的学生，要特别注重培养学生正确的坐、立、走、跑等身体姿势，并加强胸、腰、腹部肌肉的级炼。要多选择体操、球类、游泳、舞步等体育项目，还要多进行伸展性训练，这样才能让学生的身体形态得到正常的发展，让他们拥有一个健康的体格和匀称的体形。

（二）身体机能方面

中小学学生在中枢神经系统中，存在着一种不平衡的兴奋与抑制，其中以兴奋性为主且具有扩散性，而分化性抑制性弱。在此时期，以第一讯息系统之活性为主，以具体之直觉现象为主而形成条件反射。第二信号体系比较薄弱，其抽象性和逻辑性都不强，因此，宜多采用直观教学。

少年的肌肉比骨头长得慢，仍在垂直生长阶段，肌纤维较细．肌肉核断面积小，其肌肉收缩力量不及成年人，肌肉运动的耐力较弱，容易疲劳，但是与成年人相比，其恢复能力较强。快。高中学生的肌肉主要向横的方面发展，肌纤维增加了肌肉的横截面，增加了肌肉的灵活性和延展性。明显增大。中学阶段是进行肌肉力量、耐力训练和发展多种运动能力与改进活动机能最好的时期。

中、小学生由于骨路、肌肉、韧性还在发育过程中，脊柱还不能承受太大的生理负荷，所以要尽可能地避免有太大的压力的训练，在提高负载量和强度时要逐步地进行，这样才能防止运动损伤。呼吸。青少年儿童的呼吸系统会随着年龄的增长而不断的完善，功能也会越来越强。初中生、初中生胸部偏小、呼吸肌薄弱、呼吸表浅；随着年龄的增加，呼吸肌肉变得更强壮、速度变得更慢、更深、更大的肺活量也随之增加。根据这一特点，在组织体育教学和课外体育锻炼时，应该多选择一些比较匀速的耐力跑等练习，同时要加强对肺部的训练，让学生学会正确的呼吸方式，并尽可能不进行屏气练习。

心脑血管中、小学生心脏的发育速度较慢，骨骼肌的发育速度较慢。心肌纤维纤细，心室收缩力减弱，心跳加快，每一次心跳的输出量都低于成年人。所以，在运动中，她们主要以提高心跳频率来提高心输出量。心脏的收缩力随年龄的增加而增加，心跳的速度也随之降低。针对此特征，在学校体育教学中，应注意生理负荷的合理分配，在进行耐力训练时，应逐步提高负荷的大小和强度，避免对心脏造成伤害。

学生的心理特点

（一）学生的体育兴趣与动机

1. 小学生的学习动机是直接动机，初小学生参加体育活动的动机还不够稳定，表现在上体育课和参加体育锻炼常出现起伏现象。在教师的在正确的教育与影响下，青年学生们对坚持上好体育课、进行锻炼与个人学习、生活及未来工作事业之间的关系有了更深层次的理解，伟大的动机日益发展。高中学生对体育的社会性有更全面、深刻的了解，高尚的、与祖国建设事业相联系的间接动机有了显著的发展。当然，而与运动相关的直接动力，在青年学生中仍然具有很大的影响。研究表明，中学生特别是高中学生参与体育活动的动机具有多个层面，其中包括了对理想的追求，以及比较理想的学习和锻炼的态度，以及在日常生活中能够获得一些实际的乐趣和满足。

2．小学生对在学习体育方面，学生的兴趣并不存在明显的差异，他们对各种运动项目都有兴趣，对具体形象的事物也有兴趣，尤其是对有剧情的游戏和竞争训练。初中学生的体育兴趣广泛，他们不仅喜欢上体育课，而且参加课外体育活动和班级、校际间的各种比赛。有些年轻人，对一种运动，会产生浓厚的兴趣，甚至会沉迷其中。由此可见，初中生的体育兴趣既有广泛的内涵，又有某种深度。高中学生对体育的兴趣更加深刻稳定。表现在不少学生养成了自觉进行锻炼的习惯，能妥善安排体育锻炼、学习、交往和休息时间，克服各种困难，长期坚持体育锻炼。而且，许多高中学生更加关心国际、在国内大型运动赛事中，我们国家运动员的努力拼搏，为祖国争光，给我们带来了极大的鼓舞与动力。

初中生在体育方面的兴趣与态度随年龄的增加呈现出明显的分异化，并呈现出较强的选择性。初中生对上体育课及各种运动项目的选择态度，受性别、性格、原有体育基础、成绩、学校体育活动的传统、体育老师的专业等因素影响和教学、训练水平等诸种因素的制约和影响。初中生更偏爱运动量大，竞争激烈，能显示出智力、柔韧与敏捷的体育项目；而对于女生来说，她们更喜欢动作强度不是太大，姿态优美、节奏韵律感强，能够表现出灵活、机敏和柔韧的运动项目。高中生对竞赛类活动的喜爱程度较高，但没有初中生那么强烈；而女孩偏爱那些动作优美，速度快，负荷少的运动项目。绝大多数中学生都喜欢集体运动项目。由于性征的明显化，高中女生的动作不够敏捷，对技术类项目心存疑虑，"惰性"在体育运动中更为明显。一些高中生女生因为爱美，又存在着错误的美学理念，或者因为胆小、缺乏毅力等原因，她们不愿意去上体育课，因为她们喜欢晒太阳、出汗、弄脏衣服、怕苦、怕累等。值得注意的是，近年来不喜欢上体育课的高中学生人数，随年级的升高呈上升趋势。究其原因，除上述有关因素外，还有升学压力、作业量增加、考试频繁等，学生负担过重，无暇顾及体育活动。这显然不利于青少年学生的身心全面协调发展。

（二）感知、记忆过程的逐渐智力化

知觉和记忆的智能过程，就是学生看着老师的演示，听着老师的讲解，记录着体育动作的顺序、特点和要领，他们不能再象小学生一样只会"看"，"听"，"记"，而是会主动地去分析，去比较，去思考，去思考。而且要求了解为何要这么做，也就是把知觉，记忆的过程提升到思考的层次。小学生的感知通常都是肤浅的，不够准确。在初中阶段，由于学生的知识阅历的丰富，以及他们的语言技能的发展，学生的感知在稳定性、精确性和目的性方面都得到了很大的改善，他们可以逐步对事物进行准确的分析，把握其本质特点，并能够对事物进行较为全面的认识。从记忆的内容来看，小学生主要是以具体形象记忆为主。抽象材料的识记为主；从记忆形式方面看，小学生以机械识记为主，中学生以意义识记为主；从记忆方法看，小学生以不随意识记为主，中学生以随意识记为主。因此，在中小学阶段，在记亿时，要灵活运用"领会"和"机械记忆"、"具体形象"和"抽象概念"等多种教学手段，使学生在记忆中获得更好的学习效果。学生的思维发展是一个由具体到抽象、由低到高、具有连续性和阶段性的发展变化的过程。小学生的思维大多是具体的，感知事物以形象思维为主。当学生们的年龄越来越大，知识越来越丰富，思维能力得到迅速的发展。在初中生的思维中，抽象逻辑思维已经开始占据了主导地位，但是在很大程度上，它还属于经验型的，他们的抽象逻辑思维需要感性经验的支撑，在这个时候，具体形象性在思维中仍然发挥着重要的作用。高中在进行体育教学和训练的过程中，学生们已经不再仅仅局限于对普通的身活动和简单的体育知识和技能的掌握，他们还需要学习和掌握一些有一定难度的动作，或者是操作较为复杂的运动项目，并努力理解和掌握这些动作的结构、原理和规律，以及这些动作和项目对身体锻炼的实际价值等。但他们不喜欢老师详细而烦琐的讲解与解释，更愿意在老师的启发下，自己去思考，去摸索出动作的实质与规律。一些高中生还可以有意识地利用他们所学到的相关数学知识、原理，对一些运动项目和技术动作的力学原理等进行分析和研究，如果体育老师能够在这一点上给予启发和诱导，那么高中生们就会对这一点非常感兴趣，同时还可以帮助他们将所学到的知识应用到分析、解决问题的能力上，这就是在体育教学中采用的诱导式、启发式教学方法，让学生感到有意义学习。

（三）强烈鲜明的情绪和情感表现

小学和初中生具有较多的感情，容易被冲昏头脑，他们的感情表达强烈和明显，特别是在体育运动和比赛中。在训练与竞赛中，他们能感受到成功的喜悦与兴奋，并对个人或团体的优异表现充满自信；在竞赛中遇到挫折或失败时，也会感到愚蠢，焦躁，沮丧或沮丧；也会对裁判员的错误和不公平感到生气，争吵等等。正由于青少年学生在体育活动过程中情绪、感情的表达是如此的强烈和清晰，给老师带来了良好的教学效果了解青少年，并对他们进行更有针对性的教育提供了良好的场所和机会。

少年期学生开始以崭新的方式来感知自己的生理面貌，青年初期学生则要注重自己的体态，外表，个人卫生，衣着，一些高中生经常会因为他们的外表而感到很不自在。有些女孩担心自己会不会发福，有些男孩担心自己会不会又矮又瘦，或者脸上会不会有痘痘。他们经常私下向体育卫生老师请教改变现状有关问题的方法，并按体育卫生老师给你一些"运动处方"，让你坚持下去，然后再给你一些建议。老师们应该针对青少年爱美的特点，加强对他们进行正确审美观点的教育和指导。

（四）学生的体育价值观

随着年龄的增长与身体的快速生长发育，自我意识的发展，青少年学生对体育在个体发展中的意义、作用的认识和要求逐步深化发展。许多初中学生都想通过体育锻炼，在体质得到增强的同时培养自己坚强强大的意志力。体现在他们敢于做出难度高、惊险的动作，并能承受更大的运动负荷。，但往往易于过高估计自己的力量和能力。在此方面，初中男生的表现尤为突出。高中学生进一步认识到健康的身体与个人学习、生活和未来工作与由于事业的关系，他们中的大多数人不仅有了积极参与体育活动的需求，还开始注重体育的实用价值，并注重对这方面与生活相关的理论与实际问题进行探讨。一些学生还希望能够学会并掌握一到两项符合自己身体健康实际以及未来职业选择特征的运动项目。将体育与个人的学习、生活，尤其是未来的工作和职业选择相结合，是中学生尤其是高中学生一个突出的特点。

| 学生体育活动的组织和指导策略

根据体育在学校教育中的意义、作用和青少年儿童身心发展的特点，中小学体育教师和班主任，在组织与指导学生的体育活动时应注意以下的问题：

（一）激发学生参与体育运动的需求，兴趣，并珍视其积极性

需要是兴超产生的基础。体育教师应该善于运用各种正面或负面的例子，让学生认识到，如果没有一个健康的身体，不仅很难保证目前的学习任务能够顺利完成，还会对继续升学和未来工作任务的完成造成阻碍。所以，坚持体育锻炼是学习、升学、就业以及个人生活是否幸福的需要。，不仅如此，青少年一代的健康水平、文化科学素养和精神面貌，还关系到整个民族素质的提高和国家的强弱盛衰。

大学生对体育运动的兴趣；并非每次都是在认识到有必要的时候，才会启动，往往是因为情感上的吸引和对某种运动项目或内容的满意。所以，应该以学生在不同年龄阶段的身心发展特点为基础，采用各种形式和途径，对学生的体育活动的兴趣、爱好与动机水平进行逐渐深化和强化，尤其应该重视并爱护青少年学生热爱体育活动的积极性。

随着年龄的增长，身体的发育，人的体育兴趣会持续地发生变化和发展，但是更主要的是，它是在社会需要原则和个人适应原则的基础上，在学校教师的指导下，通过学生主体实践活动，对其进行培养。

1. 小学生的体育兴趣

小学生天真烂漫，生性活泼。他们对运动有很大的兴趣．他们视运动为"玩"，只要能动，就觉得心花怒放，表现得兴致勃勃，乐此不疲。但是，小学一至六年级学生对运动的兴趣也发生了一定的改变。结果显示，小学一到三年级是"充分活动期"，幼儿多选择一些技术性较强、富有趣味性的运动，如游戏和跑；四年级是一个变化较大的时期，爱好球类的学生人数迅速增多，达到53.1%,14.4%的学生不太喜欢，学生对运动的兴趣存在着显著的差异；五～六年级是喜爱体育技术的时期，喜欢有技术

含量的体育项目如跳高、跳远、武术和球类的比例较高。但是，在小学整体上，学生的兴趣缺乏稳定性，容易对枯燥乏味的活动感到厌倦。

2. 初中生的体育兴趣

初中学生对运动的兴趣是多方面的，但是有很大的可变性。在体育教学中，由于教师的教学水平、学校的体育传统以及个体的体育特长、体育成绩等因素的作用下，一些学生对体育产生了特殊的兴趣。随着年龄的增长，男生和女生对运动的兴趣差异也越来越大。男孩喜欢运动量大，动作敏捷，竞争激烈的运动，例如篮球，足球，武术，田径等。而女孩们喜欢动作优美，有很强的节奏韵律感，能表现出柔韧、机智和美感的运动，例如：艺术体操，排球。不过，她们不喜欢又脏又累的长跑。男学生对体育运动的兴趣较女学生多，但是大部分初中学生对特殊项目的兴趣还没有形成固定。

3. 高中生的体育兴趣

在受过良好教育的人会比较稳定，而且会有很大的选择余地。但也表现出了较大的不平衡：例如，就年龄而言，高一、二年级学生的兴趣发展呈现出上升的趋势，而高三学生的兴趣发展则呈现出停滞不前的趋势。有些同学还在热爱运动，有些同学已经完全失去了兴趣。男女之间的区别也是显而易见的。男孩们喜欢有竞争力的比赛。女生在体育锻炼中表现出较强的惰性，表现为"怕脏"、"怕苦"、"怕晒"和"怕出汗"，一些学生对体育课表现出消极的态度。

然而，经过适当的教育与引导，一些高校学生仍然对一些运动项目或运动表现出执着的爱好。回顾性调查结果表明，高中学生对体育的兴趣大多是在小学和初中就已经建立起来的，并表现出一定的连续性。可见，小学和初中是培养学生运动兴趣的关键时期。

在了解体育兴趣的年龄特点以后，就应注意对运动的兴趣，夸美纽斯说："在课堂上，兴趣是一种重要的方法，它能使课堂气氛活跃起来。""强迫他们去学习，而不是去学习，只会让他们失去对知识的渴望。"（乌申斯基）在发展学生对运动的兴趣中，老师们发挥着主要的作用，并在课余时间进行体育教育，并组织各种体育活动。

（1）成功教学法

当学生以[好奇心]为导向，以[主动]为目标，进行[主动]、[主动]及[技术提升]时，则会对[成功]有正面经验，且对[运动]较重视。苏霍姆林斯基曾说过："只要有了成绩，就有了学习的兴趣。"所以，要培养学生对运动的兴趣，就一定要培养他们对运动的兴趣。

（2）愉快教学法

快乐教学的目标是使学生在运动中获得快乐，从而达到"趋乐避苦"的目的。从而对运动产生了兴趣。

实施愉快的教学，关键在于教师。在体育教学中，教师要用情感的充沛、注意力的集中、动作的优美、语言的生动、技术的熟练、有条不紊的运动、亲切的态度去感染学生，在体育教学中形成一种师生关系，充分信任和尊重学生，用"乐教"带动学生"乐学"，从而避免因运动内容的艰苦、肮脏等原因而产生的学生对学习的负面情绪。

（3）需要满足法

孩子们的性格都很活泼，因此，大部分孩子都喜欢上体育课，参与体育运动。但由于他们的自制力较弱，注意力容易分散，所以必须要对他们进行正面的引导。

中、小学生有强烈的求知欲。"好奇"是人类对探究事物和获取知识的一种情感需求。在体育课堂中，学生要求体育课程的内容能够经常更新，这样才能让每一堂课都有新的东西，有新的收获，有新的活动。体育教学应该在贯彻执行大纲内容的基础上，尽可能地在新字上下工夫，就像喊口号一样，可以通过老师喊或者吹哨子来完成；还可以由学生们大声喊出来，师生们轮流喊出口令来，打击乐器来做，音乐伴奏来做等等；同样是队列训练，可以将其排列为四列横队、四路纵队、圆形队、弧形队等，在教学过程中，教师要注重对教学内容的新颖性，在教学方法和手段上要灵活多样，要将体育教学的活动性、游戏性和娱乐性都表现出来，这样就可以激发学生的学习欲望，培养他们的体育兴趣。

学生的竞争意识是他们的显著特征。运用竞赛和测试的方式，让同学们觉得新奇有趣，新奇有趣。

对美丽事物的喜爱，是孩子们的另一个特征。体育运动中蕴涵着大量的审美要素。教师的语言美、动作美、教学状态美、形体美可以让学生在耳濡目染中得到美的熏陶，而美丽的情境也可以让学生有美的感觉。在体育教学过程中，在审美的启发下，很容易使学生由"苦学"变为"乐学"。

（4）教学"引趣"法

学生对运动的兴趣既要靠老师的指导，也要靠环境的诱导。在教学过程中，不断地"引趣"，是激发学生对运动的愉悦体验，并逐步培养其对运动的兴趣的必要条件。

在认真完成教学任务的同时，要注意利用幽默元素。"引趣"的内容是这样的：

①新奇教学方法的趣味性，即教学方法的灵活性和新颖性；

②教学语言的趣味性：技术讲解的生动，教学语言的温情和幽默；

③动作示范，即示范动作准确，熟练，规范，轻快，舒展；

④竞赛式的趣味性，即各种形式的教学竞赛和游戏；

⑤设难题，引出趣味性——起头设疑，教材难点设疑，新学习，新动作设疑；

⑥场地和设备的趣味 - 场地和设备的各种组合和变化；

⑦体育资讯趣闻 -- 包括杰出的运动员为国家争光的事例、世界体育名人的照片等。

（二）有效地激发学生的体育学习动机

一个人对运动的意愿和持之以恒的动机，主要来自于内在。通过奖惩措施，能够从外在上激发人参加体育运动的动力，使人认识到体育运动本身的价值，确定自己有参加体育运动的能力，体会到"挑战"的快乐，这种快乐超越了胜利和失败本身的快乐，对于促使人长期、自主地参加体育运动十分重要。这就迫切需要教师在体育教学中加强对学生的学习动力的培养和引导。

一般说，在体育教学或体育活动中，具备了目标设定、创设佳境、归因教育、积极反馈、价值寻求、教师行为等诸条件，将会对提升人的内在动机产生显著影响。

1. 切当目标设置

人们参与体育运动是一种有意识的行为。这样，我们就能从目标的设定出发，激发动机，引导行动。比如，在学习游泳的时候，要为练习者设定好每天或一个阶段内所要达到的质量和距离的目标，当这个目标被转化为练习者的内心需求时，就会让练习的进行始终在自己的意识控制下，从而提升自己的努力程度和动机水平。

目标设定对练习者的心态有四种作用：

（1）引导人们关注并采取行动来处理工作中的关键问题；

（2）调动积极性，提高练习质量；

（3）鼓励操作者为达成目标，设计并实施新的学习策略，以消除厌烦情绪，提升挑战精神与成功动力；

（4）有利于短期努力和长期努力。

有人通过排球垫球技术教学研究设置短期目标的作用（李京城等，1991）。课题设计了技术规格和效果两种目标，当目标被学生所接受时，"目标"的需求就已转化为行动的动机了。经一轮教学后，实验班掌握动作水平明显高于对照班。

在体育教学中用设置长期目标的方法调动学生的动机，也取得良好效果（孟宪林，1989）. 研究者对 42 名学生进行为期两年的实验研究。共分为 4 个阶段：

①身体检查阶段；

②产生锻炼需要和激发体育动机阶段；

③培养自我责任感，成就感及自信；

④用理论知识巩固和强化动机阶段。

通过四步工作提高了学生有了体育锻炼的积极性，并逐步养成了良好的体育锻炼习惯，不仅能使他们的身体素质得到较大提升，还能发展他们的体育兴趣与动机，这对他们日后的体育参与产生了深刻的影响。但我们在设置目标时，应根据项目特点，个人特点而区别对待，切不可设置过高的目标，否则会使学生望而生畏，不但激发不了良好的动机，反而打消了学生练习的念头。过低的目标也容易使学生产生厌倦的心理。

2. 创设教学僧境

在课堂教学和体育锻炼过程中，教师对学生进行了直接和间接的控制。情景应该起到"诱饵"的作用。从培养成就动机的需求出发，构建激发个体认知、归属感和自我提升的情境，并将其转变为行动动机。

（1）激起认知内驱力的情境

在体育教学过程中，在保持教材内容和大纲要求不变的前提下，改变教学方法，让活动呈现出新颖的特点，让每一节课都有新的内容，让学生获得新的收获，让他们的组织和教法都有新意，这样就可以让他们对新事物充满了好奇心。

创设困难情景也能引发个体的认知动机。在活动开始时，对活动的结果不了解，会引发对结果的探究意图和期望的心理。如何在活动之间提出引发展问题，让学生通过观察、对比或实践得到动作要领的答案。还可以适当组织竞赛活动等。

学习课题难度与调动认知驱动力关系重大。一般来说，课题难度应介于会与不会之间。因为这时已有的认知结构和教材要求既具有和谐的、又具存在着矛盾，而这些矛盾促使人们去克服矛盾，去建立新的平衡。

（2）激起归属内驱力的情境

应在体育教育或训练过程中，运用高频率的人际交往，使学生感受到长辈对自己的认可和接受，以及同伴之间的友善和关怀。比如，在学生在完成了一个动作之后，老师的表情和鼓励的语言，会让学生从心底里感到快乐。老师善意的指导与期望，会让学生产生持续练习的愿望，在老师的关怀与耐心中，他们体验到了安全感、归属感的满足。同龄人之间的协作和互助，特别是在比赛（接力赛和球类比赛）中，他们可以相互学习，为了赢得胜利而齐心协力，这也会让他们感受到属于某个团体，被同伴认可的快乐。在这些课程中，最引人注目的就是对学生困难的辅导。他们的技术水准较低、学业进展缓慢、缺乏自信、有较高的自卑感，对老师的关心更为迫切。教师要用爱去感染，用耐心去引导，用真诚去发现，用正面的期望去激发他们的归属感。

（3）激起自我提高内驱力的情境

在体育教学中，要根据学生自身的素质，为他们创造适合自己的位置。尽管这种需要有别于认知内驱力，并不直接指向学习任务本身，但是因为体育学习或训练有时候会变得非常枯燥、困难，能够自始至终展现出足够的认知内驱力的学生很少，因此激发自我提升的内驱力就变得非常重要。在体育教学过程中，让学生出来带操，做示范，轮流做体育小组长，或者对某方面突出，考试成绩好的学生给予充分肯定或表扬，以满足他们的自尊心。一个人如果在某一项运动中表现出自己的特长，那么他就会更加有成就感。但是，学生表现的水平差异不容忽视。对学习一般或偏差的学生要在指导中特别加以注意，不要伤害其自尊心。

3. 积极肯定反馈

反馈指的是通过对技能操作或学习结果的评定、评价及自我知觉，使学生对自己学习的情况有一个全面的了解，并对后继行为展开调节的过程。尽管在体育教学中，关于学习结果的反馈既可以是正确反应的信息，也可以是错误动作的信息。但是，它们都有利于参与到坚持目标或修正目标中去，因此，它是行动过程中最有利的动态调节信号。在反馈式学习中，存在着各个极性的控制作用，它可以促使学生对自己的学习有更深层次的追求，从而增强学生已经存在的学习动机。

为了增强反馈的激励作用，应注意以下几点：

（1）保证信息的及时反馈。很多时候，为了刺激新的动力，需要在运动过程中或者运动结束后及时进行反馈。

（2）以正面的方式进行反馈。学习成果对于学习动机具有双重反馈效应，既有增强效应，也有弱化效应。所以，反馈的主要内容应该是正面的。

（3）正确的反馈方式。给新手的反馈要明确。根据学生的实际情况，采用不同的反馈方式。给以过量反馈信息会引起定向困难、无从做起、信心受挫、动机下降。

4.正确归因教育

竞技运动是竞技运动的直接体现，也是竞技运动成功与否的直观体现。所以，回国的人很多。正确的归因是教育的前提。一般而言，若受过良好的教育，其归因取向更多的是外因；幼儿愈年幼，愈有可能作出不完整的归因。归因对个体的情感、自信心、行为预期、人格发展和后续行为的动机有很大的影响，因此，对其进行归因教育是十分必要的。

归因教育的侧重点有两个：一是对自己或他人的行为结果进行综合归因，也就是从基源性（因素来源）、稳定性和可控性等方面对活动的结果进行综合分析。二是要对学生进行内部可控因素，即"努力"进行归因，因为"努力"是可以被自己所认识并掌握的，不会因失败而降低期望值，也不会因此而抱怨，这样有助于保持学习动力的强大。

（三）根据青少年生理与运动能力发展特点，选择适合于学生的体育项目和内容

运动能力发展与身体形态机能它们之间存在着紧密的联系。主要表现为：形体机能发育迅速，各种动作能力发育迅速；在形态功能发育缓慢的情况下，各动作能力的发育有一个峰值，然后进入一个平稳期。动作能力的发展，除与人体结构、功能的发育密切相关之外，更与其参与的体育运动密切相关。初中学生正处于青春发育期，多数器官系统正迅速发育，并表现出明显的不平衡。初中教师应根据少年生理发育的特点组织多种多样的体育活动，特别是一些有趣的球类活动，活泼愉快的体操与田径活动项目等，对少年学生的柔韧、速度、灵敏和协调性进行全面的发展，同时对力量、耐力等身体素质和人体基本运动能力进行适当的发展。高中老师应该以青年初期学生生理发育基本成熟、精力充沛的特点为依据，对他们进行多种形式的体育活动，在对学生的身体素质进行全面发展的基础上，对力量和耐力练习进行强化，并照顾男女生理发育的性别特点，有条件的学校，最好男女分班进行上课，这不仅适合于青少年身心发展的特点，而且方便教师组织教学和练习，有利于中学体育任务的完成和有效地促进青少年身心健全发展。

（四）练习形式的多样化

在实验和实践中都已经证明，这种方法具有单调、枯燥的特点，采用了机械重复的练习与锻炼的形式和内容，这样就很容易让学生觉得枯燥、疲劳，甚至产生厌倦的情绪。内容丰富、生动活泼、种类繁多的练习形式，与青少年学生身心发展特点相适应，这对提升和巩固学生积极参加并长期坚持体育锻炼的兴趣、自觉性和积极性有很大帮助。

竞技运动最显著的特征之一，就是竞赛，它非常适用于"好胜"，"向上"，"不甘落后"，"不服输"，"自尊心极强，荣誉感极强"的年轻人。适当组织各种类型和范围的体育竞赛活动，不仅可以巩固和能够提升学生坚持参与体育活动的兴趣和爱好，同时还能够培养他们自觉遵守组织纪律、团结合作、热爱集体、不惧困难、勇于进取等良好的个性心理品质。

（五）使学生体验到参加体育锻炼的成效

使学生看到并切身体验到参加体育锻炼的成效，对激发和提高学生体育的兴趣与爱好具有极其重要的意义。因此，班主任和体育教师应随时注意收集、整理、储存学生参加体育活动的各种材料和数据。包括身体形态结构的发展，身体素质、运动能力和运动成绩的提高，以及由于学生健康水平的提高对各科学习成效所带来的影响等等。这有利于不断巩固、提高中小学生坚持对运动有兴趣，并逐渐养成坚持运动的好习惯。这就是目前大力提倡的成功体育的含义，也就是说只有让学生体验到成功的乐趣，他才会有动力、有兴趣并持之以恒地坚持锻炼。

对于确有体育才能和培养前途的学生，教师应从时间安排、各种活动的协调等方面为他们创造更有利的条件，同时加强个别指导与培养，以利于为国家培养和输送优秀的体育人才。

学校体育教学
改革发展趋势

我国物理治疗学院
现状回顾

归根结底，世界各国之间的竞争是人才的竞争。谁做得好，谁就能在以后的竞争中占据好位置。我国现代驾驶最大的问题不是钱，不是资源，更不是装备，而是亿万人民的素质。提高全民素质是我国在国际竞争中立于不败之地的主要保障，良好发展是教育对企业和社会的要求。全国人大在《关于教育体制改革的决定》中明确提出"教育的主要作用是提高全民族的素质"。面对新世纪的挑战，大学在国家科学文化的发展中具有重要的地位和作用。而未来十年、二十年我们能否培养出最优秀的人才，将直接关系到我们国家能否实现现代化，影响中国的未来。亚洲和世界的能源。可见，素质教育是我国教育体制改革发展的主要源泉。从体育教育的角度来看，体育教育与身体素质有关。那么，我国体育教学改革的现状如何？体育作为一种良好的教育如何发展？本节将对这一问题进行审视和探讨，支持我国高等教育改革的发展，提高大学生教育培养质量，提供良好的培养环境和目的。

1. 学校素质教育与体育教学研究

新中国成立以来，我国的高等教育和学校活动一直面临迫害。50年代，我们向苏联学习，宣布培养"科学家"和"艺术家"的教育目标，要学生成为专家，领导各种工作，参加毕业后的学习。60、70年代，受左倾思想和"文革"的影响，他们以培养无产阶级斗争的目标为目标，对男孩女孩的学习只注重思想教育，不关心技术教育和技术教育。.文化，造成我国科学技术的匮乏。党的第三次全国代表大会后，我国高等教育事业快速发展。20世纪90年代，人们的意见增多，高等教育改革逐渐被人们所认同。现代教育策略的创建。所有特殊利益之后都必须遵守所需的施工时间。

（一）当今好教育理念的发展

好的教育理念不是现代教育的产物。中国古代的"六艺"研究和古希腊、雅典的"缪斯"（美的和谐）研究，都是受一个人的教育所研究或影响的哲学概念。今天，良好的教育是对良好品格的追求和发展。另一方面，应该提高人们的技能，影响人们的生产力，创造对人们很重要的工作文化。另一方面，要注重人的肉体发展，提高人的精神性，养成良好的品格，促进人的发展自我疗愈。当今人们的经济发展提供了人体的基本需求。当今基于自然知识传授、人类技能发展和适应社会工作发展的有效教育策略已经付诸实践。许多领域。

| 良好教育的特点

第一，思想与使用的沟通。好教育的思想是从成人本位思想开始的，现代教育的发展导致了今天好教育的理论和方法。随着人的发展进步，教育的目的变好了，我们进入了信息时代。但是，随着教育水平的提高，学生在学习和学习中出现的问题也越来越多。改善常规。良好的教育哲学试图通过理论和应用的媒介来解决历史问题和思想。

第二，科学与人文的交流。良好教育的第二个重要方面是它教授良好的科学知识并激发人类精神。自公司存在以来，人们就感受到了人类智慧改变局面的好处和强大的力量，因此人类知识智能的重要性在实践中始终受到影响。但当人们深入思考他们所面临的各种社会和人类问题时，一定会对这门纯科学的局限性和弱点感到惊讶。人文教育在学科中得到更新，医治人体的呼声越来越强烈，这与人文科学的科技科学在教学中的融合有关。另一方面，好的教育应该提高人的智力，影响人的工作成果，创造人的社会意识和情境意识。根据实践。另一方面，要关注人的身体发育，营造健康的心念，促进人的自强不息。因此，它支持了现代教育策略的产生和发展。第三，现实与未来的沟通。任何形式的教导都不是立竿见影的。教育的工具性目的和教育的理想价值的体现往往表现在人的发展上，注重培养人改变现实的能力，表现为对未来社会理想的追求以及对未来社会的预测性的适应能力的培养。因此，从某种意义上说，完整人格的培养是基础与发展的统一。素质教育的主题性特征表现为一种超前性和导向性，这是教育活动的本质所决定的。社会转型不可避免地会给当代教育带来冲击，这种影响是广泛的、深远的。现代教育没有别的选择，它只能用自己特有的模式、运行机制主动地适应当代社会的发展需求和现代人发展的需求。素质教育是教育改革的主题，未来并不是已经设定好的某种现成的教育通道，未来的教育要探索和创造。因此，素质教育是立足于现实又面向未来的一种教育探索。

2. 培养未来技能的重要特征

一是要有现代观念和经营理念，要有新精神。现代生活中科技、通讯、交通、商业的发展需要培养具有广阔视野、良好能力、良好创造能力的优秀国际化人才，使他们能够从实际出发，着眼现实，面向未来，它会更加灵活和有创意。

其次，要有现代的、积极的态度。现代生活要求人们有风险意识、良好的心理健康、良好的行为，以及对当今商业生活有用的榜样，具有健康知识、自我意识、接受挑战的能力和应变能力。跌倒跌倒。

第三，必须有科学文化知识和现代时空背景。今天的人应该尽量吸取人们创造的一切最佳实践，关注新的信息和知识，拥有知识世界，了解科技，热爱时间，关注工作。

（二）良好教育问题

改革开放以来，我国经济大有起色，人民生活水平有了很大提高。但近年来，由于我国家庭法的实施，儿童在青少年中所占的比例仅为1。对年轻一代的教育越来越多地出现许多消极方面。如：小学生童年时期暴力暴力，自我放纵的情况普遍；很多高中生精神失常，听不进批评，防不胜防；高中生体质下降，生活自理能力欠佳：各学校多注重能力测试，忽视发展对待所有学生。中学，学生的领导力还不够。又因为现在的研究生已经从计划变成了两种选择，这使得他们很容易被现在社会的一些工作和模范技能所迷惑，只认真学习一些知识和技能。技能，不关心文化知识的积累和文化知识的发展，他们在很多层面表现不佳，对做轻松的工作不感兴趣，独立工作的能力，管理技能，写作能力和他们的实际工作，还是有很大区别的。特别是在我国的大学中，商科和工科的一类教育和大学所占比例很大。敬业精神的培养和糟糕的领导力被忽视。大多数理工科老师只教学生如何做事，而不是如何做人。他们只注重知识和技能，而忽视了对良好文化的学习。知识和技能。满足职业的需要。但是，由于不懂人文社会科学，对历史和人文遗产知之甚少，所以不了解世界文化和历史，不了解自己国家的文化和历史，结果失败了。情报在社会历史中的作用。同时，由于文化贫乏，文艺不通，他们往往显得精神贫乏，甚至中立，没有学生应有的感情、担当、态度和行为，人们常常这样认为。他们不像学生。更有什者，由于有些人对人际关系了解不多，对人际交往的原则知之甚少，人格与心理健康的互动能力较差，无法改变生活。社会的需要。在谈及我国学生素质教育存在的问题时，有专家表示，面对高新技术和学科发展的挑战，我国高等教育存在着值得注意的问题：① 学术工作过于狭窄、局限 ② 过度使用会影响学生培养质量和培养灵活性；③ 禁忌过强会阻碍学生性格的发展；④ 领导不力会影响学生的个性和思维。大背景下，这些问题不解决，将影响我国高等教育的发展。

体育教育过程中素质教育的主要特性有以下四点

一是以体育教学提高教育质量。体育教学不仅要注重学生知识和技能的获得，更要注重学生能力和态度的培养。这种发展主要体现在以下三个方面：①体育不仅要使所有学生在其层次上充分、和谐地发展知识，而且要使所有学生在其层次上具有独特的能力；②要相信每个学生的发展水平，让每个学生都意识到自己的发展，即体育教学要细心监控学生的个人发展；③应为学生创造积极的发展，即体育教学应保证每个学生都能在各种技能上聪明地展示自己的技能，并有提高的机会。

二是体育教学要注重素质教育的融合。体育教学是多层次、多环节、多任务、全学习的。他要大家齐心协力，好好配合，让同学们发挥创意，和谐相处。体育教学一体化有三点：①教学一体化。随着教学目标实践的统一、教师权力的统一、媒介教育传播影响的统一，它们之间的关系统一起来。②整合学习内容。也就是说，体育教学的内容必须融会贯通、融会贯通，才能进行成功的教学。③教与学一体化。也就是说，教师不仅要支持学生的身心发展，还要支持学生的身心发展。因此，教师"教书"必须把责任全部交给教师带头人，带领学生学好用好教学内容和方法，养成良好的身体素质，强身健体，弘扬文化道德；而"学"是学生的一种自觉意识，在教师的引导下，按照教师的要求，明确主动地重复劳动，提高体力，并拥有、积累和运用体育知识和技能、智慧，从中获得乐趣，弘扬对运动的热爱。

第三，体育教学要体现教育质量。良好的教育是教育理念研究的主体，因此，体育教育应促进具有自我意识和创造力的技能。体育教学的理念，即教育的主要目的应该是以培养学生为主体，它包括教师创造性的教材，以及教师主动适应学生能力和水平的不间断教师。在教学计划上，还要考虑在所有班级和其他科目中，教师的教学方法、程序和组织信息应反映学生的教学出发点。教师要采取措施，积极引导和鼓励学生的体育教学。本着尊重学生地位的原则，为了全面提高成绩，学生教育的重点是学生接受自己的认识，转向积极的教师。

第四，体育是好教育的开端，人的全面发展是好教育的价值所在。体育支持所有学生的成长，因为体育是多方面的、多元的、包容的。因此，它应该有广阔的教学空间和与之相适应的多种教学方法，特别是体育教学的体育特点体现了良好教育的开放性；一是教育内容开放，即学校的体育教学体系必须形成学习计划、活动与学科相结合的体系；二是放开教育的力量，即学校体育要建立在学校体育、家庭体育、竞技体育相结合的体育网络基础上；三是开放的学校环境，即学生体育创赛。连接教室内外、学校内外的系统。培养学生动脑、动嘴、动手的习惯。

我国学校素质教育与体育教学研究与分析

大学生素质一般包括政治思想素质、科学文化素质、专业素质和身心素质四个方面。现在学校的教育大多是好的教育，而我国有些学校过分强调用教育来培养工人，一方面强化教育知识，忽视好的标准的制定，领导不力的结果是独一无二的。重要的。部分理工科学生对人文社科尤其是民族文化了解甚少；而文科学生对数理化知之甚少，尤其是现在科技发达，体力下降的情况依然不少，青少年中存在不同程度的心理健康问题。那么好学生的本质是什么？以下是问题的简要描述：

（一）学生积极思考现状调查

改革开放以来，我国逐步建立起工业经济，人们的生活方式发生了世界性的变化。许多青年拥护党的路线方针政策，关注改革开放的进程，努力适应企业建设的好企业的意见。他们渴望得到社会的认可，对有益于社会发展的工作抱有坚定的信念。这说明学生生活的意义是好的，但在学费的个性化、多样性等人生观和结果的深层次问题上还有很多艰苦的工作要做。Conference Science 所体现的慈悲精神、求真求新精神、拼搏奉献精神、团结协作精神，将支撑和推动一个有意义的模式。同学们的意见是积极的，赞同和拥护党的路线方针政策，对国家的未来充满信心。我国学生好思维的现状具有当今与人相处的知识，可以根据我国商业经济的要求进行调整，以掌握大多数学生的好思维技能。热爱国家，有道德的生活态度，信任，希望现代强国的力量可以帮助自己。我们需要了解人类行为、自由、独立和主动性的经济制度的所有规则，鼓励年轻人的社会思维和良好品格。培养科学的人生观和价值观。

（二）考察学生良好领导力的本质

好的领导力是人的外在精神观和内在精神观的重点，是当今人成功水平的普遍扩展。当今社会科学技术的发展呈现出多元化、成功化的趋势。高等教育世界在艺术和科学、科学与建筑和学科的结合方面取得了长足的进步，这促使优秀的领导层担任更重要的工作。学生文化普遍不高，教学能力不强，文史知识浅薄，艺术品味不高。杰作；嘈杂的音乐却对世界著名的音乐充耳不闻；喜欢电影但对谈论人和生活的大电影不感兴趣，尤其是对我国的伟大文化知之甚少。当被问及对中国文化的理解程度时，只有 60.5% 的学生表示与中心思想相比"理解得很好"和"理解得一般"。但是，只有 40.3% 的北大学生表示对我国当今著名思想家、首任北大校长严复比较了解，而59.7% 的学生则表示不太了解。77.4% 的学生没有读过《孙子兵法》。了解中国传统曲目和古典曲目。问卷中，《窦娥冤》、《高山流水》、《牡丹亭》等三首最受欢迎的歌曲分别只有 34.3%、31%、23%。华中工学院院长杨树子曾说过，一位外国研究员对今天中国学生的评价是：ABC 和 XYZ 都很好，基本的语言和英语都懂；孟子，不懂中国文化。好的领导是修养和能力的集合，也是国家的特点。当然，我们也需要学习和学习西方伟大的文化。我们在改革开放过程中所做的一个重要思想就是学习和吸收科学技术、管理等有用的东西。从其他国家，特别是发展中国家对我们好的东西，包括努力学习，吸收所有的东西。外国文化中的良好价值观。对于这一点，年轻人有着清醒的认识。58.7% 的北京在校学生认为在文化建设上"以中教为本，以西教"。人们提倡"中西一统"从对学生文化素质的调查分析，我国青年学生的文化素质教育还存在许多问题，多年来重理轻文，偏重业务知识教育，轻综合素质教育，而文化素质教育薄弱的现象尤为突出。加强文化素质教育是当前世界各国高等教育改革和发展中探寻的一个热点，重视文化素质教育，符合世界高等教育的发展趋势，符合人才成长的内在规律，也符合中国的国情。作为东方的文明古国，应当发扬东方优秀的文化传统，为高等教育的改革和发展，为高层次人才的培养创出一条新路，以适应社会主义现代化建设的发展需要。

（三）青年学生业务素质现状分析

好的业绩是好的技能的关键，我们培养的学生是文化领袖，要他们有好的工作，也就是能够做好更新。模型、自学能力、信息运用能力、实际操作能力、社交能力、创造力、领导力。能得 4 分的有 30.2%，有 52.4%，二分的人数为 81%。在这项研究中，40.5% 的 A 级学生认为所有年级都很好、有进取心，并且从事积极的自我提升。虽然所有的好东西都不够，但还是有好心和好生意的，而且很有成长潜力的 B 级占比 46.42%，两者相差 85%。本研究的结果与他们在实际工作中的表现是一致的，说明研究生的自我评价是一个重要的目标。现代生活要求学生知识面广，专业基础好。学理工科的，一定要学一些人文社会科学的知识；学文科的要学一些自然科学的知识，还要学一些国际知识，有较好的汉语、外语、计算机知识。调查发现，不少学生认为自己的知识水平不够，56.6% 的学生认为自己没有人文社科知识，32.7% 的学生认为自己没有自然科学知识。他们中的大多数。重要变化，虽然 77% 的人认为自己的知识和能力有所提高，但在回答"你知道你的价值观在社会力量中的作用吗？"这个问题时，只有 67.4% 的人有把握，23.4% 的人不确定，2% 的人说他们不知道，这说明很多学生不知道如何通过创造社会实践来运用所学的知识，大多数是静态的和碎片化的尤其。知识，没有活力，发展和一切思想科学，科学发展模式教育。训练不够。

从以上研究结果分析，我国学生经济素质总体较好，但在培养学生工作能力和运用能力方面，知识结构方面还存在很多问题，我们必须还要加强自己的思维、口语能力、分析能力和业务财务能力、人际关系和组织管理能力、自我教育能力等，一起培养良好的业务能力，适应新规则。智力标准的世纪竞赛。

（四）考察学生身心健康现状

青年是国家的希望和未来，肩负着构建我国现代和谐社会的重任。年轻人要想在国内取得成功，必须拥有良好的身心健康，即拥有健康的身体、良好的成长和承受低迷和失败的能力。既然学生的智力开发是青少年成才的基础，那么现在我国在校青少年的身心健康状况如何呢？学生身心健康。

首先，在青少年体育教育方面，不能满足学生身体生长发育的需要。一天下来，76.1% 的学生居然满足了学生的需求。根据体测模型，课堂上视障学生不足 20%，42.5% 的学生患有不同程度的神经衰弱而不能上课。保证充足的睡眠。青少年正处于生长发育期，在调查中，13.6% 的学生吸烟，28.3% 的学生不了解人体生长发育规律，不注意饮食生理卫生。中学上课，这些都对学生的身体，还有学生的孩子，都有不好的影响。学校准备体育课的内容，他们只关心考试，教的知识不是体育知识和体育锻炼科学。学生不知道什么运动是合适的，不能自己做——检查运动是否合适，体能没有发展，身体素质随着学生知识的增加而运动下降。.体育教学的作用没有得到充分发挥，但根据内容，很容易达到，说明书中所列的项目流于表面，没有关注学生身心的需要。发展。如果年轻人不知道毕业后可以使用身体的技能，就不可能永远谈论体育。培养好体育学生是好教育的基础，没有健康的身体，其他一切好教育都将化为乌有。因此，学校在教育改革的过程中，要注重体质教育的改革。体育教育在教育中的重要性、地位和作用，不断促进青少年体质的培养。

学生心理幸福感是指青少年在思想、感情、想法、态度、自我意识、关系和变化等方面的心理幸福感。忍耐力弱，极易导致精神疾病。据对沉阳市 5 万名学生的调查，16% 的学生患有各种精神障碍，部分学生患有严重的精神疾病。如何帮助学生摆脱生活中的不良心理，是教师的一项十分重要的工作。青少年的主要心理问题有：

①情绪障碍，表现为容易发怒、不满、不满，想太多或容易被破坏；无法做决定，担心未来，总是付出代价。照顾身边的人，照顾别人的视线；

③神经衰弱或某种学习障碍，主要是思维不集中、记忆力减退、头晕头痛、身体虚弱无力；

④人际交往不顺，不信任他人，自卑，缺乏兴趣和动力，人际关系出现问题。

帮助学生进行积极的心理调整，建立人际关系和应对挫折，促进学生的心理健康是一项持续的任务。学校良好教育的恐惧。对学生身心健康的科学研究对于学校教育内容和方法的开发、支持青少年的全面发展以及提高劳动力的培训具有重要意义。

贯彻学校素质教育中
体育教育的内容与结构

随着人的进步和发展，人们的工作质量越来越受到重视。改革开放以来，我国高等教育体系取得了成功，为国内输送了众多不同领域的人才。但是，与当时的发展需要相比，在员工培训形式上，仍然存在着只顾技术培训业务，不知何故忽视了良好岗位培训的结果。很多年轻人毕业后在事业上独立创新。 2019 年 2 月联合国教科文组织在北京召开的 21 世纪国际教育研讨会上，与会专家一致认为，21 世纪需要年轻人思想开放，理解世界上最重要的事件，有最高的道德、智慧、体力、美容等。质量非常高。因此，我们有必要对良好教育的内容和方法进行检讨和探讨，树立高层次、适宜的良好目标，培养日常生活发展所必需的良好技能。

学校良好教育的原则

为学生创造好的教育内容，是根据党的教育方针："用马克思列宁主义、毛泽东思想、邓小平的中国特色关系理论，教学生遵循文化，凝聚国际共识，凝聚国际共识"。学生，并创造他们的良好行为，以教导年轻人在思想、道德、文化、纪律、表现、技能和能力方面的技能创新。目的，发展人的因素特征，如独立性、兴趣、自由和创造力使人以积极的方式行事。良好的思维、良好的工作、领导能力和教育的主要重点是特别关注品格发展和表现的各个方面。在今天的智力（即品格）教育、心理教育和教育，摒弃单纯的思想。思考、研究、技能、创新、道德和培训。

（一）好的思想

好的思想是人精神的表现，它渗透在人的好工作、好领导、好思想和好身体中，起到促进精神升华的作用。它通常包括文化与政治和文化与伦理相融合的两个界限，是衡量国家或国家规模增长与繁荣的重要标志。

哲学和好的政治往往是关于世界观、人生观、价值观、希望、生死观等，还包括思想、信仰、坚持等具体特征。它直接影响到目的、实践、质量。，与青少年活动的关系。毛泽东同志指出："现在要搞思想政治，不管是知识分子，还是青年人，都要好好学习，除了要学大东西，还要在宗教和政治上进步，要学马克思主义。没有政治思想，一个人是没有灵魂的。"想象力和政治要求青少年教育以世界视野的语言和史料为基础，帮助人们以真诚为本。基于公共利益的模式，考虑到生与死的过渡和"一个是"的苦涩希望。一个不怕苦，一个不怕死。孔子有"道大通"的概念，康有为写了《大通书》。因此，新世纪的有才青年应该遵循正确的政策规则，遵循传统，具有强烈的传统和信仰。

哲学伦理是指人的思想观念和道德观念，常包括德行、德行、德行、道德、道德和工作自豪感等概念，它影响着人类活动之间的关系和关系。列宁曾指出："凡是导致当今青年发展、教育和训练的，都必须为了促进青年的道德修养而做。"哲学伦理学是鼓励青少年有道德、有道德，原则上是建立道德，在家庭、人际关系、爱情关系中建立良好的关系。不害人，不害色，不求名利，努力工作，能为人服务，默默工作。今天的年轻人应该养成积极的心态，投身于中国特色的关系事业。

（二）业务素质

好的企业往往包括智慧、创造力和领导力，这些都表现为人们在外工作的能力。良好的知识影响技术活动的水平和质量，是基于文化和科学知识、知识和技能的。创造力是一种前所未有的创业精神和开拓品质，影响着艺术活动的独特性和新颖性。好的业务重要的是好的技能，包括好的知识和技能以及好的能力。根据心理学的说法，能力是人们在心理上能够完成一定任务的特征。一个人的能力和业绩体现了他在实践中工作的水平和业绩，决定了一个人能否在社会上创造财富，发挥社会赋予的作用，充分利用这些活动。能力是一种表现，通常包括人的自学能力、利用信息的能力、工作的质量和实用性、在社区工作的能力等。人的能力的有效性往往表现在以下三个方面：

一是人要有能力，比如智力、灵活性等；

二是一个人的特殊能力，如专业素养和参加特殊专业活动的能力；

三是人的创造能力，如能不能最大限度地发挥自己的才能，创造出有价值的产品和精神财富的能力，以供分享、集齐、国家和人民等。

能干好是人才干好工作的主要标志，我们承诺的人才是关系建立者，这就要求他们干好工作，也就是有很强的创新能力。企业的成功离不开最佳的知识结构和能力建设以及素质，在教育培训过程中，知识的变革意味着素质的创造，素质的提升往往成为能力的提升。对学生进行良好的技术教育，其内容不仅是为青少年提供特定的生活和工作知识和技能，更重要的是提高青少年适应环境变化和面对挑战的能力，并从长远来看是有利可图的。工作，自我提升是一种不会落后和被剔除的可能。

（三）领导力好

好的领导力是一个人外在精神观和内在心智的着力点，也是现代文明的延伸，随时随地起到引人发笑的作用。随着科学技术的发展呈现出多元化和成果化的趋势，许多重要课题涉及到人与自然的关系和通向世界的思想，涉及到许多学科。因此，世界高等教育在艺术与科学、科学与建筑的结合、学科不同方面也有了很大的增长，从而将良好的领导力推上了重要的位置。从教育本身来看，随着教育观念的逐步发展，人们看到教育是一项终生的事业，必须要有终身学习的思想。即使在学校教育中，目标仍然在基础上，不仅是学科的基础，而且是公共的基础，学校教育中很大一部分是好的领导力教育，可以广义地定义为好的教育。

文化研究的主要学科包括人文社会科学（如哲学、历史、语言、文学等）、艺术（如音乐、绘画、乐体、雕塑、戏剧等）、自然科学（如数学、物理、化学、生物等）和良好的文化。素质教育对学生的教育质量起着举足轻重的作用，不仅对学生的学习成绩有很大的影响，而且对以后的工作也有很大的影响。正因为如此，世界各国都在为文化学生的教育付出更多。学生良好领导力的培养符合世界高等教育的发展，也符合专业发展的规律。为加强青少年文化教育，必须重新审视我国特训人员队伍和学校教育的要求，改进教学方式，打造文理结合的综合技能人才培养体系。可以成功和创新。．当前，我国高等教育体制存在文理分离、理工分离、学术目标过高等弊端，需要做出改变，打造通用的教学模式。优秀领导力对于学生的意义是非常丰富的，需要得到各种优秀领导力的支持，使领导层吸取人类历史上最好的东西，吸取优秀领导力的知识，弘扬年轻人的人文精神，以及创造更好的思维方式。爱因斯坦曾说过："如果没有我早年的音乐教育，无论哪一方面我都将一事无成。"他甚至认为艺术使他获得的东西比从物理学方面获得的多，从艺术使他获得的东西比从物理学方面获得的多，从艺术中获得的想象力比知识本身更重要。为了适应21世纪社会和科学技术发展的需要，我们必须大力加强青年学生文化素质的教育，为了使青年学生更好地汇入当代世界发展的潮流中，必须提高其文化素质的水平。

（四）身体及心理素质

好的企业往往包括智慧、创造力和领导力，这些都表现为人们在外工作的能力。良好的知识影响技术活动的水平和质量，是基于文化和科学知识、知识和技能的。创造力是一种前所未有的创业精神和开拓品质，影响着艺术活动的独特性和新颖性。好的业务重要的是好的技能，包括好的知识和技能以及好的能力。根据心理学的说法，能力是人们在心理上能够完成一定任务的特征。一个人的能力和业绩体现了他在实践中工作的水平和业绩，决定了一个人能否在社会上创造财富，发挥社会赋予的作用，充分利用这些活动。能力是一种表现，通常包括人的自学能力、利用信息的能力、工作的质量和实用性、在社区工作的能力等。人的能力的有效性往往表现在以下三个方面：

一是人要有能力，比如智力、灵活性等；

二是一个人的特殊能力，如专业素养和参加特殊专业活动的能力；

三是人的创造能力，如能不能最大限度地发挥自己的才能，创造出有价值的产品和精神财富的能力，以供分享、集齐、国家和人民等。

能干好是人才干好工作的主要标志，我们承诺的人才是关系建立者，这就要求他们干好工作，也就是有很强的创新能力。企业的成功离不开最佳的知识结构和能力建设以及素质，在教育培训过程中，知识的变革意味着素质的创造，素质的提升往往成为能力的提升。对学生进行良好的技术教育，其内容不仅是为青少年提供特定的生活和工作知识和技能，更重要的是提高青少年适应环境变化和面对挑战的能力。并从长远来看是有利可图的。工作，自我提升是一种不会落后和被剔除的可能。

（1）使学生掌握体育的基本知识与基本理论

运动能力是一种特殊的能力，它是指不同个体的身心以及个人的智力、运动知识、运动技能等。学习体育的基础知识和思想，是弘扬体育的根本。从某种意义上说，运动能力就是运用运动科学的知识和思想来指导运动实践的能力。年轻人在学校能守纪律，主要是在体育课上，但很多时候需要独立锻炼，尤其是毕业后。独立锻炼，需要了解锻炼的知识、手段和方法。"缺乏知识是许多人现在无法工作的主要原因之一。"为此，学生必须深刻理解体育教育的意义和身心发展的作用，了解人体的各种体验，了解体育锻炼的主要概念和原理、概念、方法和效果。体力活动的感知、体力活动对健康的影响以及长期不进行体力活动而涉及心理健康会导致身体患上某些疾病，而身体又会导致这些疾病；体育锻炼如何预防和治疗这些疾病的原理。.

在理论教学方面，要根据学生体育教学的特点，即思维特点和"深度"特点，希望对运动有更深刻的认识和认识。不仅要知道为什么，还要知道为什么，不仅要了解运动，还要了解体育锻炼的好处。因此，体育运动知识的教学应根据学生的知识水平、理解能力和理论水平，体现知识的"深度"，使学生获得体育活动知识，为终身体育打下基础。

（2）帮助学生了解体育锻炼的技巧和方法

学校体育课是学生了解学校体育锻炼方式方法的重要阶段，也是促进学生锻炼身体能力、参与体育锻炼生活的重要契机。因此，学校的体育课程应根据人的发育、生长和衰退规律进行科学搭配，将身体分为人的三个发展层次，以提高青少年的身体素质和运动能力。

所谓体能，是指进行身体活动（跳跃、奔跑、攀爬、攀爬、投掷、举重物等）和运用身体一般（速度、力量、耐力、灵敏性、柔韧性、弹跳等能力）人体可以通过肌肉来表现人体许多器官的工作，它有两个主要要素：身体的工作和身体的力量，并可以通过各种运动和体育锻炼来发展和提高。综合体能是学习和从事体育运动的基础，是衡量身体素质水平的重要指标。体育能力是指人们在体育知识、技术和技能方面所获得的适应社会生活需要的参加各种体育活动的能力。学校开设的健身班要根据人的三个发展阶段体育锻炼的不同而开设。

一年级，通过田径、体操、球类、武术等项目，帮助学生掌握科学锻炼身体的理念、手段和方法，全面提高体质。以提高他们的竞争水平。第二层太极拳、太极剑、气功、舞蹈剧场，让学生在共享健身房学习体能游戏和舞蹈，结合学校的健身和交流。通过这种方式，学生了解人体发育三个阶段所需要的不同运动，选择不同的身体要素、手段和方法来满足每个时刻的需要。

（3）发展学生独立从事体育锻炼的能力

学生掌握了体育知识、思想和技能，并不意味着学生能够独立参与体育教学。因此，在课堂内外，尤其是在这些活动中，要教会学生根据自己的身心特点和学校的目的，选择锻炼的内容、手段和方法，制定锻炼计划，自己参与体育锻炼。"生活在运动中"是个好词，但我们不能单单从道理上去理解它，认为越运动，这个道理先被证明的一面，运动太多。会抑制免疫系统的功能，增加受伤的风险。其实从运动的角度来说，要想达到身体每个部位都能获得最大量氧气的状态，只需要在室内经过 20-40 分钟的运动锻炼，这种状态就出现了。一周 4 次就够了，越来越多的运动，不仅不会有好的效果，有时还会引起副作用。过度运动会损伤肌肉和韧带，导致肌炎、骨疲劳等疾病。

一些医生、健康学家和运动学家也认为，运动不一定要使人筋疲力尽，即使是力量练习，比如比平时快走四分之一的运动 20 分钟，也能让你的身体变得更好。运动过度，即使是年轻人，也有受伤的风险，因为剧烈的运动往往容易破坏人体运动的平衡，使身体某些器官的重量"磨损"，某些身体机能的不足，导致寿命短、过早衰老或过早死亡。随着运动员的锻炼，逐渐增多，成为一种习惯。适当控制运动量对运动科学很重要。评估每次运动的运动量是否合适，通常根据运动后第二天的身心反应。如果你精力充沛，思维敏捷，工作和学习都比较好，说明锻炼的代价是必要的；如果感到疲倦、精神不振、思维迟钝、工作和学习活动减少，说明运动强度大，应减少运动量。让学生自主参与体育活动，并提供适当的锻炼，是提升青少年体能的最重要因素。

学校体育是学生在学校接受体育教育的最后阶段，是学生学习基本知识、思维方式和科学的体育锻炼理念、手段和方法，建立长期体格的重要机会。因此，学校体育教学立足于学生素质的发展，注重培养学生的身体素质，让青少年有自然而然地认识锻炼，选择合适的锻炼内容、手段和方法，充分发挥.体育在良好教育中的作用，使所有学生都得到良好发展，培养良好技能，并为建设现代社会而努力。

学校素质教育与体育教育的结构体系

为了在学校建立良好的教育和体育教育体系，必须以教育和真理的原则为基础，在商业、工业和技术的稳定基础上遵循全人的发展。时代社会发展的需要，使学生成为德智体全面发展的高素质人才。从古至今，最好的教育造就了完美而美丽的人，但一个人的许多品质并不是独立存在的，而是相互支持、相互作用、影响等等。好东西不是罗列的，是综合的，有内在的力量和影响，学校教育和体育的顺利完成，直接关系到工人的培养和未来。在对学生的良好教育中，要学习好成绩的特点，确立必要的好工作，创造适应学生性格发展的体育教学模式，提供环境。为新世纪的人才培养和外部环境，提高学校人才培养水平。

（一）良样的组成及特征

绩效是一个有机的整体，影响和受多种因素影响。绩效结构的诸多方面相互支持、相互制约，是整个人内化沉淀过程形成的稳定特征。质量的特征是：重要性、内隐稳定性、完整性和可塑性。

1. 内容好

它是根据质量与人类行为之间的内在动态关系而言的。人的意志是人们知道如何控制自己的行为以达到一定目标的心理过程，意识就是行为控制，有两个方面：一是动机高，二是管理。前者是鼓励个人从事适当的行为以实现目标；最终是避免影响目标的思想和行动，最好是起到创造人的意志和游戏内容的作用。人们日常行为的个体差异都与这个因素有关。

2. 质量的隐含性

它是在比较人类行为的善与真方面。人的行为是可以通过他人的思想看到的外部对象。按照人品的重要性，素质就是人品的影响，让人很难"一目了然"、"一言以蔽之"。只能在特定条件下进行测试。

3. 安全性好

当一个人的品质被确立时，它就是永久的。这个决定类似于人的情感之光和思想的安全感。这种保障，不仅让良好的修养"不寒而栗"，也让质的改变不是"一蹴而就"。优秀的汉语之所以能经得起各种风浪的考验，是因为别人所营造的强烈的感情和情绪是非常稳定的。

4. 善的正义

就是说一个人的素质是多种因素和层次的综合，多种因素和层次的良好条件相互影响。因此，表演要兼顾体力、心理、社会文化等方面，还要兼顾德智体，以提高人的综合素质。

5. 质量的可塑性

这是在质量可变性方面。只有一部分是天生在人的身心美好中形成的，其余的是在社会文化环境中接受的生活中逐渐形成的。从自愿运动到自愿行为，从自愿行为到行为行为，是幸福的心理过程。这种心理过程与利益的产生、美的品味的创造等同步。

从以上特征的特征可以看出，很多事情使人的主要特征：善于思考、善于领导、善于工作、身心健康是相互依存、融为一体的。在对学生进行良好教育的过程中，不仅要有良好的智力和创造能力，更要有正常的心态、良好的心态和良好的体力，有适应社会各种变化和社会发展的良好意志容量。

（二）素质结构体系的基本模式

从素质结构的构成和特点来看，人的绩效分为简单素质和绩效两类，从低到高，从而形成了良好模式的内在体系。由于好技能只有在一定条件下才能发挥其效益，文化、商业、教育等因素的发展对所有好技能的限制起着直接的决定性作用。结果，健康和福祉在质量标准之外的环境中产生。这创建了一个质量良好的简单模型。绩效的内部环境系统包括绩效、有效性和影响个人素质的内部因素。其中：最好的包括身心素质和领导力，这往往预示着良好技术训练的条件，决定着训练良好技能的水平和能力；好成绩包括好思维、好工作和好能力，这往往反映了重要训练的性质，也决定了训练好技能的目的和关系；影响自我素质的因素通常与人的智力水平、自身的一些想法等有关。从质量模型本身识别整体绩效、质量单位和社会成果之间的内在关系，可以看到以下关系：

S = F（艺术 x, y）

其中，S 是完美的；x 是一个很好的单位；y 是关系。当表演的效果是正面的、成功的，社会效果就是正面的，反之就是负面的，这直接决定了发展的水平和诸善的实践。综观一段关系中诸多品质的关系，好的想法是灵魂，好的工作是重要的，良好的身心健康是基础，而领导力好的领导力是纽带，创造稳定。都好。

质量标准结构简单，说明了某些素质在不同层次的专业培训中的重要性，也从一定程度上反映了标准的资格性和层次性。因此，在对学生进行良好教育的过程中，要纠正基本规则与等级规则之间的关系，既要有每个学生的重要目标，又要有更高的目标，以满足大学生的不同目标。基本培养目标和培养目标为支持学生的性格发展提供了良好的内外部基础，为多年来百余项技能的培养，完善了全员培训。

（三）学校体育教学过程研究

适应学生个性发展的体育教育制度的制定，不能有别于社会的需要，不能侵犯学生的好恶权利，要使学生的身心相互配合。因此，体育教学应从学生品格发展和社会需求两方面出发，创造多种季节性方法，为青少年提供丰富的内容和多种多样的"交叉发展区"（多目标规范、学习方法），教导年轻人在交流发展的"easy place"（main goal, fuge and curriculum）中独立学习和发展，并为每个人的发展选择一个灵活的地方（因人而异）。

目前，在学校体育教学的理论研究中，常使用"体质"一词来描述学校体育教学的目标。良好教育中"好身体"的定义是非常不同和广泛的。因此，要揭示好身材的本质，塑造好身材，使之变好，就要考虑好模特的特点。如下：

（1）原则。即强身健体要从体育教学内容的"三基"开始，强身健体应该是学形体中最重要、最重要的内容

（2）层次规则。也就是说，好的体育精神应该更好，创造一个金字塔式的等级结构。

（3）原则。也就是说，好身材的建设应该是好的、完整的，好点很重要。

（4）操作原理。即体育教学要具体明确、通俗易懂、易于操作，抽象的好坏不重要。从学生的兴趣、特长、爱好出发，因材施教，拓展学生的体智知识，注重品格培养，鼓励学生创新实验，学校体育要下功夫。好吧，认真培养学生。良好的技能与发展。

评估和发展学校的教育和体育教学质量，有助于提高学校教职工的培训水平，满足我国 21 世纪发展和经济发展的要求。

体教融合的
提及背景与发展沿革

体教融合是当前我国体育领域改革与创新发展的主流趋势，从其本质上看，体教融合与素质教育具有相通性，是素质教育在体育领域的升级。对于推动我国体育教学改革的发展，具有极其重要的研究与应用价值。

体教融合的
产生背景

新中国自建立至今，在我党的带领下，我国的竞技体育取得了辉煌的成绩，并以前所未有的速度在世界范围内向前迈进，已成为一股不可忽视的强大力量。特别是在1979年，我们重新获得了在国际奥委会中的合法地位，并在1984年第一次派出代表队参赛之后，我们的竞技运动得到了长足的发展，并且在世界范围内都有了优异的成绩。

20世纪80年代，我国女排女队员在国际排球比赛中取得了"五连冠"，并于1984年在洛杉矶奥运会取得了零的突破，取得了辉煌的成绩。在上个世纪末的悉尼奥运会中，我国选手赢得了28块金牌，金牌榜排名第三，跻身于世界体育产业前三甲；在本世纪之初的雅典，中国获得了32块金牌，第一次在奖牌排行榜上超越了俄罗斯，排名第二，与美国并列第一。29届北京奥运会，中国运动员勇往直前，以51块金牌的骄人战绩，超过了美国，高居金牌榜首位，标志着中国竞技体育呈现出蓬勃发展的良好态势。随着北京奥运的火炬逐渐熄灭，一种新的使命在许多体育工作者的心中升腾而起，即怎样才能使我们国家的竞技体育在未来的国际比赛中保持如此强大的势头，并保持我们国家未来的优势？

习近平同志在对北京奥运会和残奥会进行总结和表彰时，作出了对国家未来发展的重大指示。他指出："百年奥运之梦圆满完成，这是我们在实现中华民族伟大复兴之路上的另一次历史性飞跃，也是我们在中国特色社会主义道路上勇往直前的另一条新起点，全党全军全国各族人民必须以北京奥运会为荣！我们要把残奥会的成功举办作为一个机会，我们要更好地团结在一起，把党的十七大精神贯彻到我们的生活中去，高举中国特色社会主义的大旗，坚持以邓小平理论和三个代表重要思想为指导，深入贯彻落实科学发展观，坚定我们的信心！锐意进取，谦虚谨慎，埋头苦干，齐心协力，为夺取全面建设小康社会新胜利，开创中国特色社会主义事业新局面而齐心协力，从体育大国迈向体育强国。

通过对这一现象的分析，我们认识到，要想使我国的竞技体育一直保持着良好的发展势头，就必须要以邓小平理论和"三个代表"为指导，深入贯彻科学发展观，才能使我国的竞技体育得到持续的发展。然而，要想实现我国体育事业的可持续发展，最重要的就是要加强后备人才的培养。袁伟民曾经在《中国体育报》上写到，"后备人才的培育是一项战略任务，加强后备人才的培育，才能使我们在未来的体育事业中获得更大的发展。"

回首我国竞技体育发展的艰辛历程，我国竞技体育不但在奥运会上取得了重大的突破，还在其他世界大型的锦标赛上屡屡打破世界纪录，这与我国竞技体育后备人才的培养有很大的关系。"举国上下"，这是中国 60 多年来通过的一项政策，旨在促进中国竞技体育的发展，弘扬民族精神。但在市场经济建立后，"举国体制"丧失了其存在的社会基础，对我国竞技体育后备人才的培育产生了重大影响，业余体校急剧收缩，导致其选拔难，运动员退役后无法妥善安排，导致其"出口"堵塞，已成为制约中国竞技体育可持续发展的重要因素。

面对当前困扰中国体育后备力量建设，困扰中国体育事业可持续发展的问题，体育学界、教育界普遍认为，"体教结合"是解决这一问题的有效途径。体育原本是教育的一部分，但是，在新中国成立后，我国在很大程度上走了一条远离教育，迅速发展的道路。体育与教育有着紧密的联系，如果没有体育的教育，那就是不完整的教育，而没有教育的体育则是会走入歧途的。

中国奥委会荣誉会长何振梁日前在上海参加了 2006 年度《奥林匹克精神与中国文化》读者群活动，他说："在中国，体育与教育是两个相对独立的领域，它们是两个不同的领域。目前，在"应试教育"的指导下，体育与教育界的走向让人忧心忡忡。北京 2008 年奥运会的成功申办给中国带来了新的启示，何振梁指出，"体教结合"是中国实现由"金牌大国"向"体育强国"转变的必由之路。为了探索我国竞技体育的可持续发展，2000 年前，国家体育总局发布了《2000-2010 体育改革与发展纲要》，明确提出要实行"体教结合"的方针，也就是让青年运动员的业余训练回到学校，让优秀的运动员队伍逐步走向大学，《2001-2010 年奥运争光计划纲要》也明确指出，体教结合是我国竞技体育可持续发展的一个重要方向，也是我国竞技体育可持续发展的一个重要方向。2014 年 10 月，国家体育总局局长助理冯建中在清华大学《"体教结合"：国家视野中的认识与行动》高层论坛上的发言也谈到，体育需要教育，教育也需要体育。二者各自发挥自己的优势，强强联合，优势互补，可做大事。的体育要想全面发展，必须重视教育，教育是负责全国人民的教育，体育战线一条线的文化教育问题，教育部门有责任去抓好，同时，体育也给教育部门施展才能提供了广阔的舞台。

体育教育结合是一项具有指导性的事业，要适应社会发展，积极推动。80 年代初，原国家体育总局就"体教结合"的体育教育改革和发展思想，从学校入手，从两个方面着手：一是实行体育教育专业队伍的"学院化"；二是鼓励普通高校承担起培养高水平运动员的重任，并探索设立初级学校。建立了一套从初中到大学"一条龙"的体育专业人才培养模式。因此，国家教委和国家体委两个部门就开始联合创建体育传统项目学校，在 1985 年，有多所高校成立了高水平运动队。1986 年，国家教委和国家体委全面启动了体育后备人才试点学校的工作，1995 年，又在全国范围内，确定了 51 所高家校为高水平运动学校，2006 年，将其数量增至 235 所。在二十多年的探索与发展之后，这条道路已经初见成效，展现出了强劲的活力，全国各地的各种学校为我们国家培养并输送了大批的体育人才，并为我们国家在国际比赛中获得了很多的荣誉。但是，由于种种原因，"体教结合"存在诸多的问题，如体育系统和教育系统结合流于形式问题；体育系统和教育系统 目标不一致的问题；教育系统竞技水平不高难以承担"奥运增光"任务问题；教练员执教水平能力有限等等问题，加上中国体育代表团在近几年世界大赛上优异成绩和表现和 2008 年北京奥运会的特殊历史使命和要求，"体教结合"没有得到很好的发展。

《中共中央国务院关于进一步加强和改进新时期体育工作的意见》的颁布和 2008 年北京奥运会的顺利举行，使我国的竞技体育进入了一个新的发展阶段，为了使 2008 年奥运会后的竞技体育可持续发展，我们需要对"体教结合"的发展思路进行反思，并在此基础上推进学校对竞技体育后备人才的培养。

体教融合的
发展基础

| **体教融合：体教结合的发展产物**

（一）"体教结合"的形成朔源

"体教结合"是 80 年代国家首次提出的一种培养竞技体育后备人才的模式，在 20 年的实践与发展中，这种模式已初见成效，但在促进我国竞技体育发展方面还未起到应有的作用。2008 年北京奥运会的成功举办，使我国的竞技体育步入了一个崭新的发展阶段，而"体教结合"必然是培养我国竞技体育后备人才的主要模式，要想实现我国的可持续发展，就必须对"体教结合"进行反思和反思。

"体教结合"的形成背景

王正伦先生在指出：想要"结合"，就必须要"分离"才行，可是，这又是怎么回事？要想改变这种状况，就必须从造成这种状况的根源入手。这就要求我们对当前的分离状况做出必要的价值评判：当"分离"有合理性时，我们必须认识到事实，并以对等的主体间的相互关系来解决问题；若"分离"不合理，则应对其进行辨析，以解构，重组，合并，或托管等方法加以解决；若"分离"为局部合乎情理，局部不合乎情理，则应采取开放包容、相辅相成、分工合作等方法加以解决。因此，在"结合"这个问题上，我们要直面问题，不能笼统地加以解决。因此，有必要将"体教结合"的前提条件"体教分离"进行回顾与总结，以期对"体教结合"的现状进行合理的解析并有针对性地构建合理的培养机制。

"体教分离"的产生的原因在于专业队体制的形成，专业队体制是在当时的社会经济条件下，为了能够更快的提升我国的竞技体育在世界大赛中的水平，体育部门会组织运动员离开学校，进行集中的训练。的而形成管理体制，它的最大特征就是竞技体育后备人才培养脱离教育系统而独自进行后备人才的培养，它的形成给我国竞技体育的发展做出了巨大的贡献，同时也存在很大的局限性。在建国初期甚至建国前，参加世界大型比赛的运动员都是从学校里抽调集中的，建国后为了树立中国大国形象，实现 中国从贫穷落后的国家迅速崛起，体育被列优先发展行业，促使专业队体制的形成。专业队体制的形成过程有三个阶段，首先，强国梦要求集中发展高水平竞技，专业队体制初现端倪；而后，借鉴自强之路的成功经验，专业队体制酝酿产生；最后，"举国体制"初步建立导致专业队体制最终形成。

但是，经过长期的发展，专业队体制虽然在提高我国竞技运动水平上做出了突出的贡献，然而，却存在着以下几个方面的弊端或局限性。

其一，忽视了运动员全面系统的文化教育。我国的职业运动员，从小就在一个单调、狭窄、封闭的环境中，接受着严格、系统、艰苦的专业训练。大部分的职业运动员，特别是在特殊项目上表现出了运动天赋和发展潜力的一线、二线优秀苗子，在训练期间并没有真正地完成九年义务教育。长时间的"三点一线"生活，让他们除了运动经验、运动技巧和意志力远超常人，在文化知识、谋生技能和社会阅历上，都远超一般人。虽然也安排一定的文化学习，但学习时间均安排在疲惫不堪的晚上进行，学习效果是可想而知的。

其二，影响退役后的运动员生存和发展问题。中国的职业运动员制度是指在很小的时候，就停止了文化课，然后进入到少体校接受专门的培训，这是一个相对封闭的、从业余体校到省队再到国家队的"一条龙"培训系统。职业运动员为了获得好的成绩、获得好的金牌和荣誉，除了训练和比赛，他们几乎没有得到任何正式的文化培训。文化与教育的缺失影响了运动员退役后的生存与发展。最典型的例子就是全国举重冠军、世界纪录保持者——邹春兰，面对众多媒体回忆自己的经历：我目前只有小学三年级的文化程度，甚至不知道如何使用汉语拼音。他放弃了这个行业，也没有什么一技之长，因为经济困难，他曾经在长春市的一个澡堂里当过搓澡师每人收费5元。由于大批的运动员缺乏文化教育，运动员退役安置也增加了社会的压力。

其三，缺乏对运动员进行德育教育的氛围。自从我国改革开放以来，伴随着市场经济的逐渐形成，运动员的思想也受到了很大的影响。在这种情况下，在没有教育制度的情况下进行集中训练，更是显露出了很多的不足之处。运动员在很小的时候就已经离开了学校，很早就进入了职业制度，缺少了对他们进行道德教育的文化环境，这就造成了各种各样违反社会道德的行为。

竞技运动过分追求技术、成绩、奖励等物质层次，忽视了人的发展，存在着"重物轻人"的趋势。在这样的环境中成长起来的运动员，不但会对社会产生不好的影响，还会成为他们自身发展的绊脚石。就拿中国足球来说，目前的职业球员普遍缺乏基本的文化教育，甚至没有接受过九年的义务教育。这也就造成了他的职业操守，违反规则，不服从裁判，打骂等等。究其原因，主要在于中国足球运动存在着"重球轻人"和"重训轻教"的倾向。中国足球场上的"黑哨"、"假球"、"赌球"、"斗殴"等现象的发生，充分说明了对运动员进行"文化人"和"德行"培养的弊端。

其四，成材率过低导致人才资源浪费严重。在目前的职业训练体系中，因为竞技体育与教育的整体环境脱节，教练员们没有经过系统的文化和理论的培训，职业运动员们对文化知识的学习也不够重视，他们彼此之间采用的是陈旧的师徒传授，依靠经验式的训练方法，这就很可能会造成不计成本的、淘汰率极高的"粗放式训练"，而忽略了文化教育。这就造成了高投入，低产出，高淘汰率的情况，对竞技体育的可持续发展造成了极大的阻碍。据调查，我国每年从业余集训队中吸收 192 名运动员，只占青年集训队总人数的 1.3%。严格来说，四个月的时间里，有天赋的运动员一共有 7686 名，而 2000 年悉尼奥运会的金牌，则是百分之三点六。如果把一个国家的业余运动员作为基础，那么成功的概率只有十万分之一。

其五，封闭性的培养体制是制约我国竞技体育发展的重要因素。我国职业运动员的培训体系是在计划经济时期才建立起来的，这样的集中培训体制一直以来都是在一个封闭的体制中对其进行管理和培训，各个方面的资源的分配和使用都是由国家主管部门来完成的，所以，体育系统变成了一个与社会其他体制相分离的封闭体制，社会上的非体育资源无法被有效地整合到竞技体育的培训体制中。在计划经济时期，这样一个封闭的体制，可以让全国的资源得到合理的分配，保证运动员的训练和比赛。然而，伴随着竞技制度的转型，这样一种封闭式的管理方式已经严重地影响了我国竞技体育的可持续发展。这就导致了我国竞技体育人才流动受阻。

在专业建制下，运动员和教练队外的交流得到限制，造成竞技体育区域发展不平衡，既影响地方办竞技体育的积极性，又严重浪费竞技体育人力资源。另一方面，导致竞技体育规模难以扩大。长期实施奥运战略使得优势项目潜力挖尽，夺金能力几近峰值，劣势项目越来越弱，在这种封闭式的管理体制下，这种资源供给渠道单一，导致项目设置不全，并且扩大规模成本高、体育部门包办竞技体育，直接影响我国竞技体育的持续发展。

鉴于专业队体制所存在的弊端，已无法适应与满足我国竞技体育的发展需要，因此，变革现有的人才培养模式，实现理念与体系的创新，已成为必然趋势。在此背景下，"体教结合"的理念得以形成。

2. "体教结合"的提出与形成

（1）"体教结合"的提出

中国党十一届三中全会后，党中央和国务院对我国经济体制的改革作出了更加具体的安排，其中包括对经济体制和社会经济体制的改革。从 1984 年到 1985 年，中央先后出台了一系列与改革相关的决定，包括《关于经济体制改革的决定》，《关于教育体制和科技体制改革的决定》，《关于科学技术体制改革的决定》，《关于转发军队体制改革、精简整编方案的通知》，等等。使全国各行业的体制改革，尤其是经济体制改革、政治体制改革、各项文化体制改革迈出了新的步伐。体制改革是关系到各行各业现代化建设全局的一个重大问题，也是体育战线的一项首要任务。"体教分离"已经严重制约了人的全面发展和中国竞技体育可持续发展以及给社会带来了负面问题，对"体教分离"培养竞技体育后备人才模式的改革迫在眉睫。

在 1979 年，原国家体育总局提出了"高水平运动队伍的学院化"的构想。随着社会的稳定，体育和教育事业也逐渐趋于稳定，尤其是 1984 年奥运会 16 块金牌的取得，使体育事业得到了迅速发展，使"体教结合"成为一项重大任务。在这一时期，我国的体育和教育界进行了密切的合作，并开始酝酿并实施了"体教结合"的方针。1984 年 10 月，中共中央颁布《关于进一步发展体育运动的通知》，提出要在本世纪末，实现全民健身，使国家变得更强，使国家变得更强，使人民变得更富有；要坚持推广与提高并重的原则，采取有力的措施，使体育事业在更广泛、更高的层次上得到发展；要在城市和农村大力开展体育运动，以增强体质为目标，以学校体育为重点，从娃娃抓起；在加强学生身体素质的前提下，要大力发展业余体育活动。

为了落实《中共中央关于进一步发展体育运动的通知》的精神，原国家体委副主任何振梁作了《积极开展学校业余体育训练，努力提高学校体育运动技术水平》的报告。制定了开展学校业余训练的长远规划《关于发展学校业余体育训练、提高学校体育运动技术水平的规划 (1986-2000 年)》(征求意见稿)，具体明确了学校业余体育训练的指导思想，即要全面贯彻党的普及与提高的方针，在增强学生体质的同时，积极开展业余体育训练，培养体育后备人才。

1986 年 8 月 11 日，在第三届全国中学生运动会开幕式上，国家教委副主任何东昌发表了《加强中小学的体育教育，为提高全民族的健康水平打好基础》的讲话，指出：在学校各种活动的安排上，要使体育与其他的教育能够起到相互促进的作用，而且，始终要把保证学生的健康放到第一位。一个正真重视和懂得教育的人，应当也是重视体育的人。培养优秀运动员，必须从小抓起，从中学抓起。首先要努力使全体学生的体质和运动水平达到合格的标准，同时，还应当发现和培养体育人才的后备力量。

（2）"体教结合"的形成

国家体育部 门和教育部门积极鼓励有条件的大专院校建立高水平运动队，对有条件的优秀运动队进行试点，向学校化转型，做好教学与训练的结合，极大地促进了"体教结合"的形成。

在 1987 年 4 月，原国家教委确定 51 所普通高校试行高水平运动队，学校分类根据自身条件，相继建立 以田径和三大球为主的各项目运动队，并按照教委要求，招收中学运动成绩优秀的学生和挖掘大学生中体育成绩突出的学生进行训练和培养，培养目标基本定在省大学生运动会和全国大学生运动会上。同时，《关于全国培养高水平学生运动员试点学校申报审批暂行办法》也在 11 月 15 日公布，这个《办法》极大地促进了普通高等院校试办高水平运动队的积极性和中小学办体育特长班的积极性。

1989 年，中央政治局常委李铁映在中央党校就"要把"两个体制"有机地结合起来，把"两个体制"有机地结合起来。1990 年，《学校体育工作条例》经国务院批准，颁布了国家教委令第 8 号、国家体委令第 11 号，其中规定：学校体育工作应当在教育行政管理部门的领导下，由学校进行，并接受体育行政管理部门的指导，由此，在学校体育中确立了"体教结合"的模式。高校办高水平运动队极大促进了中学进行体教结合的开展，于是，各大、中、小学都积极组建课外运动训练队，为学校培养竞技体育人才做了各种准备。尤其是 2003 年把参加世界大学运动会组队参赛 的任务由国家体育总局移交到教育部后，学校培养运动员的积极性更加高涨。

　　同时，国家也加大了在高校中举办高水平运动队的力度，举办高水平运动队的学校数由最初的试办高校 51 所增加到了 2006 年的 235 所，各省市也开始在中小学开始自己的竞技体育后备人才的储备。2000 年后，部分省份开始尝试建立二级体育队伍，这也是"体教结合"改革的一项重要措施。上海等地已将"体教结合"项目推广到中小学校，初步建立起了以"体教结合"项目为基础，以培养体育后备人才为目标、以高水平运动员为目标的业余培训体系。在世界大赛的竞技场上，一大批大学生运动员活跃在国际、国内、国际的赛场上，争夺金牌、银牌，显示出"体教结合"模式在培养高水平运动员方面取得的显著成效，对中国高水平运动员的发展起到了积极的推动作用，也为今后的发展开拓了一条新路。

　　（二）"体教结合"的发展现状
　　1. "体教结合"学校未能为国家的体育事业培育出一批杰出的人才
　　在奥运赛场上，我国竞技水平逐渐提高，2000 年悉尼奥运会名列第三，2004 年雅典奥运会屈居第二，2008 年北京奥运会独占鳌头，在亚运上，成绩更是一枝独秀，自 1982 年新德里至 2006 年多哈，连续 7 年蝉联金牌数冠军，中国的竞技运动达到了一个前所未有的高峰。但是在我们国家优异成绩的运动健儿中，几乎没有"体教结合"，学校培养出的运动员。在 2001-2004 年的奥运会周期里，我们一共拿到了 391 个世界冠军，其中 95% 的运动员来自各级各类体育运动学校，在第 28 届奥运会上拿到 32 块金牌的 50 位运动员和都灵冬奥会拿到的 2 位运动员，都是从各级各类体育运动学校里拿到的。在 2008 年北京奥运会上，在中国体育代表团 51 枚金牌得主中，依然见不到学校培养出来的运动员的身影。

　　自 2003 年决定将世界大学生运动会的参赛组织工作移交到教育部以来，虽然近两届的中国体育代表团在世界大学生运动会的名列前茅，但夺金的任务依然由国家专业队的运动员承担。在 2005 年世界大学生运动会上，以 21 金、16 银、12 铜的成绩列金奖牌榜第二。但这 21 枚金牌中就有由国家跳水队的郭晶晶、吴敏霞、彭勃等世界名将获得的 10 枚；第 24 届大运会，中国代表团获得了三金、三十银、二十七铜的优势名列第一，取得成功的原因依然是专业队运动员扛起夺金争银的大梁：如跳水队派出由彭勃、胡佳、李婷和劳丽诗；游泳队派出周雅菲、杨雨、庞佳颖、朱颖文和徐妍玮；体操女队派出范晔、张楠和周卓如；田径队派出顾原；男篮派出杨超、谢立彬；击剑派出广东名将吴汉雄；羽毛球队派出王仪涵、王琳两位国手等等，他们都不是高校培养出的运动员。经过20余年的实践，"体教结合"培养高水平运动员并非一无是处，如在2007第20届世界中学生足球锦标赛中江阴二中获得女子足球冠军，南开大学女子排球大奖赛，清华大学独立培养的学生运动员胡凯获得世界大学生10米冠军、北京理工大学足球队冲击甲级联赛成功等等，但这与"奥运争光"目标相去甚远。

2. "体教结合"学校没有贯彻"全面发展"的教育指导方针

"体教结合"的目标，就是以满足人的全面需要、促进人的全面发展为目标，以人的全面、协调、协调人的身体与心理发展为目标的高素质、高素质的高素质人才的培养方式。"体教结合"的实施，不仅要符合体育锻炼的规律，确保业余锻炼的系统性，而且要符合教育的规律，确保学生的系统性文化教育的系统性。然而，被调查的大多数学校在培养运动员过程中，并没有贯彻这种指导思想，锦标主义和升学时降分录取的"投机主义"，给运动员带来了"逃学"的空间。

在中学里，从近几年招生政策中的文化录取标准来看，所定的文化课成绩分数线普遍偏低，这也就决定了运动成绩在高校录取过程中所占的比重很大，许多高校采用降分或免试录取的手段招收专业运动员，尤其是对于达到国家一级运动员的招生可以免试入学，这就在一定成度上促使学校、教练、学生轻视文化的学习、重视运动成绩的提高。如在2005年颁发的《关于在高校中试点组建高水平运动队伍的通知》中统一了新的录取标准：二级运动员要达到本地二批本科的最低录取分数线；对于确实有潜质的候选人，二批录取分数线高达60%；一等运动员免试进入大学。在调查中，10%学生参加运动队的目的就是想通过体育来读大学。因而学校领导、教练与班主任都希望通过参加比赛获取运动等级到达"降分"录取资格这条捷径以提高学校升学率，文化学习自然就被忽视。

另一方面，由于受传统观念、教练员素质、科学化训练手段等因素也影响学生学习的积极性，学校为了提高运动成绩，训练中大多采用高强度、大运动量、长时间的训练方法，而训练后没有任何形式的补课等措施，导致学习时间得不到保障，造成学生客观上忽视文化的学习。在大学里，虽然运动员的来源比较复杂，但是他们的训练动机大都一样。由于他们文化基础较差，大学课程的学习跟不上，只好借助运动成绩来达到文化考试成绩降分的特殊照顾，因而重训练轻学习。并且学校的对他们的要求也是在比赛中为学校争光，忽视了对学生的综合素质、综合素质、综合素质等方面的培养。

可见，文化学习先天不足以及对文化学习观念认识不清造就运动员在文化学习方面的主观性不足，还没有建立起学习文化知识的正确动机和兴趣；就客观而言，学校教育观念的落后导致对高水平运动员学习管理机制（教学计划、教学课程设置、教学内容选择等方面，还没有建立起一套与运动员实际情况相适应的文化培养教育体系。

可见，"体教结合"学校并没有贯彻全面发展的教育指导方针。

3."体教结合"学校缺乏为国家培养体育后备人才的动力

"体教结合"除了丰富校园体育文化，为学校增光的目的之外，主要目的为竞技体育事业发现和培养后备人才。然而，据调查，学校缺乏为国家培养体育后备人才的动力。从学校方面来看，他的培养目的是提高学校声望，调动学校群体工作，丰富校园文化，根本上就没有想到为国家培养竞技体育高水平人才。

从学校方面来讲，学校组织学生训练的目的是参加全省、全国乃至世界大型比赛以达到宣传学校、增强学校竞争力，而从来就没有为国家培养后备力量的想法，领导认为培养后备力量是体育系统的事，因而缺乏为国家培养高水平运动员的动力。从教练员的层面来讲，也没有树立为高水平运动队培养后备人才的长远目标。由于他们的工作成绩是和学校的升学率、学校竞赛的排名相关，因而，造成学校教练员为了追求运动成绩，不惜采用非正常手段提高运动成绩，如借队员、冒名顶替、吃兴奋剂等等手段达到目的，站污了竞赛的公平与公正，忽视了具有潜质的运动员的培养。在2008年全 国中学生"多威杯"田径锦标赛上，许多教练反映了这个"触目惊心"的严峻现实。在高校，有70%的高校在职称评定时与教练员的训练成绩无关，职称依然要按照教学工作和科研水平进行评定，这些严重影响了教练员指导训练的积极性。

4."体教结合"缺乏相应的配套机制

竞技体育后备人才培养是一个复杂的系统工程，在我国体育部 门围绕这个问题已经有一套成形 的规章制度保障其顺利进行，然而，在"体教结合"的学校里，很少见这些规则和制度的产生。首先，"体教结合"等相关的法律、法规还没有出台，无法在法律上保证它的合法性，从而保证它的成功实施；其次，教育的冷淡、体育部制定的"体教结合"战略的发展目标，健全的政策和法律，没有从体制上明确教育和体育两个主要部门在"体教结合"过程中的职责和权益。

可见，"体教结合"缺乏相应的配套机制来鼓励、规范学校培养竞技体育后备人才。如学校参与业余体育锻炼的学生在体育锻炼的内容和表现上应该达到的标准，对文化锻炼的具体要求；高水平运动员，高水平教练、激励机制和约束机制；运动训练经费的来源与支出等；以及后勤保障体系建立、竞赛保障制度完善等一系列问题，这些问题困扰着"体教结合"的发展。

体教融合：后奥运时代"体教融合"发展的新方向

自1986年国家教育部、国家体育总局设立"学校业余体育训练和培养高水平学生运动员试点学校"以来，体育项目一直面向所有项目，课程有窄点、有冲突。"体教融合"很难，两者各自独立变化，两者之间没有真正的融合。

根据结构与功能关系的原则，结构结构决定了系统的功能，系统功能的衔接也决定了工作模式。如果我们现在要充分发挥体育竞赛的学术性工作。特殊技能的情况，我们必须打破旧的结构，即打破壁垒制度，打破行政体制，包括培训比赛特别是教育，确保中国游戏产业的发展，所有的游戏都是为人民服务的。学校。专项体育比赛训练工作，即专项体育比赛训练型"体教结合"。

（一）"体教融合"概念

"体教融合"立足于"体教融合"，要尊重人的发展。因此，在通过"玩学结合"培养高绩效人才的过程中，首先要树立竞技体育是教育的一部分、体育竞技是育人手段的观念。第二，在实践中，体育和教育应该结合，搞好关系，不仅仅是在微观层面，运动员应该获得学习的权利，使他们成为一个有能力的人，而在中观层面，这个过程训练比赛。运动员应融入学校的教育环境，尤其是在宏观层面，体育部门应将专项技能训练与课堂相衔接。"体育赛教融合"不是两者的简单结合，也不是教育和比赛传播的利益相加，而是工作、教育和信息化发展这两个要素的高度融合。它将以人的发展为最终目标，把发展科学作为达到目的的依据和途径。"体教融合"是指体育训练和教育的重大变革，旨在确保年轻运动员在初次接触体育运动的同时，获得学校所有的学业和社会机会。

合作伙伴关系的一个重要部分是支持学生运动员的发展。促进包容性发展，就是消除一切形式的"隔阂"和"排斥"。在"体教分离"和"体教合一"中，体育中的重大体育竞赛被边缘化，与学界分离，改变现有的项目和服务，完善学校体系，重建资源，使它们发生。专为年轻运动员的需求量身定制。

在笔者看来，"游教融合"并不是一个简单的融合过程，而是一个取决于教育教学和组织结构变化的过程。"体教结合"的想法并非作者本人所为。萨马兰奇曾深刻指出："奥林匹克运动是一种将身体，心灵和灵魂中所有美好的东西均衡地组合在一起并不断提高的人生哲学。"他涉足体育、文化和教育。没有教育，奥林匹克运动就无法实现其伟大目标。我国的许多研究人员在许多科学期刊上表达了将体育纳入教育的愿望。例如，先生。我国著名体育科学家陆元振1995年两次为体育刊物《体育科学》点名"体育竞赛要依托学校体育，体育竞赛要自信进校"。潘倩、陈伟林、陈容等研究者于2004年为我国追随国际体育挑战，以复赛兴国兴国之策，为《体育学刊》起草。

（二）"体教融合"的特征

在2008北京奥运会之后，伴随着体育行政制度的改革深化，研究发展观的进一步运用，体育教育融入技术训练的深刻呼声，学校终于肩负起了重要的责任。培育特色体育竞技的责任。"体教融合"的成立是基于"体教融合"。与"体教结合"相比，它具有以下特点：

1. 培养目标的长远性

体育比赛执教尤其与教育相结合，教育在体育比赛执教中占有重要地位。多方面——多方面，改变学校建运动队、招专项运动员、追求短期急功近利的做法，为体育赛事提供专项资源。

2. 培养主体的唯一性

"体教结合"中有两个主体，一个是体育，一个是教育，两个主体的品牌规划冲突，限制了体育竞技的发展。将体育专项训练技能纳入教育体系，将体育的所有资源整合到教育体系中，并鼓励不仅作为训练项目进行学习，这一点非常重要。充分发挥启蒙教育的作用。体育部门可以利用教育部门的教育资源，帮助选拔运动员，指导教练员培养，做到责任和规定两基，利益明确，不试错。

3. 培养对象的业余性

竞技体育专项技术训练是训练相结合，以训练为目标，以学员为先，立足于各方面发展，以学员为中心，支持全体学员成长。道德，智力和身体。这不仅对学生完成了文化学习，还对他们进行了文化学习的熏陶，对运动员的选择也有很大的帮助，发现许多独特的能力，对体育竞赛的发展具有重要意义。．

4. 培养过程的科学性

体育竞赛、专项技能训练与教育的融合，体育资源与教育的融合，尤其是体育科学家和高水平教练员的融合，学校运动员培养速度加快。运动训练的科学化水平主要取决于教练员的水平和保障人员的专业水平。我国大多数体育项目的运动员初级水平薄弱，阻碍了他们向更高水平的发展，这几乎是缺乏一年级教师的指导和基础科学的训练方法。顶尖的教练员不仅拥有顶尖的运动知识，还拥有特殊的理论知识，再加上大学的科研支持，可以研究根茎作物的栽培，以保持技能，这对提高水平具有重要意义。体育水平和体育的未来。

（三）"体教融合"的意义

1. 注重运动员的全面教育

按照"体教分离"，运动员的教育和生活在教育体系中是分离的，没有接受教育的权利，男孩女孩没有学习的地方，难以投入活力。文化学习。受影响力和金牌的影响，高知名度的运动队忽视了文化和道德，导致运动员成长的一面很多。在单纯的运动队中，他们没有受到足够的文化教育，容易养成体育至上的心态，骄傲自大，不注重个人修养，日子不好过。一直以来，运动员都是"思维简单，腿部发育好"的理论。运动员退役后，个人发展难以适应现代生活发展的需要，生存能力十分困难

"体教结合"中的体育运动还存在以上问题：由于学校的干预，体育与教育不能很好地结合起来，运动员的教育领导力得不到保证，发展拓展是一种设计，这是全部。回来。

"体教融合"的目标是针对难以提升的紧缺运动员，恢复他们受教育的权利，给

予他们良好的教育和环境发展，同时在发展体育运动的同时强化他们的文化资源。能力。有了它，他们成为能够掌握自己命运、敢于冒险、在激烈竞争中站稳脚跟的优秀人才。

2. 吸引更多具有潜质的青少年从事业余训练

"体教分离"打造的专业人才队伍，对我国竞技体育专项技能教学和培训产生了较大影响，造成专项资源大面积减少，制约了我国竞技体育专项技能的发展。竞技体育。我国的体育竞赛。虽然"体教融合"消除了一些矛盾，但受组织影响，"体教融合"难度大，特殊资源的涌现依然存在。"竞技体育与联合育人"可以克服这些问题，吸引有才华的年轻人参与实习，保障相互体育竞技的发展。

"体教融合"要求推进体育竞赛，实现从小学、高中、高中、高中（技校）、高中到大学的技能融合，使学校无法完成文化意识训练，还要完成专项体育比赛的挖掘和训练，九学年的训练针对业余训练，九学年的接待期进行业余训练。现在，我国人口多，人道主义援助多，尤其是接受九年教育的年轻人和儿童占全部人口的一部分。一方面，它不能支持身体发育。大部分青少年的锻炼，但另一方面也是体育竞赛稳定发展的需要。

3. 推动体育大国向体育强国的迈进

北京奥林匹克运动会暨残奥会闭幕式，中共中央总书记胡锦涛宣布了我国体育的主要目标：体育很重要。支持全体人民成长，充分发挥发展作用。促进经济社会发展，实现体育与体育之间的合作，进一步支持我国游戏产业的进步发挥着重要作用。在体育强国建设中，他认识到体育基地的发展是体育强国向体育强国发展的必由之路。

在世界上，不仅美国的体育强国是人口造就的，其他体育强国都是疫情基础造就的。举办完东京奥运会后，鲁本冷静地意识到，无论自己的体力还是良好的身体条件，他们在步行和运动、游泳水上等条件上都比欧美运动员处于劣势。民族认同和健康。同年 12 月，日本内阁发布了《预防以提高国民健康体质》的决议：8 年后，1972 年，文部科学省发布了《预防体育普及振兴》。以普及体育和提高国民健康为目的，当时日本的体育运动遍及全国，奠定了体育竞技的基础，并在 2004 年第 28 届奥运会上再次进入第二组金牌。

韩国也是如此：1988 年奥运会后，韩国政府于 1990 年 3 月启动了一项三年期社区体育振兴计划，随后又制定了"五项大体育振兴计划"。1993 年，启动"全民体育"，将重大体育与竞技体育相结合。

意大利足球是世界足球史上一颗璀璨的明珠，它的成长得益于体育运动的发展。从 70 至 80 年代意大利宪法中，体育运动被确定为一项基本的公民权利，体育运动是一种健康服务。精英体育让草根阶层获得成功，意大利足球队赢得了四次世界杯冠军。

我们从国外体育的发展可以看出，竞技体育的发展与各大体育项目有着千丝万缕的联系。大体育是体育竞技的基础，没有体育的支撑，就是无水之木、无本之木。美国科学家约翰·安德鲁斯用等边三角形的叠加来说明体育竞赛与运动成绩之间的关系。

他认为伟大的体育精神是高水平体育精神的基础。底座越大越坚固，刀就会越锋利。学校体育的一个重要方面是学校体育，它是竞技发展的基础。"体教融合"既能促进学校体育事业的发展，又能促进体育事业的成功，推动我国体育大热成为体育强国。

| 厚积薄发："体教融合"战略的发展基础

（一）逐步实现"体教融合"的体育管理职能转变

自 1978 年经济改革以来，我国不断推进改革开放，特别是加强政府活动改革，通过"全球一体化"逐步打破现状。商业。政府规模发生了从"大"到"小"的历史性变化，政府职能从"自下而上的监督"转变为"宏观"管控，实现了政治隔离、社会隔离和商业隔离。在这样的背景下，我国体育总局的改革工作也逐渐增多。体育管理的"国家垄断"经营计划中体育竞赛的发展虽然取得了良好的效果，但对激发人们的意志、促进民族自豪感和民族团结起到了重要作用。然而，随着商业市场的新建，我国体育事业的发展受到了一定的限制。

在高等教育层面，近年来教育部着力推进高等教育管理改革。在教育政策的控制下，学校可以根据社会需求开设专业课程和选择学习方式，在该地区发展出自己的特色和见解，这也是支持学校引以为豪的必要条件。办学校，就去参加大学的"体育与学术竞赛"。体育人才的培养在这个地方很好。体育部门根据学校性质，确定课程设置和注册流程，建立学生体育管理制度，筹备和参加国内外重大赛事，社区合作伙伴组织学校体育比赛等。并支持学校开展优秀的体育赛事，实现"体教融合"，支持体育赛事培养的初步思路。

（二）阳光体育是"体教融合"的群众基础，是体育教育的重要组成部分

阳光体育是教育部、国家体育总局、青委近年来针对青少年健康状况下降的重要举措。他遵循"健康第一"的传统，提倡良好的教育。该项目于 2007 年启动，与《全国学生体质健康达标》的达成一起，要求全国各类学校亿万青年争强好胜、深耕全国。其宗旨是在全国开展太阳能运动，吸引青少年到公园、大自然、阳光下参与体育活动，促进体育锻炼的兴趣和习惯，增强学生的体质，增进身心健康。．这些活动与学校体育和体育课有关；通过运动提高终生运动意识，养成自觉参与运动的习惯；他以创建体育强国、树立全民体育"健康第一"为目标，"每天锻炼 1 小时，"健康 50 年，快乐一生"这句口号已成为家喻户晓的口号。人们的心。它标志着学校体育的创新和文化重要性，强调健康、力量和力量。按照"健康第一"的理念，以支持教育改革和青少年身体健康、学校体育为主旋律的重要举措。阳光体育的发展对实现从"体教结合"向"体教结合"的转变具有重要意义。吸引体育，发现体育人才，为"体育合作"提供总体基础非常重要。

体教融合的
发展趋势

| 体教融合：体教结合的发展产物

（一）体教融合发展路径探索

从八十年代提出"体教结合"至今已有三十余年，但我国的体育事业却一直没有什么大的进展，这一时期的重点是"体教结合路径"、"发展"、"改革"等问题，而这一时期，体教融合的研究又出现了新的发展机遇，越来越多的学者开始重视从"体教结合"到"体教融合"的转化，借鉴国外的成功经验，探索我国体教融合发展之路。所以，如何转变为体育与教育相结合的问题，也就成了当前体育与教育相结合的一个重要课题，研究者们从多角度、多层面对体育与教育相结合的问题进行了讨论。

整体而言，在这一阶段，研究的问题从更大的角度出发，采用的是更多的质的研究方法，研究的关键词以体教融合的发展路径、改革思路、国外的体教融合模式为主。

（二）体教融合的深化研究

体教合一理念的深化与国家政策的推进，2010 年，《国务院办公厅转发体育总局等部门关于进一步加强运动员文化教育和运动员保障工作指导意见的通知》中明确指出，要在全国范围内，对运动员开展义务教育阶段的文化教育，必须在全国范围内开展，对体教融合的关注更多，也将有关的研究问题推向了更深的层次，从图 3 可以看出，这一阶段的研究关键词主要是：竞技体育、运动员、融合、运动员培养、体育教育制度、高水平运动队、培养、体育、体教的联结、教学与教学的矛盾等。从关键词可以看出，体教融合的研究内容得到了更大的拓展和深化，除了对体教融合、体教结合等问题的关注之外，还有一些关于竞技体育的研究，比如运动员培养、高水平运动队、学训矛盾等，也开始逐渐受到人们的关注。在"体教融合"的过程中，体育部门和教育部门之间存在的融合障碍越来越明显，各部门之间的合作也越来越难，这严重地阻碍了体教融合的健康发展，特别是对我国竞技体育的体教融合之路产生了很大的影响，比如关于高水平运动队的学训矛盾、运动员培养等方面的研究，都显示出了学者们对竞技体育的重视。此外，我国在2021年也发布了针对运动员群体的相关政策，以及《国家体育总局关于进一步做好退役运动员就业安置工作有关问题的通知》。随着"体教结合"的不断深入，体育与教育界的分野越来越明显，传统的体育体制受到了很大的影响，竞技体育人才的培养和兴国体育的建设也逐渐引起人们的注意。

（三）体教融合发展新时期

伴随着《健康中国2030"规划纲要》的出台和实施，体教融合对促进学校体育发展，提高青少年体质，实现"健康中国"的重要意义日益被人们所认识和重视，对此，体教融合的研究也日益增多，以推动学校体育的发展为基础，以培养出更多优秀的竞技体育后备人才为基础，对体教融合发展的痛点、难点和堵点进行了探讨。由此可以理解，在此期间，人们对体育的研究重点逐渐从"竞技体育"转向"校园足球""体育教育""培养模式""后备人才培养""学校体育""青少年体育""校内体育工作""校外体育""体教融合""等方面，其研究内容与我国目前的发展战略高度一致，"融合"理念也与我国的发展战略相一致，显示出"体教融合"对促进学校体育和竞技体育的协调发展具有十分重要的意义。在《关于深化体教融合促进青少年健康发展意见》的大背景下，我国的体教融合已进入一个新的发展阶段，相关的研究已进入一个新的发展阶段，这是一个值得关注的课题，也是一个值得进一步深入探讨的课题。

体教融合研究的趋势

"体教结合"是当前我国体育和教育界应用最广、研究最多的一个概念。可见，体育与教育相结合是当前体育与教育领域的一个热点问题。而且，如果关键字位于中间，那么这个关键字的重要性就更大了。

除了"体教融合"之外，"体教结合"、"学校体育"、"竞技体育"三个关键词都排在了"体教融合"的前列，这或许是因为"体教融合"政策实施后，"体教结合"与"体教融合"的关系成为了人们关注的焦点，文章数量也随之暴涨，"学校体育"作为"体育"的一部分，越来越得到国家与社会机构的关注，越来越多的人开始关注，越来越多的人开始关注"学校体育"，这就成了人们关注的焦点。竞技体育作为我国体育强国的一种重要方式，虽已成为一个热门的研究课题。除此之外，体教结合，校园足球，体育锻炼，青少年健康，经济体育，体育教育，后备人才培养，体育强国等都是该领域中的热点研究话题。

研究体教融合发展的主题解析

运用 VOSViewer 对体育教育与教学相结合的研究课题进行了聚类分析。经软体分析后，发现同样的色彩，代表着同一类别的群落，这也是体育与教育的融合。体育与教育的融合分为 3 个子群：体育与教育、学校体育和学校体育工作。

（一）体教结合

其中，"体教结合"、"运动员"、"高校"、"人才培养"等几个关键词是"重点"。体育与教育相结合的发展历程，是中国体育与教育相结合研究的一个重要阶段，也是体育与教育相结合发展的起点。布特（2021）认为，要加速中国的竞技体育发展，必须坚持"体教结合"的发展方式，建立健全体教结合的发展制度；何宏伟（2019）认为，当前体教结合是促进我国竞技体育快速发展的最好方式，其内涵和结构特点还有待于进一步完善。从这一点可以看出，体育教育与体育教育相结合，对促进我国竞技体育发展起着重要的指导作用。

（二）学校体育

其中，"新时代"、"体育教育"等是本课题研究的重点。在我国，学校体育已成为人们关注的焦点。李百成（2019）详细地分析了我国学校体育发展的方针，并对其演进作了较深的讨论；潘凌云（2019）回顾了我国学校体育的改革和发展，对学校体育的发展特点和存在的一系列问题进行了深刻的剖析。由此可以看出，学者们非常关注学校体育的发展，而且更多的是关注学校体育的发展进程。

（三）竞技体育

其中，举国体制、人才培养、人才培养是本文所要探讨的重点。竞技体育是强国道路上不可或缺的一环，它在很大程度上决定着一个国家的综合实力。刘波（2020）认为，在竞技运动中，后备力量的培育是非常重要的；杨国庆（2017）认为，要采取多种形式进行竞技体育后备人才的培养，并对其发展模式进行改进；钟秉枢（2018）指出，竞技体育是中国发展道路的一面镜子，是中国特色社会主义的一面镜子，是民族精神和国家形象的一面镜子。从这一点可以看出，竞技体育在一个民族的发展中起着举足轻重的作用。

体教融合的发展阶段

（一）2011 年 -2019 年缓慢发展阶段

2000-2019 年间，国内学者对"体教结合"的探讨还处在起步阶段，2011 年前只发表过两篇有关的文章，这是由于在此之前，体教融合的概念还没有得到官方的认可，使得人们对于"体教结合"、"教体结合"和"体教融合"这三个概念产生了误解，"体教结合"是 80 年代前国家体育总局为提高运动员素质而于 80 年代提出的，通过对文献的检索，我们发现 2000-2011 年间关于"体教结合"的研究很多，而关于体教融合的研究很少；从 2011 年起，"体教融合"的年度论文数量呈递增趋势，且保持了较高的水平，这一时期，以竞技体育为主的研究受到了广泛的重视，尤其是 2011-2015 年间，体教融合主要集中于竞技体育和运动员培养方面，近 30 年来，"举国体制"和"体教结合"对我国竞技体育的发展做出了重大贡献，因此，围绕竞技体育、运动员和运动员培养方面的微观研究，是当前体教融合研究的重点，然而，因为主管部门之间的合作和合作不到位，体育和教育两个部门之间存在着一些融合的障碍，导致了我国的竞技体育和学校体育不能得到进一步的发展，《中国青少年体育发展报告 (2015》（2015）的发表，"大学生的身体素质比中学生差"引起了很多人的深思，青少年的体质问题也引起了很多人的注意，很多人都认为体教融合不仅要发展竞技体育，更要重视学校体育。自从九十年代提出素质教育，特别是体教融合以来，我们就走上了体育健康发展的新道路，在 2002 年，《中共中央国务院关于进一步加强和改进新时期体育工作的意见》中，我们再次强调了体育在经济社会发展中的重要性，同时，我们也指出，要以增强人民的身体素质，提高民族的综合素质，为我们体育发展的根本目的，于此同时，"健康第一"这一理念也被确定下来，并在此过程中，国家的各项政策得到了进一步的完善，"中国梦"的目标和竞技体育的科学化发展，给国家的体育事业带来了新的发展契机，同时也给"体教结合"的改革提供了一个新的思路，即体育和教育不能只停留在表象上，而必须突破其内在的障碍，达到更高的水平。

（二）2019- 至今快速发展时期

从 2019 年 - 至今，我国学者对于体教融合的研究正处在一个高速发展的时期，这一阶段出现较多的关键词是：学校体育，青少年体育，体育锻炼，体校，学生运动员，文旅融合，文旅体教融合，教学模式，文体融合，竞技体育后备人才。《关于深化本科教育教学改革全面提高人才培养质量的意见》中明确提出，要对高校体育课程实施严格的评价，只有符合《国家学生体质健康标准》，才能满足毕业条件，才能对高校体育课程实施有效的评价。(1) 就学校体育的研究层面来说，研究者更多地注重于学校体育的实践性研究，从宏观和微观两个层面来探讨学校体育发展中的问题和对策，同时也更多地关注普通高校和中小学的体育发展问题，旨在扭转当前青少年体质不断下降和体育教学事故时有发生的局面。(2) 研究人员对学校体育课程的研究，比以前有了更大的进步，更加注重素质教育和学生终身体育的培养，同时也突破了传统的教学方式和教学内容。(3) "人本主义"教育理念引发了许多学者对学校体育教学的价值进行了重新思考，教学理念由"奥运争光"向"身心"全面发展的转变，"终身体育"

的理念得到了广泛的认可，并为研究者提供了一个新的研究视角。(4) 竞技运动已成为一个受国家关注的热门问题。

也成为了众多学者关注的焦点。少儿体育运动是影响青少年发展的杠杆，对提高青少年运动员素质、提高运动员素质、提高运动员综合素质具有重要意义。在 1986 年《关于开展课余体育训练，提高学校体育运动技术水平的规划》中，把少年体育比赛作为一项重要的体育项目，并把它作为一项重要的体育项目；在 1990 年的《学校体育工作条例》中，明确提出了"小规模，多样化，分散，面向基层，节约"的要求，并要求学校每年至少要举办一次或两次以上的田径赛。随着我国青少年体育事业的蓬勃发展，我国对青少年体育事业和学校体育事业的重视程度越来越高。

体育与教育的融合，从某种意义上说，是中国新时期体育发展的一项重要战略课题。但应该指出，体教融合是一件很复杂的事情，不能简单地"切一刀"、"一刀切"，而是要按照权利和义务相结合的原则，适时地制定相关的政策，并积极地发挥社会团体和其他方面的作用，逐步提高体教融合的水平，健全学校体育的评估制度，从而在某种意义上，实现全方位地培养学生的目标。目前，体教融合的研究已经进入了一个高速发展的时期，"全民健身"、"体育强国"的建设已经成为众多学者关注的焦点，这将为体教融合的发展开辟出一片新的天地。

从以上可以看到，我们可以看到，有关体教融合的研究在不断地深化，而且研究方向与热点也从宏观逐步转向了微观，研究重点向学校体育、体育竞技人才培养以及后备体育人才储备的方向转移。然而，在大量文献的比较中，我们发现，体教融合的研究范围很小，研究的内容也不够深入，所以，我们应该建立一个多元化的研究体系，扩大研究的角度，增加研究的深度。

高校体育体教融合的
体制难点与制度设计

体教融合的
理论基础

新发展理论

习近平新时代中国特色社会主义思想中关于新发展理念的诠释，是解决中国发展问题的基本哲学与行动指南，亦是促进中国各项事业高质量发展、消解人类发展困境的中国方案，是新时代中国特色社会主义思想中的思想灵魂。

"新发展理念"是在 2015 年 10 月 29 日召开的十八届五中全会上的重要讲话，提出"创新，协调，绿色，开放，共享"。这一新的发展理念，既与国家的实际情况相适应，又与时代的需要相适应，对于破解发展难题，增强发展动力，巩固发展优势，都有重要的指导作用。同时，新的发展理念也为我们的教育发展提供了理念上的指导。在协同育人的大背景下，要实现我国体教融合的主体创新、要素协调、育人绿色、领域开放与资源共享，这是我国全面育人所需的新的发展方向。中国已经迈入了教育改革和发展的新时期，体育与教育融合发展的方向是与新时期的教育发展相适应的。《意见》还明确了"进一步推进中国特色体育与教育相结合，促进青少年文化教育与运动训练协调发展"的总目标。伴随着体教融合育人理念和行动的快速发展，体育和教育中的诸多矛盾在持续集聚与叠加，亟待解决竞技体育后备人才培养不足、青少年体育锻炼缺失等发展中的不平衡不充分、质量不高的问题，而新发展理念恰恰是破解发展这些难题的"金钥匙"，是促进高校体育体教融合发展的理论指南。

科学发展观

科学发展观，是对共产觉的三代领导班子对于发展的重要理念的顺承与发扬，是马克思主义对于发展的世界观与方法论的重要表现，是和马列主义、毛泽东思想、邓小平理论与＂三个代表＂重要思想一方面相承接另一方面又顺应时代发展的科学理念，是中国经济增长社会前进的重要引导方针，是建设我国特色的社会主义应遵循与落实的重要战略理念。胡锦涛认为，科学发展观，是从我国的基本国情出发，归纳国内发展经验，参考国际发展经验，顺应新的发展需求而提出的重要战略理念。

在科学发展观中首要任务是发展，中也是人本理念，基本要求是全方位促进可持续发展，本质方式是统筹兼顾。科学发展观的中也是遵循人本理念，将依托人视为发展的根本基础，将提升人视为发展的重要渠道，将尊重人视为发展的本质原则，将为了人视为发展的本质目标，形成全方位、和谐、循环的发展理念，推动竞技社会与人的全方位发展。以人为本，即将人民的利益视为所有工作的出发点与落脚点，持续满足人民的各种需要与推动人的全面发展，以人为本的科学发展观是马克思主义发展观的当代中国表现形态，它以发展为主题，以系统的思想形态概念推进了中国特色杜会主义理论。

发展的价值目标具有全面性，习近平同志提出：遵循以人为本，即达成人的全方位发展为目的，立足于人民群众的本质日益角度寻求发展、推动发展，持续满足广大人民逐渐增长的物质文化需求。所谓可持续发展，就是在满足当代人需要的同时，又不会危及到后代实现自身需要的能力。这两者是一个紧密联系的体系，既要实现经济的发展，又要保护人类赖以生存的大气、淡水、海洋、禁地和森林等自然资源和环境，让后人可以永续发展，安居乐业。可持续发展和环境保护是相互关联的，也是相互区别的。在可持续发展中，环境保护是一个重要的问题。可持续发展的核心也是发展，但是需要在严格控制人口数量，提高人口质量，保护环境，实现资源的永续利用。可持续发展以发展为先决条件，以人为核心；长期、可持续的发展，才是发展。让后人得以永续发展，安居乐业。

| 马克思关于人的全面发展学说

第一，人的发展，尤其是人的劳动的发展。在《1844年经济学哲学手稿》中，马克思提出了以下观点：人的"类"属性和"人"与"动物"之间的本质区别；人类社会的发展史表明，人是由劳动创造出来的，人是由于劳动而被异化、被解放、被发展。可见，全面发展离不开人的全面发展。作为人的一部分的个体，由于它的必要性，就必须追求并认识到这一点，因为这一点使他被称为人。

第二，人的需求与人的劳动能力全面发展的需求，是人的内在需求，是人类活动的动机与目标；人类的能力作为一种工具，是主体与客体之间建立、维持主体与客体之间关系的必要条件。人的需要的全面发展指的是人的需要的全面发展日益形成了以下内容：生存需要、安全需要、归属与爱的需要、尊重需要、审美需要和自我实现与发展需要层次递进的丰富体系。人的能力的全面发展是指人在实践活动中对自己的所有能力进行全面的发展，并使其得到充分的发挥，达到各尽其能的目的。三是人的素质与人格的全面发展。人的素质的全面发展，主要是指人的身体素养、道德素质、哲理素质与科学文化素质的全方位发展，以及各种素质间的均衡和谐发展。人格，也就是人的素质和风格，指的是人们在日常生活中所展现出来的体质能力、精神状态、性格、理倾向及行为特征的总和，它体现了人的持续发展的特殊性和差异性。

"体教融合"
的体制难点

| 制度之惑

（一）体教新问题的衍生

胡锦涛在党的十七大报告中指出："改革开放是新时期最突出的特征，从城乡到经济，从经济到社会，全方位的改革已经以一种不可阻挡的势头进行着。"体育也是大环境下的一个组成部分，它的发展也是如此。"十二五"是中国发展方式历史性转变的重要节点，它的改革主要有三个方面的内容：一是以经济增长方式转变为主要内容的经济结构调整，为进一步健全社会主义市场经济制度打下坚实的基础；第二，以社会公众需要的转变为主线，以促进社会的公平正义和社会的和谐发展为目标，以实现社会的公平正义和社会的和谐；第三，要以政府职能转变为主要内容，以中国特色社会主义行政体系的建设为主要内容。在我国的体育活动中，大致可以分为三个部分：竞技体育，大众体育，学校体育。

竞技体育依托于"举国体制"策略在短时间内有了质的飞跃，使得中国从基础差底子薄的现状中解脱出来，一跃成为了体育大国。并且在 2008 年的北京奥运会中，中国一举超越美国占据金牌榜首位，这是中国竞技体育事业发展的高峰，除了国人留下了骄傲和自豪之外，一些相当现实的问题也摆在我们面前，例如，足、篮、排等这三大球得到总体水平远没有达到世界一流；一些职业化程度高、开展广泛、具有商业价值的项目，我们依然无法与美国等体育列强匹敌；在核屯、项目田径、游泳等比赛中，与体育强国之间的差距也是有目共睹的；很多夺得金牌的项目属奥运边缘项目，含金量偏低等等。

与竞技体育的独领风骚相比，我国群众体育的发展则相对缓慢而滞后，但是随着国家经济发展，国民文化水平提高，强身健体的意识在民众的思想中渐渐重要起来，人民的闲暇生活有了不同的色彩，群众体育渐渐发展，无论是广场舞还是慢跑散步等，老百姓能够＂动起来＂便是群众体育发展的好现象。但是由于我国走的是竞技体育优先发展的不协调的之路，这条道路使得群众体育的发展相对落后。

刘鹏也在 2011 体育局长会议中，明确指出，在＂十二五＂期间，我们必须清醒地认识到，并高度重视体育事业发展，尤其是公共体育服务体系的建设，勇敢地迎接新的挑战，克服新的困难。"十二五"时期，我国体育发展的主要矛盾依然是全民健身需求不断提高与社会体育资源相对匮乏之间的矛盾。在大众体育方面，公共体育服务的覆盖面和均等化程度还需要进一步提高，在全民健身的场地设施、组织建设和科学指导上还有很大的不足，在建设体育强国的进程中，依然是一个基础薄弱的环节。

反观之，基数大、有组织的学校体育，却成为体育事业中问题严重的环节。首先是应试教育导致当下的教育大环境以分数为重，体育课程得不到学校和家长的重视，同时随着科学技术与经济的迅猛发展，学生的闲暇之余的娱乐生活选择性广泛，留给体育锻炼的生存空间被急剧压缩。1979 年以来的六次全国学生体质测试结果表明，我国中小学生体质发育表现出了高身材低素质的特征，这种"外强中干"的现实直接表现为形态发育有着不断提高而体能素质发育却持续下降。

中国大学生身体素质的不断恶化，其体制原因是：从教育体制来看，"重智轻体"的评价标准弱化了学校体育的重要性，导致《学校体育工作条例》和其他法规的实施不力，为大学生身体素质的恶化埋下了潜在的隐患；在体育体制方面，由于体育与体育的分立，在政府的垄断下，体育体制无法推动学校体育的发展，"重比赛，轻团体"的体育发展取向使得学校体育没有得到应有的关注。我们要进行教育体制的改革，树立学校体育的主体地位；积极探讨"体教融合"模式，以推动体育和学校教育的结合和发展；要做更多的宣传和教育工作，提高全社会，特别是学生家长对体育的认识，从体制上改变学生的身体素质不断下降的现状。要想改变体育和教育宏观方面的问题，必须大力推进"体教融合"制度，使体育部和教育部门共乘"一条船"，唯有两部导向一致目标相同，深度融合才能顺利进行。

（二）"举国体制"的围城禁锢

我国的竞技体育基本制度体系是"举国体制"，这一制度体系是在我国物质条件极度匮乏的计划经济发展过程中，借鉴苏联等国家体育制度发展模式，结合我国实情，探索我国竞技体育发展规律，通过长时间的实践总结，在不断调整和改革过程中，逐步发展和形成的，是我国竞技体育取得辉煌成就的重要保证。"举国体制"在我国的实践取得了巨大成功，短短数十年，我国竞技体育从无到有，最后成为世界竞技体育强国。"举国体制"为竞技体育事业整合的各级行政资源，财税资源，争取必要的行政支持，并使竞技体育在政策资源上也获取更大的支持。做为一种典型的政府管理体制，政府行使几乎全部的竞技体育管理权利，并承担竞技体育事业发展所需要的经费，按照计划竞技模式运营竞技体育，并形成以行政手段为主要手段的竞技体育管理模式。

在"举国体制"的管理模式之下，我国竞技体育形成了以国家队为龙头，以省市专业运动队为中坚力量，以业余体校为基础的多级训练体制三级训练模式。三级训练网，是我国发展竞技体育主要措施和组织手段，保障了我国竞技体育实力综合在短期内挤身世界前列。单论金牌数量，"举国体制"的实施获得了巨大的胜利，近几届奥运金牌数量直线上升，亚运奖牌榜独占整头。不难看出，举国体制在我国特殊的历史条件时期，通过对全国力量的调动和配置，促进了竞技体育在奥运会、亚运会等国际比赛中的表现，实现了竞技体育的提前发展。然而，竞技运动的目标是一项长期而持续的目标，无法根据"完成"和"未完成"这两个简单的标准加以区分。目前看来，我们国家的"举国体制"确实很成功，但这个"成功"是建立在当前的社会背景上，建立在一个普遍接受的评价价标准上。考虑到我们在 2012 年伦敦奥运会上获得的奖牌数量急剧减少，而在 2014 年索契冬奥会上，我们在北京奥运会上获得的金牌数量更是为零，这究竟是"举国体制"带来的结果是好是坏？举国体制"在制度设计时，其主要目的都是以快速提高竞技体育水平为核心，这也是各种问题产生的开始。在"举国体制"最为重要的三级训练网中，业余训练是为半专业运动队输送优秀的竞技体育人才，半专业运动队是为专业运动队现输送优秀的人才，最终为国家队输送优秀的竞技体育人才。为在世界竞技体育舞台上夺取优胜，展现我国竞技体育的实力和国际竞争力，最终实现体育大国目标。

"举国体制"最终目标是通过不断提高的运动员竞技水平，参加比赛得以实现。在这种目标的驱动之下，运动员过早脱离普通学校的学习文化氛围，全身也的投入到提升竞技运动水平之中。在竞技水平高峰时期，为国效力。一但运动员竞技水平下降，不能代表我国竞技水平时，将被排除在举国体制之外。为提高竞技体育水平和国际竞争力，"举国体制"着重强调"体"育，这与人的德智体美劳全面发展相背离。并且在"举国体制"下的我国形成了"国家—集体—个人"利益主体，背离了"以人为本"的科学发展观，将运动员作为获胜的手段或工具，一味截取运动员专业技能制高点，使得"举国体制""走向金牌主义"的误区。

虽然说"举国体制"在我国竞技体育发展过程中的功绩不可磨灭，为我国的奥运辉煌，体育事业迅速顿起做出巨大贡献。并在一定历史时期的政治，经济，社会文化的大背景下，其出现与发展有着有自身的合理性、可行性。但是随着我国经济飞跃社会发展，"举国体制"的弊端渐渐暴露并且愈演愈烈，改革势在必行。"举国体制"所引发的问题日益凸显，且已不局限于竞技体育，社会各界普遍关心的是竞技体育和大众体育的协同发展，以及我国高校学生体质健康持续恶化的现状，在此背景下，国家"顶层设计"的基础上，必须自下而上地对其进行调整。

为解决这一问题，1987 年，国家教育部发布了《关于普通高校招收高水平运动员工作的通知》，批准 51 所高校招生，并在全国范围内开展了一系列的招生工作。

原国家体育总局和教委联合发布了《关于著名优秀运动员上大学有关事宜的通知》。在奥运会、世界杯、世锦赛前三名与世界纪录创造者均可以不用参加考试而进入高等院校学习，至此我国开始了"体教结合"培养模式的探究之路。在长期的发展过程中，体教结合的弊端也日益凸显，由此处成了体教融合理念的形成，并在我国掀起了研究的热潮。

(三) 高校教育壁垒的束缚

"体教结合"的培养模式将高校培养高水平运动人才的体系带入人们的视野之中。从我国高等教育来看，自1982年成立京师同文馆以来已走过百年风雨，出现民主化，科学化和中西交流化的转点并贯穿始终。新世纪以来，高等教育的综合化也成为了新的特点之一。高等教育的综合化主要表现在三个方面，即大学的综合化、学科的综合化和课程的综合化。目前很多高校正努力地向着综合化的方向靠拢，但是在靠拢的时候因为急功近利等原因使其在走综合化的进程中显示出很多不足。比如，片面的认为高等教育的综合化就是大学的综合化，纷纷将高校合并成为综合化大学列为工作的重中之重。其实严格的看来，学科的综合化和课程的综合化才是高等教育综合化的基石。高等教育综合化的主旨同样在于培养全面发展的人以及推动教育的可持续发展。反观我们的体育教育，其实体育这门学科应当是一门综合性非常之强的学科，与力学，生物学，化学化及人文教育都应有着深刻的联系。但在实际的操作之中却往往被割裂开来，只被单一的视作一种操作技能的练习。与其他学科的发展并无联系甚至背离。

进入新世纪后，为扩大教育消费，拉动内需，推动国内经济的持续增长，高校资金短缺的问题得到了有效的解决。我国作出了扩大高等教育规模的决定，但在此过程中，我国高等教育面临着硬件资源短缺这一根本问题。对于体育教学而言，由于扩招，导致了大量的学生进入到了大学校园。因此，体育课的班级数量急剧增加，运动场面积不足，人员拥挤，设施缺乏等问题也随之出现，特别是室内体育场馆更是无法满足需求。有些运动项目不能正常进行，而且有一些安全问题，这对学校的教学质量有很大的影响。

我国高等职业学校目前拥有的体育设施，主要是为了满足高校体育教学、课外体育活动、运动队训练，以及校内外体育比赛的需要。大学体育场馆的建设和发展，已经落后于大学体育的发展，它还不能作为培养大学生"终身体育观"、丰富课外生活、满足社会交往需求的主要场所。由于受到资金和设计理念的制约，目前国内的高等学校体育设施建设规模较小，使用功能单一，很难满足社会体育和高校体育发展对多方面的需要，尤其是对大学生们喜欢的一些新的体育项目的需要。"体教结合"的培养模式提出之后，体育设施匮乏的现象更加严重起来，普通的体育课与高水平运动队训练时间一旦重合，本就有限运动场地更加捉襟见肘。

| 实践之难

（一）竞技体育后备人才流失

奥运会是竞技体育成果在世界范围内得以展示的最高舞台，是每一位运动员都梦想登上的舞台，也是检验每一个国家竞技体育水平的舞台。故此，为了发掘优秀的运动员，体育部门会对运动员进行层层选拔。在目前的体育体制下，因为运动员的培养一直是实行体校、地方队和国家队的"三级训练网"体制，所以体育部门对运动员的选拔也是在这个体制下进行的。曾经被称为"体教结合"的青年队，就是因为这种选拔机制，导致了运动员私自离队，被其他队伍抢了先机。游泳运动管理中心"体游字[2001]278号文件"对跳水运动员的注册问题规定："在一个注册年度内，一名运动员、教练员只能注册于一个单位，运动员只能代表其注册单位参加比赛。"这一规定迫使运动员不得不回到地方队去挂册，因为只有回归地方队才有机会参加国家队的选拔。在清华队训练7年的周吕蠡转投海军队、何姿被带回广东、5名队员被地方队抢注等等，先后有12名运动员流失。在运动员的培养过程已经出现了社会化的局面的当下，体制内选拔运动员的机制对竞技体育事业的发展是严重的桎梏，尤其是对教育系统培养竞技体育后备才是严重的障碍。

竞技体育后备人才培养的实践中，其根本性原因依旧在于体制，我国现行的"举国体制"带有明确的"行政垄断性"色彩，在"举国体制"之中，始终处于强势地位的利益集团是国家体育相关职能部门。"体教结合"培养运动员模式虽然是先进的培养模式，发展着运动员的运动竞技能力，培养着运动员的全面素质，是以人为本科学发展观的具体实践。但是它依托于高校的平台发展与壮大，这必然动摇和损害了国家体育相关职能部门的既得利益，他们为了维护自身的利益，固步自封，阻碍"体教结合"进一步推进。使得"体教结合"始终处于"体"和"教"两层皮的尴尬境地之中。

我国竞技体育后备人才流失情况严重，其根源一方面在于"举国体制"另一方面则在于"应试教育"。普通中小学和省市县的各个青少年业余体育学校曾是我国竞技体育后备人才的主要来源。但由于目前普通中小学受到高考应试体制，片面追求升学率的影响，学校体育活动的开展受到极大的挑战。虽然多年来推行建立体育传统项目学校的活动，使基层学校的体育传统项目后备人才的训练有所发展。但随着以"高考"为代表的应试教育的不断干扰，各种重点体育项目传统学校之间的竞赛活动正在逐渐减少，甚至停滞，使这些体育项目传统学校的正常训练受到的影响，训练水平有所下降；加之受到一些体育运动项目自身条件的限制，对开展训练要求条件较高，使目前我国的中小学校直接为竞技体育提供可靠的人才来源难以保障。

考虑到我国竞技体育后备人才培养的现状，迫使我国的竞技体育后备人才培养必须以各级体育运动学校为主，以单一支持为主。而各级体育运动学校又纷纷往体育系统内部输送有生力量，并且为了出成绩只抓"体"而忽略了"教"，形成恶性循环。

从"体教结合"之路二十多年的历程看来，虽然成果丰硕，但也困难重重。困难的首要来源便在于制度，不仅高校招收高水平运动员名额受限，就连招收资格也有着很大的限制存在。

在我国竞技体育管理体制中，为了锻炼竞技体育后备人才，形成的竞赛体系W行政区域为参赛单位，如城运会、省运会、全运会、奥运会比赛，还有国内外各个单项比赛如亚洲锦标赛、世界锦标赛及巡回赛等等。但是，由于国家体育总局对运动员参赛资格的有这样的规定；必须是在省市专业队注册的运动员，不得在全国重大比赛中，以学校名义直接报名参加竞赛管理部门，单独参赛，如全运会。送种排他性的竞赛制度使离校运动员竞技水平得不到提升。与体育系统相比，学校高水平运动队比赛次数很少，除了每四年一届的全国中学生、大学生运动会和教育系统各级单项体育社会组织的比赛外，基本上没有其它比赛，而这些比赛有的是四年一次，有的是两年一次和一年一次。比赛的数量上都无法保证质量上更是无从谈起。学生无法在大赛中得到技术、战术、也理上的检验，竞技成绩只能在低水平上的重复。并且针对专业运动员的竞技水平高超这一问题，教育部门的竞赛体系下，同样限制着专业运动员的参赛资格。如规模最高的全国大学生运动会，除个别项目设置分组竞赛专业运动员可以参加之外，严格限制着在省市专业队注册过的运动员参加比赛。

如江苏省第十八届运动会的竞赛章程之中的参赛资格就明确规定：凡是按照高水平运动员政策被录取的学生，体工大队的专业运动员，大学生，曾经在各种职业赛事中参加过的，从2013年开始，按照高水平运动员的政策，招收年龄在20岁以上的人，就不能报名了。虽是为了比赛进行的公平性出发而考虑，但也大大限制了"体教结合"的良性发展。高校从自身利益点出发必然是遵从各种竞赛所指定的可参赛资格招生，不愿意接收无法参加比赛的专业运动员。因"三级训练网"出路不畅，退役运动员无法安置而应运而生的"体教结合"模式，反过来对专业远动员渐渐的关上了大门。

除了制度之难以外，高校自身的教育问题也使得"体教结合"之路困难重重，试办学校都制定了相应的《高水平运动员管理办法》。但无论是跟班就读还是单独开班学习都有着一定问题存在，跟班就读时如果上课时间与训练、比赛时间相冲突时，运动员往往会选择训练与比赛而舍弃文化学习，而学校也没有采取相应的补课措施，加上本身文化底子较薄，造成文化学习跟不上上课进度，久而久之就加深了学习的困难。哪怕是单独开班学习由于班上学生的运动项目不同、训练和比赛的时间有差异，运动员还是会产生学训的矛盾。　除高水平运动员原因之外，教练员的影响因素也占了重要地位。在体育系统，教练员的职称系列分为助理教练、教练、高级教练这三个等级，每个层次的晋升是以培养运动员的绩效为考量标准的。而在教育系统职称评选、劳动待遇均是按照教师系列而进行，分为助教、讲师、副教授、教授这四个层次，每个层次的晋升仅仅是以科研成果以及教学业绩为考量标准的。这种不兼容的人事管理制度方式一方面阻碍了高水平教练员向学校流动，另一方面也严重挫伤了高校教练员带队训练的积极性。体育部门的不尽为配合，教育系统的自身缺失，再加上客观条件上的运动队经费不足，训练场地短缺等等问题，都成为"体教结合"途中强大的"拦路虎"。

"体教结合"无法按照原先设想的资源共享、职责共担、人才共育、特色共建，体教两部门共建队伍的目标去实现也就不足为奇。

"体教融合"
的制度设计

从"体教结合"的困境来看，只有打破体制上的障碍，打破原有的结构，打破行政干预的障碍，把竞技体育融入到教育体系中，才能使我国的竞技体育得到持续的发展。

"体教融合"是在国家体育、教育界对"体教结合"工作进行深入研究时，所提出来的一种崭新的理念，从"体教结合"到"体教融合"，看似只是一字之差，实则是国家改变竞技体育发展方式、培育高素质体育人才的一种全新的理论与实践创新，也是贯彻科学发展观、推进体育与教育可持续发展的一种新思路。

江苏省是"十二五"开始之年，从"体教结合"到"体教融合"再到更高水平的发展，是我国体育事业发展的先导。2012年，上海体教结合正式拉开了序幕，从2月1号起，上海市委副书记及两位分管体育、教育的副市长出席，并以市委、市政府的名义发布了《关于深化本市体教结合工作的意见》，第一次确定了四项重点任务，即增强学生体质，培养后备人才，加强运动员文化建设，加强体育教学，加强体育管理，加强体育工作，强化体育教学，健全体育管理体制，加强体育人才培养，健全体育文化，健全体育教学体制，完善体育教学体系，健全体育人才队伍，健全体育体制，健全体育制度，加强体育文化建设；其中，体育部门和教育部门分别制定了八项工作任务，这就是所谓的"双8条"，也就是对体育部门和教育部门各自的职责作出的规定。在此基础上，提出了在全州范围内对体育与教育融合进行布局与推动的建议。在新的历史条件下，"体教结合"能否转化为"体教融合"，是关系到体育教育工作能否成功的一个重要问题。

| "举国体制"的转型之路

"举国体制"是指在社会主义初级阶段，国家通过整合有限的人力、物力和财力，充分调动各方的积极性，对竞技体育进行合理的分配，从而提高我国的竞技体育水平，提高其在国际上的竞争力，从而在以奥运会为代表的国际竞技体育比赛中，获得优异的成绩，从而为促进其发展而采取的一种发展模式，一种制度安排。随着社会的发展，竞技体育举国体制所带来的问题也日益突出，竞技体育与群众体育的不协调发展受到社会各界的广泛关注，以及学生体质健康水平连续下降引起了政府高层的高度重视。"举国体制"的僵化从源头阻碍了体育系统与教育系统的深层次融合，这一点在"体教结合"的模式中就已经非常凸显。而"体教融合"作为"体教结合"的发展与高级形式，所追求的竞技体育融入学校教育么中更是与"举国体制"的政策成针锋相对之势。

随着我国体育大国地位的确立国家应改变观念，使得竞技体育与群众体育均衡发展，体育训练与文化教育齐头并进。只有放开"金牌至上"的观念，才能使得学训矛盾得以解决。在市场经济迅速发展的新世纪，"举国体制"的转型之路也应搭上这班快车，向着由政府主导、市场运作、牡团参与的"三元治理模式"而发展，建立多元化、全民化的竞技体育管理模式。向着经济效益最大化为目的职业体育发展，树立"夺标、融资、育人"三合一的人本思想。其中，"夺标"是不断提高俱乐部的竞技水平；"融资"是提高经济效益："育人"是提高俱乐部的社会声誉及运动员的素质。以政府为"行为执行者"，市场为"版图"，社团为"助力推手"沟通政府与市场的联系，形成多元化的职业体育路婟。从政策源头改变铺平"体教融合"之路。想要实现"举国体制"的顺利转型，"体教融合"模式为关键一环，将竞技体育融入学校教育之中，培养出的高水平竞技体育人才才是全面发展的人，与西方职业体育所关注的普世性人本思想不谋而合。有着欧美竞技体育系统的前车之鉴我们可以看到，体教融合"还将会为职业体育提供全方位发展的高端体育人才。职业体育之路与"体教融合"的模式将打破"举国体制"中，运动员过早被剥离教育系统的现象，还原人的本职，在全面发展的基础上，选择兴趣爱好，投身体育事业。"体教融合"的根基在与竞技体育后备人才，而教育系统的应试制度又造成了人才的流失。这就需要我们革新观念，从中国的国情来看，我国正处于的发展阶段仍然无法摆脱应试教育选拔人才的道路。

但是，从80年代开始，我国对竞技体育后备人才的基础教育问题给予了高度重视。在1986年的一份文件中，前体委在一份文件中指出，要将学校体育作为发展的重中之重，随后颁布的《国家体委关于体育体制改革的决定》，也在其中指出，要鼓励有条件的高校建立高水平的队伍，并在一些省级的高校中，尝试将优秀的队伍转到学校来。1990年，《学校体育工作条例》明确规定，学校体育工作应在教育行政部门的领导下进行，由学校统一组织实施，并受其管理和指导。1993年，原国家体委就"要培养能够在竞技运动中不断攀爬到新高度、新时代、新时代发展要求"的高素质、高素质的高素质人才。2002 年，《关于进一步加强和改进新时期体育工作的意见》指出，在新的历史发展阶段，要以学校为主，保证学生有足够的课余时间参加体育锻炼。国家体育总局目前的政策，是要落实科教兴体的方针，推动训练、科研和教育的融合。但这些依旧是远远不够的，想要将竞技体育后备人才的培养也纳入到教育体系中去就应当在日后的改革中下狠手，废除业余体校和省市县青少年体校的存在，将青少年运动员的培养放置在普通的中小学校园之中，打通"体教融合"上下贯通的人才体制，向着由高校培养输送高水平竞技人才的方向发展。

| 打破教育壁垒的"综合化"之路

对于社会发展，人们普遍认为，社会的发展应该是可持续发展和全面发展。强调发展的持续性、整体性和协调性，需要重塑人的精神理念，提升人的人性，开发人的精神文化空间，从而构建人与人、人与自然、人与社会的和谐发展新秩序。除了新的社会发展观的建立，人们在科学领域中所面临的问题以及解决问题的思维方式、方法和手段等也发生了新的改变。随着生产和科学实践的不断发展，人类对宇宙演化、气候形成和变化、生命起源、人类思维等方面的认识和认识都提出了更高的要求。但是，要解决这些问题，不能仅凭一门学科的力量，而必须要有多个学科的协同、协作和联合攻关，这就要求学科间的交叉。在新世纪，推进人的全面发展，推动社会的全面发展，是高校教育的基本价值取向，而高校教育的综合化是高校教育的必然选择。前文提及大学教育综合化包括了大学的综合化、学科的综合化和课程的综合化。目前我国高校教育综合化之路紧盯大学的综合化，却忽视了后两者的存在。在我国的基础教育乃至高等教育之中的割裂的现象由来已久，体育作为一门"副科"常常游离于大众视线之外，运动员也被冠以"四肢发达，头脑简单"的粗暴定义。然而事实上问题却不仅仅在于运动员文化教育的缺失，更加严重的情况却是 30 年来青少年体质连年下降，在目前的应试教育制度下，学校体育仍然是教育工作中的一个薄弱环节，学校体育没有得到足够的重视，没有得到充分的保证，也没有得到很好的实施，这些都对提高学生的身体素质起着很大的作用。国家虽然意识到问题存在号召展开"阳光体育"，并对青少年体质健康水平进行跟踪测量，但从结果来看收效甚微。普通学生的体质健康堪忧与运动员文化教育的缺失情况同样严重，"体教融合"的目的是将竞技体育培养体凉融入教育体系之中，竞技体育后备人才的培养反向促使教育部门重视体育学科存在的重要性。所谓"融合"不应仅仅流于表面，停留在体育或者教育的宏观层面上，还应深入其中，进行学科的综合化。体育作为人类活动自古以来便有的形式，却在现代的教育事业中被边缘化。体育学科的纵深发展离不开其他学科的支持，在当前的应试教育体制下，学校体育仍是教育工作的薄弱环节，对其重视程度不够，保障力度不够，执行力度不够，不利于学生体质的提高。

体育学科的综合发展势必要求着更多的资源与投入，在非体育类的综合性高校之中，有关体育学科的资源相对匮乏，体育学科所要求的资源在学科综合化的进程中已不仅仅是一片操场一个体育馆或者一些体育教学器械可以满足的。专业师资、实验室都是所要求的重要资源。综合高等院校本身作为一个兼收并蓄的平台，包括了学科所要求的大部分资源，只不过在现行的情况之下，各个学科乃至各个院系之间壁垒森严。以沈阳大学为例，各个院系自有的图书馆，如果本校学生需要跨院系借书还需经过层层申请，手续繁琐至极。仅借书一项就困难重重，更遑论其他比如教学设备，实验室一或是师资力量。要想取得教育的综合性，培养出现代社会所需要的复合型人才。

首先，必须消除行政制度的繁琐，消除院系间隐形的墙壁，相互开放资源、整合利用，达到利益最大化。

其次，我国离等教育中往往只重专业知识的传授，而忽视了综合素质的培养。例如在目前的应试教育制度下，学校体育仍然是教育工作中的一个薄弱环节，它没有得到足够的重视，没有得到充分的保证，也没有得到有效的实施，这对提高学生的身体素质不利。；体育学科作为一门基础学科，能够强健体魄，磨练意志，提高心理素质，为大学生的学习和生活打下坚实地基。

当然我们所指的体育学科并不只是狭义层面上的运动锻炼，在体育管理、体育社会学、运动训练、民族传统体育、运动人体科学、体育产业经营管理、体育新闻、体育旅游等等这些新兴的综合性学科都是己经属于体育学科。在现在我国的教学模式中，有一个误区是将有关体育类的综合学科剥离出来，形成体育院系教学的模式。其实例如体育管理或体育社会学，都应该是以管理学和社会学为大学科，体育管理和体育社会学为其中一个分支，它们的教学更应放在管理学院和社会学院中进行。唯有在宏观学科指引下才能更好的对综合学科进行理解与阐述。

当然在现在的国情下不能完全实现这样的做法，那便更需要加强与其他院系的沟通联系，整合师资力量，共享物质资源。比如运动人体科学可W与学校的医学院联合，公用实验设备；体育管理、体育产业经营、体育新闻等学科可以与管理学院，商学院，新闻传播学院建立良好联系，无论是师资整合还是学生间的相互沟通交流，同完成实践都有利于各自学科的全面性，综合性发展。在高校的工作中，学科和专业的建设占据着十分重要的位置。在科技迅猛发展，连续扩招，高等教育的竞争越来越激烈的今天，商等教育的综合化将会对形成优势学科群体起到更好的作用，对有限的办学条件进行更加合理有效的利用，提高办学效率，降低办学成本，实现人、财、物的最大限度的利用，从而培养出更多适合新世纪的复合型人才，推动高校的可持续、全面发展。

"体教融合"运行机制
的构建

机制是在系统的运作过程中，它的组成元素之间相互联结、影响的途径、方法、原理的综合体系，并且由人的主观设定，使之能够实现目的，满足需要的机制，就变成了运作机制。因此，"体教融合"的运作机理，就是"体教融合"中各要素之间相互联系、相互影响的作用过程与作用机理的总和。根据社会学的分类，"体教融合"的运作机制可以划分为五种：一种是负责体育活动的运作机制，另一种是体育活动。二是通过整合资源、协调各个环节，形成整体一体化与协调机制；确保制度平稳、有序地运转，并确定制度趋向和进程的制度调控机制；一种为制度成员提供物质资源，以满足他们的基本生存需要，保证制度的长期运行的运作保证制度；和采用一种合理的方法，激发系统成员的主观能动性，建立一种激励机制。其功能是通过对体制内各成员的行为模式、价值观进行引导，使其朝着"体教融合"所提倡的目标方向发展，从而激发"体教融合"的活力，使其朝着总体目标的方向发展。

| 运行动力机制

一个社会，无论是一个集体还是一个体系，都必须有足够的动力才能使其平稳而有序地运转。制度运作法则清楚地表明，维持制度长期发展、有序运作的一个先决条件，就是要保证适度的激励。对"体教融合"体系的动态机理进行了详细的剖析，可以从低到高分为三个层面：以运动员和教练员为代表的个人层面；总体上指的是学校的团体层面；还有以国家和社会为代表的各种社会阶层。每一层级的需求都是"体教融合"运作的原动力，个人层面的需求主要体现在：接受学校教育、提升体育水平、提升商业培训水平、满足竞赛要求、获得个人荣誉等等。集团层面上的需求主要体现在提高学堂的声望、实现办学目的、获取财政扶持等方面。社会层面上的需求主要体现在实现国民教育的目标，提高国民教育体系中的竞技体育水平，从而为国民体育的发展打下基础。一个完美的体系，需要适当的运作。激励不足，则会造成各方的积极性降低，激励太多，则会造成制度的混乱，造成制度的混乱；唯有适当的"运仔"力量，才能在满足各利益相关者的需要的同时，维持一个有序、稳定的社会和体育环境。所以，在实践中，我们要对管理各动为主体效用的实现进行控制，确保国家、集体和个体三个主体的效用能够得到协调地发挥，使得整体效用比各个部分的简单相加更大，而不是相互背离。

首先，必须转换政府的职能，由"管理型"向"服务型"转型，以政府权力为主要力量，以"统管"为总体决策，让学校的积极性与潜力得到最大程度的发挥。

其次，每一所学校都是一个中介，承担着承上启下的角色，负责传递学员们的需要，增强团体的凝聚力，同力达到团体的目的，以达到团体的目的，平衡团体的利益，并保证团体的利益。与此同时，在学校中，运动员们也要更加灵活、主动地参与到体育活动中来，将自己的目标放在促进自身的全面发展上，积极地完成训练，努力实现自己的价值，而不是只是为了对国家、对集体做出贡献。

| 整合协调机制

在进行任何系统操作的时候，都会产生一些问题和矛盾。而且，因为内外环境的改变，内外各主体之间的利益也会产生一些冲突，从而对系统的运作产生影响，各种不同的利益和资源就是整合协调机制的整合对象。

在现实生活中，较为普遍的情况是，学校的运动员，一方面要花费更多的时间和精力，参加体育训练，参加比赛，以获得更好的成绩；另一方面，他们也肩负着学习文化知识，参加考试的责任。两者之间，不可避免的会有冲突。这也是"体教结合"运动所面临的共同问题，也是关系到体育教育事业发展的重要问题。为了解决这个问题，为运动员的训练扫清障碍，我们需要建立一个统一的协调机制，将教学计划、课程设置和教师等教学资源整合起来，并与学校的各个部门进行协调，从而形成一个有利于高水平运动员可持续发展的体系。具体措施：

一是要树立科学的发展理念，以人为本，培养高素质、高水平、高质量、高水平的运动员。要加强学校对竞技体育的重视，以加强对学校体育后备人才的培养为重点，以促进国家竞技体育的发展，促进社会主义新世纪人才的全面发展。

二是个人利益、集体利益和国家利益三者之间的关系。使个人的利益在不与国家或集体的利益相冲突的情况下得以实现。并使个体的利益与国家的利益和集体的利益保持一致，个体的利益和国家的利益和集体的利益是相互促进的。

三是要进行企业文化的融合。发挥学校和社会媒体等的导向功能，促进社会和国家的正确价值观念的传播。相关政府部门及民间组织学校要正确利用"整合机制"，最大限度地发挥有限资源的最大效用，推动"体教融合"。

系统控制机制

自从上个世纪四十年代，英国数学家维纳（1896-1964）提出了控制理论以来，人们对此也有了更多的了解。作用，作用，作用：作用于一系列的事件或过程，并在一定的条件下，产生作用。控制论已经被广泛地应用在人类社会的各个层次和各个管理体系中。利用多种社会要素，调动社会为量，利用多种手段，推动社会群体和社会个体高效地遵守社会规范，维护社会秩序，达到社会运行目标的一种过程和原理，就是"社会控制机制"的概念。

首先要弄清楚是什么受控变量构成了受控目标，然后才能构成受控体系。在明确受控对象的前提下，运用多种控制方法，加强各个控制环节，以促使控制机制的产生并发挥作用，这是构建系统控制机制并使其正常运转的关键。其控制手段的可行性、严密性和完整性就显得非常重要。"体教融合"运作的调控机制是指以调控方式来促进培育组织与培育个人能够有效遵守"体教融合"准则，以达到培育组织的运作目的，并以此为基础来维护培育组织的秩序，从而形成培育组织的"体教融合"运作的调控体系。

通过组织控制手段提高"体教融合"系统运行效率，建立"体教融合"下的高水平运动队组织领导，教练员职能分配、运动员的日常生活管理、学籍管理、运动训练管理和文化课程管理等一整套管理体系，是组织控制主要内容。

在"体教融合"的背景下，以组织管理为手段，以提升"体教融合"制度的运作效能为目标，构建高水平运动队伍的组织领导，以教练职能配置、运动员日常生活管理、学籍管理、体育训练管理、文化课管理为一体的管理制度为核心。

首先，确定"体教融合"的总体目标，并在整个体系的运作过程中，不断地对照着总体目标，对各个环节进行评估，寻找差距与问题，并适时地进行调整与反馈，从而达到向总体目标靠拢的目的。科学、合理地制定每个具体环节的工作方案和发展子目标，对系统内各环节的运行情况进行检查和评价，关注训练条件、科研力量、后勤保障等影响实现总目标所具备的要求因素。采用送一控制手段的好处是，可以在总目标的宏观调控下，发现问题，并及时解决，避免走弯路，这是目标控制过程中必须关注的问题。

其次，要树立以人为本的理念，以充分调动和发挥全社会全体员工的积极性与创造性，以尊重人、关怀人、激励人为第一要务，不断强化企业文化的建设。以思想政治教育、民族文化精神的弘扬和价值观的熏陶为手段，重视精神、价值观、政治思想对体系运作的重大影响，以提升运动员的思想作风、能力修养等方面的综合素质，以达到"体教融合"体系运作的总体目的为目的而努力，这就是"人本管理"的关键。

运行保障机制

物质、能量、信息和系统的运作应该是一个有机的整体，不可分离。"体教融合"的有效运作，需要有必要的人力、财力、物力、信息等资源与条件的保障。高校要想实现这一目标，仅仅依靠高校的资金支持是远远不够的。如果学校能够将社会资金进行整合，并利用多渠道投资体系，对高校体育产业经营进行更深一步的拓展，那么充足的资金保障可以为离校高水平运动队竞赛、训练、科研和后备人才培养等方面提供强有力的支撑。

如何提高现有的优秀运动员的质量，是当前我国高水平运动员培养面临的一个突出问题。尽管大学是人才集聚之地，但也要看到一些客观问题的存在；世界上最优秀的运动员，从中学毕业后，就无法进入大学学习，大多数大学都面临着高水平的教练员不足，科研人员不足等问题。商业院校要解决的几个关键问题是：如何引进高水平的教练员，如何引进高水平的运动员，如何重视科研人员和培训计划的匹配。"体教融合"的目标是要不断地提升人才质量，打通人才流动渠道，充分地吸引和利用社会各界的优秀人才。

在硬件设施的保障方面，许多大学拥有数量庞大的高水平运动队，因此很难保证足够的场地和设施，这就需要各个学校将自己的资源进行整合，对训练场地进行科学的布置，对学校的硬件设施进行有效的规划，对各个运动队的训练时间进行调整，以便与现有的硬件环境相匹配。并继续积极地开发和建设与球队规模相匹配的硬件，以实现长期的发展。建立一支高科技的科研后勤服务队伍，为高校体育训练提供服务，确保运动员的伤病治疗，疲劳恢复，以及营养、膳食的调配和供应。发挥大学在科学研究方面的优势。

动机激励机制

马斯洛的"需要层次"理论也印证了"动态性"的原理，即在不同类型的管理中，都应该使用动态性的方法。在"体教融合"体系中，奖惩制度是为了调动训练对象的主观能动性、积极性和创造力，让学生运动员养成与社会目标相适应的行为模式和价值观，从而达到训练对象的目的。

激励机制包括三个方面，即标准、方法和程序。

第一，要确立合理的激励准则，注重准则的全面性、公平性和有效性；激励手段要具有灵活性，激励过程要具有长效性，要将正向激励与逆向压力激励有机地结合起来，要始终坚持以人为本的思想和科学发展观，应该抛弃以前只把运动成绩，比赛名次作为评价标准的做法。建立一个涵盖范围广、体系化、从思想、文化、综合素质等多个层面上的新认识，兼顾学生运动员的全面发展。第二，中间变量指的是行为人的主观因素，它包含了愿望，意图，行为目的，计划和过程等。按照新行为主义激励理论，激励手段不仅要依赖于刺激变量，还要将中间变量的存在也要考虑进去。当前的激励机制并不是很科学，也不是很完善，它还停留在老行为主义激励理论的方式上，通常是按照最后的比赛成绩来发放奖金，这种单纯的激励手段忽略了中间环节的影响。除了经济激励因素，还应该考虑到运动员自身的需要。经过刻苦训练，成绩有了很大的进步，应该给予奖励，尤其是在比赛中表现出色的运动员。但是，如果运动员没有旷课，并且积极参与训练，也可以获得奖励，建议采用学分奖励、精神奖励和物质奖励等方式。试着让奖赏的方式变得多种多样。

第三，从社会心理学的角度看，既要注重对团体成员的鼓励，又要注重对个人的鼓励，强调对物质的鼓励，却忽视了对精神的鼓励。要重视激励过程的长期性，要做到正反向支持激励，应该频繁地对教练员、运动员的状态展开动态的分析，使激励过程持续化、阶段化，力求系统的总目标与运动员个体需求的满足相一致。对整个动机过程的评价。

另外，从上到下的激励措施还应该从三个方面考虑：

第一，就是在学校的层次上，各级教育局要制定出一套针对每个学校的考核制度，包括经费拨款，以及奖惩制度，从组织结构，基本保障，选拔人才，输送人才，体育成绩等多个角度来考核，并且对表现好的学校给予一定的奖赏。

第二，从教练员、科研人员两个方面来看，对教练员、科研人员实行适时、有效的奖励，同时重视对他们的奖励，同时重视对他们的奖励。

第三，在体育生的层次上，应该对他们的成就给予高度的认可，既要有物质上的鼓励，又要有物质上的鼓励，还要有内在和外在的鼓励。在实践中进行积极的探索，适时地进行有效的调整，并经过长时间的积累，最终形成一套行之有效的激励体系，这对于"体教融合"体系的长远健康运转起到了十分重要的作用。

"体教融合"的
可持续发展之路

建立"体教融合"培养模式

"体教结合"的训练方式有三种，一种是直接引进退役运动员，一种是联合组建球队，或者是直接招收现役运动员，一种是自主招生，一种是"一条龙"，一种是体育学校，还有一种是三合一。六种培养模式各有利弊，但不约而同暴露出的问题大多都是，宏观上的"体教结合"提出目的与实际不符，化及微观上的严重的"学训矛盾"。

在"体教融合"之中，要想改变这种现状，就必须对这些培养模式进行改革整合，形成最优化。从"体教融合"的目的与意义来看，培养模式设计的核也内涵应当是关注人的全面发展，这就要求培养模式要遵循素质教育的培养理念，从"以人为本"的育人角度出发培养学生运动员。首先，高校应当和中小学建立紧密联系，构成教育体系内的培养路径；其次，在国家给予的特殊招生制度下，利用高考或者自主招生单独选拔配合专项技能测试招收学生运动员；最后在高校内建立完整的管理体系，保证学生运动员的学习与训练、生活协调发展，为学生运动员日后有可能走上的职业化道路巧下坚实基础。

树立大教育观

高等学府作为"体教融合"实施的平台，学生运动员全面发展的保障，建立完整先进的教育理念不容忽视。所谓大教育观指的是：(1) 注重课程目标的完整性，强调学生的全面发展；(2) 重视基础知识的学习，提高学生的基本素质；(3) 注重发展学生的个性；(4) 着眼于未来，注重能力培养；(5) 强调培养学生良好的道德品质；(6) 强调国际意识的培训。融合性课程目标体现出的就是一种大教育观。

树立大教育观,促进人的全面发展,这是时代的要求,也是竞技体育发展的要求,是贯彻落实科学发展观的具体实践,我国教育界和体育界应转变观念,统一思想,充分认识竞巧体育在教育中的特殊地位和作用,把竞技体育纳入到教育之中,把运动训练贯穿于体育教学巧课外体育活动的各个环节,大力发展以夺标育人和健身娱乐育人为目的,运动训练为主要手段的学校体育。在"体教融合"背景下,学校是培养竞技体育的唯一途径,即体现了教育的真正的功能,培养全面发展的人,又体现了"以人为本"的科学发展观。力图从宏观制度方面改革体制,树立高校培养竞技体育后备人才过程中的大教育观,为推进"体教融合"视域下高校体育教学的改革与创新,提供理论支持与保障。

（一）扩大高水平运动队设置范围

在 2012 年,教育部公布的有资格招生高水平运动员的高校一共有 272 所,而截止到 2021 年 6 月 21 日,全国普通高等学校（不含独立学院）一共有 2398 所,其中有资格招生高水平运动员的高校只有 12.3%。根据普通高等学校招收高水平运动员的办法,招生院校应该对高水平运动员的招生计划进行合理的规划,并将其纳入到国家核准的本校每年的招生总计划之中。各高等院校每年招收高水平运动员,不超过每年招生总人数的 1%。高职（专科学校）的招生数量,不得超过该学校高等职业学校（专科学校）招生计划总量。招生人数的限制,极大的制约了高校体育的发展。要想将竞技体育后备人才的培养融合进学校之中就必须扩大试办高水平运动队学校范围,让更多的学校与后备体育力量参与进来,形成良性循环。扩大试办高水平运动队学校范围,有利于接收竞技体育后备人才,减少青少年体育人才流失,为竞技体育选材提供坚实的基础。同时也为专业竞技体育人才退役后的学习与生活提供资源,扩大选择面。

（二）增加运动项目设置

由表可知,我国高校高水平运动队设置有 38 个项目,与奥运会的设置项目比较仍有许多欠缺并不能包含全部。"体教融合"的真正目的是"融体于教",使得教育产业也成为培养高水平竞技运动的摇篮。要达到这一目标必须在现有的条件下,增加项目设置与国际赛事接轨,将体育系统所具有的体育训练的资源纳入学校建设之中。增加项目设置也能为高校更加广泛的吸引人才及让高校更全面的培养人才。同时也应当大力发展武术等民族传统体育项目,将中国的民族传统体育发扬到世界范围。高校高水平运动项目设置中还包括了尚未成为奥运会项目的定向越野、武术、藤球等项目。这说明了高校高水平运动项目设置也同时顾及了国情与实际,没有一味的为竞技运动而服务,而大力发展这些项目也为大学生的学习生活增加了不同的趣味与色彩。

（三）严格规范录取资格

以美国"体教融合"的成功典范为例；前提是本人必须具备良好的运动才能，大学生运动员在录取时，需具备以下四个条件，

录取条件之一：在美国，大学是一种大众化的教育，所以想要参加体育比赛的学生，和想要参加高中考试的学生一样，都要从高中毕业，没有读完高中的学生，NCAA 联合会的大学是不会要的。未能成功地完成高中学业的大学生，即便是上了大学，在学业上的表现也会受到一定的影响。这是为了培养人才。这样做的目的就是不让大学产生"半文"或"不文"的运动员。

与此相比较，我国提出的高水平运动员报考标准为年龄不超过 22 周岁，并且符合下列条件之一者

(1) 高中学历，并取得全国及以上省级竞赛单项及团体单项之三甲、团体单项及六甲之主要选手，并取得国家二等运动员资格。

(2) 高中学历相当，且在最近三年中，主要选手在国内、国外团体项目中取得过八强，并取得过国家一级运动员（含）证。由省级教育部负责对所招收的学生进行资格审核。具有同等学力的学生，在没有取得合格证书的情况下，不能参加考试；具有同等学力的学生，应提交相应的学历证书及成绩单。我国在招生过程中有规章制度的要求，但往往在执行过程中不够彻底。从可持续发展以及终生教育的角度分析，这种做法不利于学生全面的发展。有很多运动员文化素质较差，但运动成绩尚可。

录取条件之二：保证学生运动员进入大学后有一个较好的学习成绩，对中学生在中学学习期间的平均最低分数有严格要求，高中期间必修课程的数目和成绩必须合格，达不到最低平均分数的不能被大学录取。

录取条件之三：高中阶段核心课程的成绩要取得 2 或 2.0 以上的成绩。核心课程包括数学，语文、宗教、哲学、社会科学、自然、物理科学、外语、计算机科学（2005年以后计算机科学不再列入核心课程），是经过美国学术机构批准的高中阶段学习课程，只有获得联合会批准资格的教师在美国大学生体育联合会指定的学校讲授，学习成绩方可生效。另外还有其它条件的严格限制。

录取条件之四：必须参加 STA 考试或 ACT 考试，亦称学术倾向测试。美国大学生体育联合会规定 STA 的分数为 700 分。这是美国高中生准备上大学的全国性考试，其意义与我国高考入学考试类似，不同之处是我国的高考成绩高低直接影响学生进入到不同等级的大学，是大学录取学生的唯一标准。而 ACT 和 STA 只是一种标准。考试成绩不是决定学生能否被大学录取的唯一标准。另外在考试的安排上也与我国的高考有很大差别，我国高考制度的最大特点是一考定终身，而 ACT 或 STA 考试一年里可进行多次。ACT 考试在 2013 学年内在北美地区举办 6 次，其他地区举行 5 次，时间机动灵活地点也可选择。STA 共有 7 次考试机会，亚洲的香港、新加坡、澳门、台湾、日本、韩国等地都设有考场。没有取得毕业证书的考生，可以参加 ACT 或 STA 考试。

考试对象不局限于应届毕业生。

目前，我国高等教育的现状是：通过体育专项考核的考生，应在户籍所在地参加高考。由省级招生办公室依据考生填报的志愿，将电子档案发给各招生学校，由各招生学校按照国家相关规定，按照向社会公布的招生简章进行录取。对于高考成绩符合规定，并且通过了体育专项测试的考生，生源所在省（区、市）的本科第二批次录取控制分数线，也就是本科专业对考生高考成绩的最低要求。生源所在省（区、市）高职（专科）一批次录取控制分数线是高职（专科）专业对高考成绩的最低要求。对于确实有培养前景，并且高考成绩达到生源所在省（区、市）本科第二批次录取控制分数线 65%，还有少数在体育专项测试中取得了特别优异成绩的考生，招生院校要向生源所在省级招办提出申请，并提供相关名单。招生院校应该分别在本省（区、市）招生信息发布平台上与本校进行不少于十四天的公示，并报经生源所在省级招办和招生院校批准，考生录取人数不得超过招生院校当年录取高水平运动员总数的 30%。考生须经所在省招生办公室审查，确认无误后，方可进入学校。同时，教育部也发布了一条关于高水平运动员单独考试的规定：

（1）获得国家一级运动员、国家一级运动员、国家一级运动员、国家二级运动员等，经本人申请，可由录取学校进行单独的文化测试。

（2）语文，数学，外语是必考课程，由各招生院校组织的单独考试课程，每门课程至少有一门，其成绩水平不能低于中学毕业测验的成绩。

（3）单项测试录取的优秀运动员，其数量不得超过其所录取的优秀运动员总数的百分之二十。

（4）招生学校应当从通过了文化课单考和体能测试的学生中，确定能完成本专业培训和教学工作的学生。将拟被录取的学生名单报请所在省高等学校招生办公室审核后，按规定完成录取程序。

当然，美国 NACC 也有一些特殊的招生方式，比如 GPA、SAT、ACT 的分数都没有达到要求，但是如果你的分数够高，那么你就可以通过一些特殊的要求，将你的分数降到最低。但这个时候，被录取的学生并不是正规的大学生运动员，他们会受到以下三点的限制：

第一，没有运动员奖学金，运动员奖学金是美国大学里最吸引人的，也是最丰厚的，拿到运动员奖学金的学生，除了可以享受高额的学费，还可以享受到一年一两万美元的学费，但学费的多少，要看学校对体育的重视程度，以及运动员所从事的项目，以及运动员的实力。

第二，在入学后的一年内，不得以本校名义代表本校参赛，以保证本校在本校的教学质量；

第三，学校可以使用学校的运动器材，但是对运动器材的使用时间有一定的限制。大二之后，再去补课，再进行一次复试，等各项要求都达到了要求，就可以成为一名正式的大学生运动健将，并获得代表本校参加比赛的资格。

综上所述，我国的高水平运动员录取制度一体两面，即严格又不严格。严格的方面来看，高考制度一考定终生，且还有户籍制度的地域限制。而不严格的方面来看，规章制度中设立种种满足特殊条件后的特事特办条款，虽有了很大的机动性和灵活性，但是也留下了巨大的隐患和漏洞。破格录取之后没有限制条款，被录取的特殊人才在欠缺的方面很可能得不到发展而继续欠缺，无法进步而得到弥补。

美国制定的规章制度是为人服务的，所有规章都旨在培养全面发展的人。而我国现阶段的规章制度仅仅是为了招收条件优秀的运动员而存在，没能体现培养主体日后的发展趋势与方向。学校体育是体育教育的基础，我国的"体教融合"制度要想得到长足发展，培养出全面发展学生运动员，就必须从源头抓起，严格规范录取制度，调整录取政策。应设立全国统一的大学生运动员资格标准，运动成绩与文化成绩相辅相成，缺一不可。使培养主体的体力和智力发展均衡起来，为人的全面发展打下基础。招生过程应有统一标准，规范运动员的招生如法。打破以省市和学校为禁锢的招生制度。招生过程不影响学生学习，对招生的细节要有严格的规定和限制，保证招生公平性。

体教融合下高校体育教学改革的模式构建

　　"教育为本"。历史经验证明，一个国家要兴盛，一个民族要强盛，必须靠教育提高民族整体素质，靠教育培养素质人才实现振兴。来自国家和民族。建设体育强国目标的确立，标志着我国体育事业发展进入了一个新时代。高校体育教学作为学校体育教学的最后环节，对于培养学生终身体育思想，促进"健康第一"理念的自主产生，实现全民健康，具有十分重要的作用。体育事业全面发展。他们的素质和综合能力。尤其是"体教融合"的理念，对高校体育教学模式的创新提出了更高的要求。既是体育教学模式的微观改革，也是整个课程体系的宏观改革。用以构建突出适应性和有效性的高校体育教学模式，为促进体教融合视域下高校体育教学的健康发展提供有力的支持和保障。

国外体育教学模式
的借鉴与分析

国外高校重视竞技体育教学，其主要目标不是提高学生的运动技能和运动表现，但最终目标是帮助学生养成终身运动习惯并学到有用的东西。现代国家在国外学校的体育教学改革中，普遍形成了这样一种观念，即要求体育教学内容的多样化和灵活性。

| 英语体育教学模式分析

（一）指导思想

与其他国家相比，英国体育改革具有相对的连续性和独立性。英国高校的体育课程教学不仅注重学生发展阶段的特点，注重体育教学学科的特点、过程和经验，更注重对基础知识的掌握材料。学生学习过程中的技术技能。强调技术与学生实践相结合，在开始下一个内容练习之前，组织学生进行讨论和总结。需要先训练学生动脑，再进行学科理论训练。长期以来，英国建立了国家与社会相结合的教育体系，这种教育体系与欧美其他国家截然不同，对体育教育产生了巨大的影响。英国的体育课程以运动为终身，学生可以根据自己在运动方面的兴趣和爱好，自由选择不同的运动项目进行学习。学校的体育课外活动与社区内的各类体育社团直接相关。英国学校，尤其是高中和大学有一个传统，学生可以自己组织活动，自己制定参加比赛的计划，自己选择合适的体育组织。许多大中学校都成立了体育部、体育部，医院参与活动，都促进了学校体育活动的开展。

（二）教学目标

英国大学体育课程的目标之一是让学生"获得关于身体健康的知识和理解"。和发展"。英国有两条主线贯穿始终：一是重视学生的个性发展，二是重视学生的基础训练，这对促进学生的个性发展和发展具有积极作用。课程设置：英国大学的体育课程设置与体育专业密切相关，不仅注重科研能力的初步培养，还要培养和塑造学生的科研能力，以达到综合培养，并在一定程度上提高学生体育教学的专业素质，进而逐步开展教学活动。其次，留出大部分时间和空间让学生学习体育科学研究过程。再次，学科特点应被突出显示。

德国体育教学模式分析

（一）指导思想

教学要以学生为中心，为学服务，让学生身心得到发展，适应社会。德国大学体育课一般分为教学体育课和学校体育课两大类。德国高度重视和强调体育教学社会化，体育教学为竞技体育服务。现阶段德国高等教育体育与我国高等教育体育在思想观念、教育模式、教育管理等方面存在一定差异。德国体育界特别注重发挥体育的教育功能，提倡在体育教学中发展人的运动行为能力，强调积极参与体育教学和课外体育活动。就德国而言，主要以俱乐部为主要载体，德国体育俱乐部在 20 世纪 90 年代进一步发展。因此，无论以何种目的作为锻炼身体的动力，都可以参加各种级别的俱乐部，成为德国学校体育训练与一般群众体育活动相结合的俱乐部会员。

（二）教学目标

大学体育教育最重要的变化是教学向以终身体育为中心的方向发展，学生可以学到参与终身体育所必需的技能、知识和态度。体育教学的主要目的是培养学生的能力和个体的社会行为，使学生在思考和实践中获得正确的认识。学校体育是德国大学体育的重要组成部分，学校体育项目种类繁多。在教学与学习的关系中，我们非常重视学生的主导角色扮演，并以此来促进学生参与体育运动，为他们终身体育打下基础。更加注重通过体育教育培养学生的民族意识、集体意识和良好的道德思想。

（三）课程安排

改善健康改善身体素质发展。力量耐力速度素质改善运动能力建立信念和品格寻找和培养有运动天赋的学生。一是开展多种体育项目的课程模式。这种模式基本上不改变原有体育赛事的规划和要求，但学生可以从赛事中选择自己喜欢的内容，将体育赛事作为教学内容，达到体育教学的目的；二是开展体育行为课程。努力改变原有赛事的规则和条件，降低体育项目的强度和训练负荷，以适应学生的个性特点和爱好，最终实现学生体育行为能力的发展；三是强调体验和参与的模式，这种模式强调学生身心的提升和社会实践，注重提高沟通能力，在一定程度上对技术技能要求不是很高。而是更注重学生参与和学生引导的作用。在德国的体育课程中，存在三种反映不同思想流派的课程模式，但都以人为本，强调学生在课堂内外的体验和参与。

图 6-1 德国的体育课程模式

美国体育教学模式分析

（一）指导思想

美国体育教育指导思想的基本作风是以学生为全人，以学生为中心，用健康的身体素质更好地生活和服务社会。美国是海外体育教学内容最灵活的国家之一，他们在教材的选择和结构上，从学生的身心特点出发，通过享受体育运动，促进学生精神的培养，团结协作，促进教材选用空间 加强体育教学内容与社会、生活的密切联系，灵活性很强，使学生学以致用。个性化教育，尊重学生的选择，培养学生的自我锻炼能力和自主追求健康标准，让体育锻炼成为一种生活方式，美国比较有代表性的体育教育模式：竞技体育教学模式，训练负责任的教学模式 学生的个人和社会责任，体育健身和体育与其他学科相结合的教学模式。美国高校的体育教学虽然有较大的自由度，但体育理论课程始终是必修课，并计入学分。在老师的引导下，了解体育运动的重要性，了解体育运动对自己的生活有益，不仅注重提高运动技能，而且充分激发全体学生积极参与的内在精神和动力，建立学生的自信、成就感。

（二）教学目标

竞技体育教学模式、培养学生个人责任感和社会责任感的教学模式、体育健身教学模式和体育与其他学科相结合的教学模式，虽然具体的教学目标和实施方法和教学方式确实不同、不同，但本质上都将体育教学的目标设定为通过体育来鼓励学生在身体、社会、认知和情感四个方面的发展。突出以学生为中心，在活动中学习创新，重视发展学生的主动性和创造性，培养独立、有表现力的思维和创造力，教师在学生中起到帮助和建议的作用，强调学生个性的发展。增强学生体质，培养学生的社会协作能力，培养学生的开拓精神、创造力，进一步发挥学生的积极性和主动性，加强安全教育；促进相互尊重，培养良好的体育精神。

（三）课程安排

每个州都制定了教学大纲。有的学校实行两年必修体育课，其后两年为选修课。大多数学校实行一年制必修课。强调合作教学模式和策略，培养有机发展、认知发展、情感发展的技能。运动项目的多样性体现在课程内容中，降低了运动练习的难度和负担，项目更符合结合学生的身心特点。，使学生想参与，最终达到体育教学的目标，培养学生的行为能力。四、国外体育教学模式特点

上述国家作为世界体育强国的代表，其体育教学模式建设具有明显的"体教融合"特征。出于不排除技术学习和体育训练的原因，特别关注学习的主体性以及学生通过主动体育学习获得的对运动的基本理解和理想。户外体育教学模式灵活多样，针对性强。反观我国，各类身心健康学科的培养已经从隐性目标转变为显性目标，即体育教学不再仅仅依附于运动技能的传授。国外体育教学模式具有注重学生积极参与和强调能力培养、以学生为导向、强调运动的体验和感受等特点。各国都把增进健康体质、实施体育道德教育、发展学生人格和形成良好的社会行为、培养学生的体育兴趣和体育能力作为体育教学的思想指导和课程目标，使指导思想体系和体育教育课程目标趋于细化，内容不断丰富。. 课程内容多样，注重加强教学内容与社会、生活的联系，培养学生终身的体育运动能力。教师的主要作用是不断鼓励和帮助学生探索。鼓励学生体力的增长，要注意体育运动的完整性和学生的兴趣爱好。教学活动不局限于课堂，而是延续到课外，突破课堂教学的常规，向多元化、实用化方向发展。

观察各国体育课程标准，无不体现有益学习的教学理念，通过学校体育提高学生有益学习意识，促进学生身体健康发展已成为各国的共识.. 要选择适合学生的运动项目和运动方式，最终让学生通过体育教学活动充分享受和体验体育教学的乐趣，掌握所学的基本体育技能。为最终完善和奠定体育终身的理念，实现体育教学的效益，奠定良好的教学基础。在国外学校的体育教学改革中，普遍形成了这样一种观念，即坚持体育学科内容多元化，学以致用。各国的体育教学内容逐渐融入大量以体育为终生的项目。注意到体育教育对身体健康和学习有益的作用是各国在选择体育教育内容时考虑的主要因素。但需要指出的是，国外非常重视体育项目的教学，其主要目的不是提高学生的运动技能和运动成绩，而是以帮助学生形成终身的运动习惯为最终目标。

公办高校体育
教学现状

我国高校体育教学存在的问题

目前，我国高校体育教学还存在很多问题：如《纲要》的课程目标要求：

1. 体育参与的目标；

2. 运动技能目的；

3. 身体健康

4. 心理健康目标

5. 社会适应目标。在体质健康目标的实现上，我们教师的努力是微弱无力的，无论是新课程标准的提出，还是阳光体育的实施，都无法阻止我国青少年体质下降的实施。国家连续 20 年，新课标出现后，取消了之前的三基教学，加之现在"处处进化"的教学方式，让很多老师搞不清教什么、怎么教、怎么教。方法。很多东西要教。就心理健康目标而言，我们过去认为的培养学生意志力的体育课太过相形见绌了。很多老师还是把跑步当成比赛，把长跑当成意识，把跳箱当成勇气，把游戏当成合作，这种现象是不是说明我们对体育的认识过于简单化了。如果说上述问题可以通过教学改革慢慢解决，那么下面列出的问题则是无论教学模式如何改革都无法回避的难题。

1. 在高校教学体系的设置下，普通体育课教学时间短，每周教学两小时，实现如此多的课程目的，不能满足其需要。

2. 学生体育基础薄弱由于我国特殊的国情，大部分学生在中小学体育十二年的学习过程中什么都没学到。

3. 大学生进入大学时，年龄大多在 18 岁以上，体质发展的敏感期已基本过去，体育专项训练的可塑性明显弱于体育生。

4. 学生体育兴趣低由于我国特殊的国情，十二年的中小学体育教学已经磨灭了学生的兴趣。

5. 课程不主流，大学是专业学习为主的地方，学生在这里学习自己的专业，但体育不是。

后者其实是当今我国体育教学面临的一个根本性问题，扩大一点，其实是一个功利性的教育问题，因为在大学里，学生体育课的好坏，与学生体育课的好坏没有直接的关系。自身的工作范围较小，我国中小学体育教学也面临着同样的问题。因此，教育的功利性是造成我国体育教育现状的根本原因。

2002 年《全国普通高等学校体育课程教学指南》的颁布，加快了高等学校体育课程改革的进程。改革纲要在课程性质、课程设置、课程结构、课程目标等方面进行了重要改革 回应：

1. "学校体育以强身健体为主"过去已转变为"健康第一"为指导思想。

2. 从"学科本位论"向"人文教育理念"的转变。

3. 学生由被动学习向主动学习转变。高校体育教学内容的确定和选择应不同程度地反映终身体育目标的要求，不同程度地关注学生终身的身体能力和体育锻炼态度和习惯的养成。 2005 年 4 月，教育部印发的《教育部关于进一步加强高等学校体育教育工作的意见》再次要求贯彻落实《全国普通高等学校体育课程教学大纲指导意见》积极创造条件，力争学生实现"教师自选、项目自选、班级自选"三种自主教学形式。这种三元独立教学形式的采用，使我国高校的体育教学改革更进了一步。

导致我国体育教学现状的原因

我国高校体育教学模式的总体特点是形式、种类多，但功能单一。学科不明确，教学内容枯燥，教学的主要目的和重点是传授体育知识和技能，加之教学方法单一，教学效果并非没有根本性的显着效果。教学要求基本上难以适应现代大学体育教育的发展需要和教育理念。

（一）以教师为教学核心，忽视学生主体性

学生主体性发展受限，强调功利价值，从根本上否定了学生的独立性和创造性，体育教学的任务是通过强调知识传授而忽视人格发展来实现的。体育教学领导者和学生被动接受学习，从而忽视了学生身体能力和人格的发展。学生的主动性和积极性受到极大抑制，教师在教学过程中起主导作用，学生被动接受。高校传统的普通体育教学以教师为主体，采用"灌输式"的教学模式，使学生处于被动接受知识的状态，抑制了学生的学习积极性和创造性。也阻碍了高校体育教师的逻辑思维和方法，极大地影响和延缓了高校教学改革的创新和发展。最重要的是，高校普通体育课程的教学改革必须充分强调适应学生个性发展的要求。以培养学生的主体性为主要目的，促进学生综合能力的不断提高，使学生的身心得到全面的促进和成长。

（二）高校改革以来，基本运动技能教学被忽视

因为一味强调"终生体育"的教学方式，走近这种教学模式，却忽视了最基本的运动技能，没有真正实现学以致用的教学理念。因此，终身体育就更谈不上了。这种唯利是图的功利教学会给体育教学改革带来意想不到的教学问题。因此，体育教学改革必须遵循基本原则，循序渐进，让学生全面发展。在大专院校体育课程改造中，必须树立正确的指导思想，不至于造成相当一部分体育教师教学指导思想的混乱。体育教师进行理论教学，学生的学习兴趣也随之降低，形成恶性循环，从而忽视了"以运动技能为基础"的基本标准要求，使体育教学中最基本的运动技能无法实现.有效掌握。

（三）高校体育课程教学内容单一

目前，在高校体育教学中，教师在教学中存在着一个普遍的问题，即轻视理论知识传授的现象，而且还比较严重和普遍。与时俱进，不断扩大学生的知识面，同时也要注重这些教学内容的实际应用，提高学生的体育文化水平。精力充沛、精力充沛的课后班和各种文体活动。举办文体活动，不仅可以丰富校园文体生活，还可以营造有教育意义的校园环境。

当前高校体育课程教学
改革的重点

明确体育课程中的指导思想与发展目标

在高校体育教学中，必须树立正确的终身体育观念，终身体育是对终身教育内涵的拓展和拓展，是终身教育发展的必然。多元化发展，培养学生终身体育意识，养成终身体育习惯。提高学生的身心健康是高校体育课程的主要目标。促进学生身心全面发展，掌握专项运动技能，使之尽快运用到工作和生活中，培养学生从事体育运动的意识、兴趣、习惯和能力，提高体育素养，并为终身体育打下坚实的基础 在此基础上，最终实现了高校体育教学与终身体育的关系。增进学生健康，增强体质；促进学生整体人格的发展和社会化；提高学生的素养，为终身体育打下良好的基础；培养学生的运动技能，提高学生的运动技能。随着终身教育理念的产生和盛行，终身体育理念逐渐被世界各国所接受，尤其是发达国家率先推行。体育目标包括四个基本目标、社会目标、技能目标、认知目标和情感目标。然而，在体育教学的目的中，认知目标的形成和发展占据着最重要的位置，如果学生不改变这些认知目标的形成，学生的学习态度，即情感目标的最后一页，是很难实现的。实现。

2、确定多元化、现代化发展方向

传统的教学方法和教学模式深受影响，现代教师更注重培养学生的个性，培养学生的学习兴趣，努力发掘和开发学生的学习潜能。体育作为素质教育的重要内容，不仅是健身的手段，还具有丰富的教育价值。高等教育体育教材必须多样化、内容丰富。只有获得体育技能，掌握体育技能，才能满足学生和社会发展的需要。体育学科必须担负起培养学生认知能力的任务，作为一门在学校教育中非常必要的学科，我们必须认真承担起纪律责任。

完善课程体系，合理编制教学内容

要丰富教学内容，激发学生体育教学兴趣。要坚持高水平队伍建设与公共体育教学发展并重，在促进学校体育全面发展的基础上，实现学生体育技能、体育兴趣的有效培养。教育和健康质量。为使教学内容根据课程安排层次分明，必须讲精讲细，把与教学内容有关的知识全部讲授，做到全面、详细、具体的发展。期末内容用于制定教学计划和相关教学内容，通过教学，增强学生体育教育意识的形成，提高学生的体育素质，以体育技能为基础，实现终身体育教育的基本原则。实现终身体育教学的目标，即教师不在时，学生能自觉地进行体育锻炼。

体教融合下高等教育体育
教学模式的构建

在体育教学中，要充分遵循"体教融合"理念的指导方针，将体育竞赛内容嵌入体育教学中，构建既适合运动员承载高水平体育教学又适合体育教学的结构。体育训练，也能满足参加大众体育运动的需要。理科生了解和参与竞技体育的需求。该模式的要素主要包括课堂教学、课外体育锻炼、课外体育训练和课外体育比赛四个部分。

| 体教融合下高校体育课堂教学体系的构建

（一）高校体育课堂设计优化

实现高校体教融合的目的是贯彻民主，推进素质教育，推进高校体育教学改革，保证学生体育技能、体育学习兴趣、以及身心健康。因此，在高校体育教学设计中要突出以育人为本的理念。突出了体教融合特色。这就要求在高校体育课堂教学体系设计中，必须通过教学内容、教学方法、教学评价等重要环节，贯彻体教融合和以人为本的教育理念。

基于体教融合理念的教学科目设计是实现高校体育教学目标的前提。高校体育教学设计必须遵循高校体育教学设计的科学性和可行性，必须考虑高校体育课程设置的特点。体教融合的理念通过教学设计体现在教学项目中，融入到竞赛活动中，通过引导学生参与体育竞赛，提高学生的规则意识和重视竞争的能力。从体教融合的角度坚持高校体育学科教学设计的连续性和适宜性。

（二）明确体教融合下高校体育课教学目标

体育教学的目的是根据体育学科的功能，在不同的社会、不同的历史阶段进行不同的体育价值取向后，行为的效果进行定位，并随着社会的变化和发展而产生变化。

体教融合是新时期体育教育人才培养的特殊要求，实现体教融合是高校体育教学目标制定的总体依据。.制定清晰完整的体育教学目标，必须坚持"体育领域目标原则"、"目标包括努力因素原则"、"选择原则"等四项基本原则。目标"和"目标取决于体育教育。教科书原则"。体育教学目标的基本要素，包括题目、条件、评价标准。根据不同层次的体育教学目标，在制定不同层次的体育教学目标时，首先要从学生的运动能力、健康行为和运动等方面了解不同层次体育教学目标的教学任务（做什么）道德，然后进行 Breaking It Down，使教学任务具体化。最后确定教学内容，列出教学要点和重点。然后，在研究学生和班级学习情况的基础上，适当调整教学任务、教学要点和重点，制定预期的教学效果，制定具体的体育教学目标。将体教融合具体化、细化化，保持教学目标的一致性，减少教学目标脱节、交叉、错位现象。

（三）选择适合体教融合需要的体育教学内容

体育教学目标制定的四大基本原则之一是"目标以体育教材的原则为准"，而如何写"题目"是体育教学目标的三大基本要素之一。必须学习和掌握的目标是体育课的内容。体教融合作为体育教学的总目标，引领着体育教学目标的制定。体育教学内容是学生实现教学目标的载体。在实现高校体育教学目标的过程中，将自主参加体育活动的能力、保持和传承健康生活方式的能力、将体育精神融入生活的能力融入到教学内容中。在教学内容的选择上，按照体教融合的理念，结合学生的需求、体育水平和学校的实际情况，选择有利于提高学生运动能力、健康行为的内容和体育道德。首先，在培养运动能力方面，综合考虑学生运动水平和运动特点，鼓励学生自主、积极地锻炼身体，掌握运动技能。其次，在健康生活行为培养方面，教师应从伤害的预防和处理、器械使用规则等方面培养学生的健康意识，使学生掌握促进健康的方式方法。最后，在体育道德灌输方面，以女排精神为例，向学生传达对体育精神的坚持，强调对规则、裁判、对手的尊重，加深学生对体育精神的理解。体育道德。并达到体育学科素养。对学生的具体要求。同时，重视二级教育，通过课外培训、体育比赛等方式实现课堂内外结合，促进学生体育核心素养的培养。

生的学习兴趣，努力发掘和开发学生的学习潜能。体育作为素质教育的重要内容，不仅是健身的手段，还具有丰富的教育价值。高等教育体育教材必须多样化、内容丰富。只有获得体育技能，掌握体育技能，才能满足学生和社会发展的需要。体育学科必须担负起培养学生认知能力的任务，作为一门在学校教育中非常必要的学科，我们必须认真承担起纪律责任。

建立健全课外体育锻炼体系

建立和完善课外体育活动制度，是推进社会化、弘扬体教融合理念的重要保障。本节从体教融合的视角对高校课外体育锻炼体系进行概述和分析。

（一）课外体育锻炼的概念

学校课外体育锻炼是指在学校课外时间开展的，面向全体学生，采用多种体育手段和方法，满足大多数学生身心多种需要，促进和谐的一种活动类型。培养学生的身心和社会适应能力，有规律、有计划的教育过程。

首先，课外体育锻炼是学校教育体系中不可或缺的一部分。学校教育体系一般可分为课堂教学和各学科的课外活动两个方面，课外体育锻炼是课外活动的重要组成部分，它与文化课外活动和科技课外活动共同构成学校教育课外活动。因此，它是实现学校教育目标的有效途径。

其次，体育课外活动是学校体育教学的重要组成部分，是实现学校体育教学目标任务的有效途径。

（二）课外体育锻炼的意义

1. 帮助促进学生的生长发育，增进健康

青少年儿童正处于生长发育期，课外体育锻炼有助于提高学生的生长发育水平，养成良好的体态，改善身体各器官系统的机能，增强体质，增加身体活动量和基本运动。能力。定期、全面的户外体育锻炼，可以充分利用自然因素（阳光、空气、水），有效促进学生的正常生长发育，增强学生适应客观环境的能力和抗病能力。

2. 有助于培养学生的运动兴趣、运动习惯，形成终身运动意识

影响学生体育兴趣、体育习惯和体育意识形成的因素很多，包括个体因素、家庭因素、学校因素和社会因素，影响学生体育兴趣、体育习惯和体育意识形成的因素. 不是一夜之间发生的。可以说，经常性、持续性地参加课外体育锻炼，无疑会对学生的思想、观念、态度、情感等方面产生积极的影响，进而促进学生体育兴趣和习惯的培养，形成终身的影响力。运动意识的培养，对学生形成积极向上、乐观开朗的生活方式和生活方式产生了深远的影响。

3. 有助于预防和消除大脑疲劳，提高文化课学习效率

大脑是一个人学习科学文化、掌握各种技能、形成各种能力的基础。脑细胞长期连续工作会引起疲劳，导致反应迟钝、注意力不集中、记忆力减退，影响学习效率，尤其是处于生长发育期的儿童和青少年。成年人，以及持续专注和兴奋的时间。注意力的短暂而快速的转换，更容易疲劳。课间或课后适当的体育锻炼，可以让疲惫的大脑得到积极的休息，改善大脑供血，保持大脑清醒，提高学习效率。

4. 有利于学生心理健康发展

爱玩爱动是青少年的天性。然而，学生的身体状况、运动技能、兴趣爱好、运动习惯和运动意识等方面存在着不可调和的个体差异。课外体育锻炼为满足学生不同的身心需求，充分发挥学生的个性和运动能力提供了理想的平台。通过该平台，学生可以根据自身特点开展体育锻炼活动，充分发挥学生的主动性和积极性，合理展示不同

的个性，将自身的长处展现得淋漓尽致。在反复经历挫折、战胜困难的过程中，在不断进步、享受成功喜悦的同时，提高抗挫折能力，锻炼意志品质，增强自尊和自信。

5. 有助于提高学生的社会适应能力

课外体育锻炼可以打破班级之间的界限，使学生不仅与同学有广泛的接触，而且有机会接触其他班级和其他班级的学生。新朋友，新朋友。在这个过程中，学生逐渐加深对自我与他人、个人与群体、个人与集体的认识，逐渐学会正确处理各种人际关系，形成现代社会必须具备的合作意识和竞争意识，树立自我意识。团结。使命感、社区意识、责任感。

6. 丰富课外文化生活，推进校园文明建设

体育课外活动、文化课外活动、科技课外活动都属于课外活动范畴，校园文化课也属于课外活动范畴。丰富的内容、灵活的形式、直观生动的课外体育锻炼，不仅可以丰富学生的课外文化生活，还可以有效促进校园精神文明建设。

（三）课外体育锻炼的特点和原则

1. 课外体育锻炼的特点

（1）监管与自愿相结合

课外体育锻炼包括很多方面。作息制度规定的体育锻炼有明确的规定，规定每个学生必须按照作息制度参加早操、课间操和班级操。这种参与以宣传教育和组织动员为基础，形成自我意识，促进自愿参与，特别是在选择演练项目方面具有更大的灵活性。可以在统一安排下适当改变和调整，尽量做到因人而异，做到规制与自愿相结合。

（2）课外活动与规划相结合

课外体育锻炼是在课外进行的。在作息制度方面，在上午的课外时间、下午的课前、课间和课后组织体育活动，在作息制度之外开展体育活动。在节日和假期。为克服场地和设备的困难，部分学校虽然将体育课外活动列入课表，但并非体育课，内容和形式仍是课外活动。但课外活动的性质并不意味着随意，而是有场所、有设备、有固定师资、有固定的培训内容，有严格的计划，使学校课外活动能够持续时间长，有条不紊地开展。

（3）自主与引导相结合

体育课外活动由学生自愿参加，充分体现了学生的主体性，可以根据个人爱好选择体育内容，组织体育团体，开展体育活动。这种自主不是自发的，不是单纯的兴趣观点，而是通过宣传教育加强对学生的引导，增进学生的认识，培养和发展对体育的兴趣和爱好，激发自我意识和体育精神。，并增加学生对锻炼能力的自信心，从而鼓励锻炼习惯的养成。

(4) 多样性与可行性的结合

课外体育教学必须内容丰富、形式多样，满足学生广泛的体育活动需求。多样

性也是相对的，这是因为我国学校的名额和体育器材分配还很不平等，一些学校此时还达不到应有的分配标准。因此，必须从学习实际出发，因地制宜开展活动，让体育课外活动活起来。

(5) 可扩展性和有效性的结合

学校体育课外活动范围十分广泛，从校内到校外，从现有项目到新兴项目，具有体育、教育等多维空间。生理学、心理学和社会。这样的拓展应该是有目的的拓展，目的是促进学生身心的和谐发展，有效地强身健体，促进健康，防止追求形式和奢侈。

（6）独立与补偿相结合

学校课外体育不受标准体育课程和体育工作计划的限制，活动内容和形式远超出教学大纲范围，但与课程标准内容密切相关，是补充和延伸能有效覆盖体育课程（和健康）对学生身心发展的局限性。

2. 课外体育锻炼的原则

（1）自觉性原则

自觉性原则是指课外体育锻炼，必须源于学生的内在需要和自觉行动。正如毛泽东同志在《体育研究》一文中指出："要巩固体育教学的实效性，必须转变主体，增强体育意识。"从某种意义上说，课外体育锻炼也是克服自我惰性的一种方式，克服了自我训练的艰难过程。因此，在课外体育锻炼中，自我意识的原则是非常重要的。坚持课外体育锻炼，关键在于自我认识，正确认识体育锻炼，依靠学生内心的需要。因此，激发学生内在的体育锻炼需要是保证课外体育锻炼正常开展并取得良好效果的重要要求。为了应用这一原则，必须达到以下三点。

其一是提高认识，明确目标。加强宣传教育和理论学习，使青少年学生认识到课外体育活动不仅是他们的权利，也是他们的义务，科学认识体育运动对身心健康的价值及其与人生幸福的关系，明确参加课外物理练习的目的和最终目标。

其是二培养兴趣，激发动力。兴趣是最好的老师，当学生对体育锻炼产生兴趣时，他们就会表现出极大的自觉性和对体育锻炼的热情。因此，学校在编制体育锻炼的内容、方式和形式时，应尽可能关注青少年和儿童的心理特点，并结合学生的兴趣爱好，满足学生不同的兴趣和需要。动机是从事某种活动的内在动力，能激发学生积极参加体育锻炼的积极性，是提高学生参加体育锻炼意识的重要手段。因此，有必要启发学生把体育锻炼与自我发展、提高民族素质联系起来，树立崇高的理想，增强锻炼意识。

其三是加强培训，提高技能。掌握一定的体育知识和技能，是保持体育锻炼主动性和自觉性的重要条件。因此，学校需要加强课外体育锻炼指导，提高学生的体育知识和技能。教师要与学生一起运动，利用各种条件和机会与学生交流思想和技巧，有意识地提高学生的运动技能和技巧。

(2) 顺序原则

规律性原则是指课外体育锻炼要经常、持续，以保证良性锻炼效果的持续积累，逐渐养成体育锻炼的习惯，使之成为日常生活的一部分。生命在于运动，运动在于坚持。从生理上讲，体育锻炼可以改善刺激人体新陈代谢，能促进生物与周围环境的物质交换和能量交换。新陈代谢是生命物质的永恒过程。因此，只有通过体育锻炼，使"今日之练继昨日之练，明日之练"并持之以恒，才能取得良好的训练效果。为了应用这一原则，必须达到以下三点。

其一是合理安排，夯实预案。合理安排学生生活和作息制度，处理好课外体育锻炼、文化学习与其他课外活动的关系；制定合理的锻炼计划，保证每天有 1 小时的体育锻炼。

其二是提高认识，增强自信心。提高学生对体育锻炼重要性的认识，明确体育锻炼的近期和远期目标，增强学生长期参加体育锻炼的信念，对他们继续参加体育锻炼具有重要作用。正确的认识和坚定的信念是生存的关键。

其三是科学锻炼，提升能力。从学生实际出发，科学调整体育锻炼时间、训练负荷和锻炼间隔，注意锻炼后的恢复，以不影响学习和正常生活为原则，逐步提高学生的自主锻炼能力，培养能力要坚持锻炼的习惯。

(3) 精度原则

关联性原则是指体育课外活动必须脱离实际，因人因时因地制宜，使训练活动的内容、形式、方法和内容符合学生的实际需要，从而做到达到良好的训练效果。

课外体育锻炼是学校开展的群众性体育活动，是一项为全体学生所喜爱、自由度较大的体育活动，目的是让全体学生都能积极参与，获得理想的训练效果，从而全面提高身体素质。和精神发展。学生心智发展 .. 我国幅员辽阔，不同地区、不同学校、不同个体之间存在很大差异。要想取得满意的效果，就必须采用的内容、形式、方法和手段不同的。为了应用这一原则，必须达到以下三点。

其一是因地制宜，合理规划。学校在规划课外活动时，要充分考虑地区和学校的条件，根据地区的自然条件和学校、学生的特殊情况，公平地确定课外活动的形式、内容和方法的意思。

其二是因人为、时间因素及时调整。学生在参加体育锻炼过程中，应根据自身健康状况、运动基础和个人不同阶段的身心状况，合理选择锻炼项目、负荷、方法和手段，并及时进行调整，避免发生意外伤害。

其三是综合要求，区别对待。体育课外活动也是国家确定的学校必须开展的体育教学活动。因此，学校必须坚持对所有学生的统一要求，并制定符合国家要求的最低标准，让所有学生都能参加体操。同时，也要区别对待，根据不同学生的具体情况，合理提高或降低要求，给予学生足够的自由，让学生有条件地按照自己的意愿进行体育锻炼。

（四）课外体育锻炼的组织形式

1. 按计划进行体育课外活动

（1）晨操

早操是上课前的早操，每个同学都必须遵守。规律的晨练可以培养学生良好的生活习惯，迅速改善大脑功能低下和身体各器官系统在经过一夜的睡眠后仍处于"发育迟缓"状态的状态，为一天的身体做好准备。紧张的日常生活和学习条件。

晨练是一项有益于身心健康的活动，早晨空气清新，负氧离子多。晨练可以通过全身的晨练来增加摄氧量。，它可以提高肌肉力量、敏感性、协调性和关节强度。柔韧性等也相应得到发展，从而改善心血管系统和呼吸系统的功能，促进新陈代谢，增强体质。

"一日之计在于晨"，通过晨练，让学生以清醒的头脑、充沛的精力、饱满的热情面对一天的学习，从而提高学习效率。早操的内容应以简单易行的跑步、拳击、体操等项目为主。晨练时间一般为 15-20 分钟，运动量不宜太大。组织早操的方式要根据学校实际情况确定，可以全校集体进行，也可以分班级、班级进行。

（2）大学校园运动会

运动会是在课表制度之外的一种学校体育课外活动形式。一般是结合重大节日或重大国际、国内体育赛事举办，特别是以运动日、运动周、运动月等形式举办。具体活动包括体育科普讲座、体育科普比赛、体育表演、体育比赛、体育比赛以及多种形式的体育宣传。组织举办体育节的目的是营造浓厚的节日气氛，吸引学生参与，使学生接受多层次、多形式的体育文化教育，提高体育素养。举办体育赛事，要制定切实可行的活动计划，编制预算，将体育节活动纳入学校工作计划，组建临时管理机构和指挥机构，由学校领导牵头，争取各方支持。派对。最后应提供全面的摘要。

（3）节假日运动

节假日体育活动是指学校在节假日举办的各种体育活动。可在学校开展节假日文体活动，如田径、球类等，充分利用学校体育场地和设施；也可以到大自然中去，如组织散步、登山、远足、露营、游泳、越野比赛等；或采用校内校外相结合的形式，如举办体育夏令营、冬令营等。开展节假日体育活动，要加强组织领导，注意安全卫生，严防意外伤害。

（4）体育俱乐部

校内体育社团是近年来兴起的一种组织课外体育活动的形式。有个人社团和综合社团两种。学校根据自身的校舍设施、师资力量、体育传统优势等因素进行筹备。学校视情况拨款，参赛学生一部分以会费形式缴纳，一部分来自社会赞助。学生根据自己的兴趣爱好和其他需要自愿加入社团，参加适合自己强项和需要的体育锻炼活动。有的是课外体育训练，有的是提高技术水平，有的是为了好玩。具有组织、管理、专项指导、资金支持、针对性强、活动效果好等特点，深受学生欢迎。

2. 课外体育锻炼的规划

精心制定课外体育锻炼计划，是保证课外体育锻炼科学规范开展的重要前提，也是提高课外体育锻炼质量的重要举措。学生体育锻炼课外工作计划是全校教育体育工作计划的组成部分。主要包括全校计划、班级计划、社团计划和个人计划。

（1）全校体育锻炼项目

学校的课外体育锻炼计划一般由学校体育教研室（室、组）根据有关上级精神，总结上学年或学期的经验，广泛听取意见后制定各方，之后执行。

学校课外体育锻炼工作计划一般以学年或学期为单位，主要内容包括：指导思想和课外体育锻炼目标；学生体质健康标准的实施和要求等与体育锻炼有关的事项。锻炼制度、体育干部培训措施；

（2）班级体育锻炼计划

班级锻炼计划是根据全校课外体育计划的需要，结合班级实际情况制定的。班级规划要在班主任和体育老师的指导下进行。由体委安排，经全班讨论,班主任同意后,公布实施。班级操计划是班级体育锻炼顺利进行和每天一小时体育锻炼执行的重要保证。内容主要包括：体育锻炼课的目的和要求、锻炼组的划分、锻炼的内容和形式；

班级体育锻炼计划的实施有两种方式：一是根据学校统一安排的体育锻炼时间、地点、项目轮换表，结合课堂实际情况进行具体安排和实施。另一种是时间地点由学校统一定，项目内容由班级自行定。

（3）俱乐部活动计划

校园内的体育社团活动往往是独立组织的。但总的来说，它仍然是学校课外体育的一部分，也必须在学校课外体育计划的框架内进行。根据学校体育工作总体规划和学校课外体育锻炼计划，俱乐部计划专项负责人确定目标、任务、运作方式、人员安排、预算等，还包括筹款和合理安排。场地设备和用品的分配。由于俱乐部执行多项任务，因此计划相对复杂，需要周密计划。

（4）个人体育锻炼计划

个人体育锻炼计划是在班级体育锻炼计划的基础上，结合个人实际情况，针对个人需要每次或每周参加体育锻炼的特殊安排。个人训练计划应强调精确性，培养个人爱好和优势，并修正个人优势和劣势。合理的个人锻炼计划能有效保证个人锻炼按计划进行，促进个人锻炼特点和风格的形成。其主要内容包括培训目标、内容、方法、时间安排以及自我评价的要求和标准。可以在与老师、同学和家长协商后，自行制定个人的实践计划。

3. 课外体育锻炼评价

课外体育锻炼评价是对活动计划的实施情况和取得的效果进行评价和评价。对课外体育工作及其质量和影响进行评估，进行科学分析和实事求是的评价，是学校体育工作的重要组成部分。其意义在于总结经验。肯定成绩，修复缺陷，升级再上新台阶。主要内容和评价方法包括以下三个方面。

（1）各校课外体育锻炼情况评价

全校体育活动评价是指对一定时期内全校体育教学的总体效果进行考察和评价。学校体育评价是对学校体育的回顾，也能从整体上反映学校体育存在的问题，这样既能促进课外体育的发展，又能有效地促进体育的整体发展。学校。全校体育锻炼评价一般以班级和个人锻炼评价为主。对所有学校体育的评价，一般可通过对晨练、课间体操实施情况和学生身体健康状况的考核评价来进行。

（2）课堂课外体育锻炼评价

班级体育锻炼评价是对班级课外体育锻炼的考核评价。主要包括：组织早操、课间操的出勤率和纪律；遵守学生身体健康标准的程度；班级体育锻炼计划、锻炼效果等的制定与实施。

（3）个人体育锻炼评价

个人体育锻炼评价是对学生个人体育锻炼情况的检查和评价。评价的主要内容包括体育（与健康）课程成绩、"达标"状态；自我锻炼能力、习惯等。

总之，体育锻炼工作评价要深入透彻，实事求是，方法简单易行，数据要准确，信息要完整，做到准确准确。客观反映了学校课外体育活动的活动规律和综合表现。

▎完善高校体育训练机制

（一）课外体育训练理念

学校体育课外辅导是指利用课余时间，对若干具有一定体育天赋或体育领域特长的学生进行系统的辅导，发展身体素质和综合身心素质，不断提高专项技能和水平。运动的。专门为人才组织的教育过程。学校课外体育训练是学校体育的重要组成部分，是学校普及和提高体育要求的重要内容。《学校体育工作条例》明确规定："学校必须以体育教学和体育课外活动为基础，组织形式多样的体育课外活动，提高学生的体育技能。"

学校课外体育训练是我国体育训练体系的组成部分之一，是培养体育后备人才的必由之路，是基础训练的一种组织形式。在国内和国际比赛中取得优异成绩的印尼运动员，大多在学校的课外体育训练中得到启发。开展好学校的课外体育训练，不仅可以促进学生的全面发展，而且对培养优秀的竞技体育人才具有基础性作用。

开展学校课外体育训练，对于全面贯彻落实我国教育体育政策，实现学校教育目标和体育目标，实施"全民健身计划"和"奥运争光计划"具有积极意义。

1. 课外体育训练的特点

学校课外体育训练作为我国整体体育训练的一部分，与一般体育训练相比具有相似性和个性，这是体教融合视角下对高校体育训练提出的新要求。认识和区分这些特点，有利于培训工作的顺利进行，增强培训效果。

（1）培训内容专业化

体育教练的主要目标是提高专项运动的技术水平，创造优越的专项运动成绩，使其在训练材料、训练内容、方法和设施等方面具有特色。学校课外体育发展也是在教师的指导下，充分利用课外时间，以提高具体体育成绩为目的的教育过程。因此，训练内容也具有特点，但在实施过程中主要根据具体运动项目的特点和训练需要进行选择，有针对性地提升运动员的专项竞技技能。方式，创造卓越的运动。运动表现服务。

（2）生理负荷极限

现代体育比赛竞争激烈，体能消耗大，对运动员的体能要求高。运动员只有在比赛中具备承受甚至超过负荷的能力，才能创造出优异的运动成绩。当负荷超过运动员的最大承载能力时，运动员的身体就会恶化。对运动员身体健康造成损害，会因伤影响或停止训练。因此，在日常的课外体育锻炼中，科学调节运动员的生理负荷，逐步增加生理负荷训练和限制负荷，不断提高运动员的抗疲劳能力。增加运动员的生理负荷，无论是量还是强度，都必须遵循合理的训练负荷管理原则。

（3）培训过程的适当性

运动训练基本上是个人训练过程。许多项目都是单独参加比赛，个人的表现决定了成绩或名次。即使是集体项目，根据在团队中的位置不同，分工也会有所不同。因此，我们必须关注不同运动员在身体、技术、战术、心理、智力等方面的特点，确定训练要求，采用合适的内容、方法和手段，有针对性地进行训练，才能取得成果。好的。

2. 开展课外体育训练的目的

学校课外体育训练的主要目的是为孩子提供全面的体育锻炼，提高他们的身体素质，同时掌握一些基本的体育技能和战术，进行思想品德教育，为身体健康打下良好的基础。他们的心态。特定训练和终身运动的未来心理素质。具体目标如下。

（1）全面发展身体素质，增强运动能力

学校课外体育的主体是处于身心发展关键时期的儿童，要使他们全面发展，必须加强体育锻炼，促进他们身体的正常发育。改善生理机能，发展整体体质。在此基础上，继续发展专项素质，提高运动能力，学习和掌握专项运动的基本知识和基本技能，为开展专项运动的技战术打下良好基础。

（2）输送后备人才，培养骨干力量

通过课外体育辅导，使学生全面发展和施展才能，为学校开展群众性体育活动培养体育骨干力量，为球队（含体育俱乐部）和高等学校（含特教训练）提供优秀运动员、输送后备人才，形成我国逐层培养体系和业余培训网络。

（3）培养终身运动能力

课外体育训练是学校体育的重要组成部分，是学生选择自己喜欢的项目，参加形式多样的训练，培养终身体育能力的有效途径。

（4）开展思想品德教育

课外体育教育过程本身就是一个教育过程，可以进行爱国主义、集体主义和社会主义思想教育，增加学生对体育运动的认识和热情，培养现代社会的竞争意识和优秀的体育精神，以及顽强拼搏的精神。品质。将要。

3. 课外体育锻炼原则

（1）通用训练与专项训练相结合的原则

通用训练与专项训练相结合的原则，是指在整个训练过程中，根据项目的特点、不同训练时期、阶段的对象和任务的层次，将通用训练与专项训练有机地结合起来。

通用训练是指根据特定运动项目未来的需要，选择运动项目，训练方法和手段而不是特定运动技术的训练。目的是提高全身各器官系统功能，发展综合体质，改善体型，掌握基础知识、运动技术和技能，为专项训练打下坚实基础，提高运动技能，创造出众成绩。

特定训练是指使用特定运动本身的动作和类似练习的训练。目的是提高专项运动所需的身体机能，发展专项身体素质，掌握专项运动的技术、战术和理论，提高专项运动所需的心理素质，发挥专项运动成绩的最大化作用。应用该原则需要考虑的事项：

其一是规范一般培训和专项培训的比例。一般训练和专项训练要连年、全年连续进行，其比例可根据不同层次、年龄、项目特点、训练阶段的不同而有所不同。对于年轻运动员、初学者和训练水平较低的运动员，一般训练的比例要大一些；对培训水平高的，在保证综合培训的基础上，逐步提高专项培训的比例。对于技术不太复杂但对体力要求较高的项目，如中长跑，一般训练的比例要大一些；对于技术复杂、人数多、难度大的项目，如体操，专项训练的比例可能更大；运动，战术比较复杂，对体能要求也高，比如足球等，两者的比例可以比较接近。

其二是选择通用的培训内容。通用培训内容要少而精，注重实用，适应具体培训需要。选择综合锻炼身体素质、帮助学生掌握特定技能的练习很重要。基础训练阶段，一般训练内容应围绕打好基础的任务展开。

其三是形式方法多样，注重实效。通识教育和特殊教育培训的组织方式要多样化，要根据中小学生的特点，使实践形式生动活泼，并在此基础上"择其优，求其优"。"。

（2）系统原则

系统性原则是指每个学期的整个培训过程是连续的，每个学校、每个学年、每个学期的培训目标、内容、指标和要求必须层层衔接，夯实基础，提高水平。实施课外体育发展，在培养和培养优秀体育后备人才的背景下，开展系统的、持续的辅导。

根据掌握知识、技术、技能，形成条件反射的临时联系的要求，提出系统性原则。

由于知识、技术和技能相互关联，条件反射的形成和加强，必须依靠不间断的系统训练，形成正确的动作技能，不断提高体能训练和技术训练水平。应用该原则需要考虑的事项：

首先，注意培训过程的系统性。运动技战术的形成有一定的规律性，所以训练过程的准备要注意各个环节的系统整合，训练计划的制定要注意各门派之间的关系。每个年级、每个学年、每个学期，确保培训的系统性。

其次，注重内容和训练方式的系统选择。充分考虑知识、技术、战术、体能、训练负荷、训练方法等相互关联的特点，遵循由易到难、由简到繁、由浅入深、由知到不知、不知不觉的规律。在学生身体素质发展的高峰期，系统合理地选择训练内容和方法，全面发展身体素质，更好地发挥专项训练的作用。

(3) 区别对待原则

区别对待原则是指在训练中，要根据学生的个体特点，有针对性地确定训练目标、内容、手段、方法和训练负荷。个人特征包括年龄、性别、身体状况、基础训练、思想状况、心理素质、人格特点、文化知识水平等。区别对待原则的提出是基于体育锻炼过程基本上是个人训练过程，具有明显的个体特征。应用该原则需要考虑的事项：

首先，全面了解学生的个体特点，形成培养档案。对早熟和晚熟的学生要区别对待，女生在月经期间训练有不同的反应，一定要了解和记录，以便根据实际情况采取有效行动，因材施教。

其次，培训计划必须反映整个团队和个人的特点。培训计划既要对整个团队有通用的要求和措施，又要对个人有不同的要求。可以针对集体项目中的主力队员和不同分工的队员制定具体的训练计划，让训练更加符合实际。

第三，在培训过程的各个环节实行差别待遇原则。每次晨练课和练习，除了一般要求外，还要根据不同队员的情况，在设置内容、训练方法、训练负荷等方面提出不同的要求。

上述训练原则是相互关联的，必须在训练中得到充分贯彻执行。同时，在贯彻这些原则的过程中，还必须结合体育教学原则，在实践中不断总结和探索新的客观规律，丰富和开展体育课外训练的原则。

(二) 体育课外训练内容

课外体育训练的内容包括体能训练、技术训练、战术训练、心理训练、智力训练和思想道德教育六个方面。

1. 体能锻炼

体能训练是指运动员掌握和提高运动技战术，创造优异成绩，打下坚实体能基础的训练过程。体能训练是技战术训练的基础。科学地进行体育锻炼，可以促进运动员身体机能的提高和身体素质的发展，为从事专项运动打下良好的体能基础，提高运动技术水平。良好的身体素质还能保证运动员掌握复杂的技战术，承受大重量训练和参加激烈的比赛，不断提高运动成绩。同时，体育锻炼对于防止运动员受伤和延长运动寿命也很重要。体育锻炼包括一般体育锻炼和专项体育锻炼。

专项体育训练是指采用与特定运动密切相关的专项练习，培养与特定运动技战术直接相关的运动素质，保证技战术在比赛中有效运用的训练过程。一般体育锻炼与专项体育锻炼既有区别又有联系，都是为了完成体育锻炼的任务，提高运动技能，因此两者必须紧密结合，统筹安排实施。在课外体育训练中，对体育锻炼的基本要求如下。

（1）体育锻炼要全面

根据青少年的特点，通过全面的体育锻炼，全面提高身体各器官系统的功能和各项身体素质，逐步形成特殊的身体素质。

（2）在多年、年度训练计划中安排有计划的体能训练

应根据项目特点、不同时期的训练目标和对象的具体情况，确定多年期和年度训练中体能训练的比例。例如，体育项目的体育锻炼比例普遍高于球类项目，准备时间也长于比赛项目。

（3）体育锻炼要注意体质发展的敏感期

青少年在不同年龄阶段，各项身体素质的发展呈现出不同的敏感期，我们要抓住这一有利时机，对学生进行有针对性的训练，促使这些素质在适当的年龄得到充分发展。

（4）加强思想教育，严格要求运动质量

体育锻炼繁琐、单调、费力，在运动中容易忽视运动质量。因此，教练员一定要讲道理，加强检查，严把动作质量关，确保体育锻炼的效果。

2. 技术培训

技术训练是指学习、掌握和提高运动技能的训练过程。技术是提高运动成绩的重要因素。运动员只有精通技术，才能充分发挥身体能力，创造出色的运动成绩。技术是战术形成的基础。全面熟练地掌握技术，可以增加战术数量，提高战术质量。因此，运动员必须重视技术训练，不断提高技术素质。技术培训分为基础技术培训和高级技术培训。基础技术是专项运动技术的主要技术结构部分，该技术相对于基础技术具有较高的难度，是指专项运动技术中难度较大、难度较大、要求较高的一些动作。.全面熟练掌握基础技术是学习高深难点技术的基础。在课外运动教练中，技术教练的基本要求有以下四点。

(1) 树立正确的技术观念

正确的技术观念是技术培训的保证。儿童青少年求知欲高，善于模仿，容易接受新事物，这是学习技术的最佳时期。但是，由于幼儿的神经系统还不稳定，容易受到外界刺激的影响，虽然动作学得很快，但容易走神，技术掌握很不稳定，往往容易出现变形。因此，在实训过程中，从一开始就注重技术规范要求，教师要对技术精髓

进行适当的演示和讲解，使学生树立正确的技术概念，反复练习，及时改正错误，防止错误发生。技术。形成错误的动态刻板印象。

(2) 技术培训必须全面、实用、准确、熟练

综合技术要求学生全面掌握构成特殊事件的各类技术；practical technology 是指技术实用，符合比赛要求；技能等级。当技术满足这些方面的要求时，战术训练才能有效进行。

(3) 注重个人技术特点的形成

在训练中，除了要求学员应用统一的规范要求外，还必须考虑到个人的特点，这些特点可能在某些方面不符合技术规范，但对个人来说是适合和有效的，这就是我们常说的。"傻子"。在现代激烈的体育比赛中，"招数"往往成为众多运动员取胜的法宝。

（4）合理安排技术培训时间和内容

根据项目和学员的不同特点，在技术形成的不同阶段，要注意合理安排培训内容和方法。低年级学生以基础技术训练为主，注意与体能相结合。高年级学生的身体发育逐渐完善，可以进行一些高难度的技术训练。

3. 战术训练

战术是根据比赛中双方的情况，合理分配力量，发挥自身特点，限制对方实力，争取比赛胜利的行动方案。战术训练是指学习和掌握战术的训练过程。战术训练包括战术意识、基本战术、各种战术训练和战术保障训练。战术意识是指在复杂多变的临场比赛形势下，根据比赛规则和各方面形势决定自己的行动，这种有意识的心理活动就是战术意识。我们通常说的运动员战术意识的好坏，主要是评判他在比赛中的前瞻性、目的性、准确性、准确性、灵活性、隐蔽性和创造性。

基本战术是在特定的体能训练和技术训练的基础上形成的，根据比赛需要，灵活合理运用特殊技术的表现，是各种战术形成的保证。例如，篮球"配合"、"配合"是进攻篮球的基本战术，是各种战术进攻的组成部分。

在战术训练中，不仅要学习和掌握基本的攻防方法，还要培养运动员的战术意识。战术动作的复杂性在于不断变化的比赛条件、空间和时间的限制以及对手动作的隐蔽性。只有掌握了足够多的优质攻防手段，才能应对比赛的变化。运动员的观察分析和临场决策是战术实现的前提。战术主动性和行动协调性，以及临场应变能力，是战术训练水平的重要指标。在课外体育训练中，战术训练的基本要求如下。

（1）注重战术意识的培养

培养学生运动员的战术意识是战术训练的重要内容。运动员在赛场上的各种活动属于战术行为，禁止与比赛目的无关的任意行为。没有战术意识，进行有效的战术配合无疑是不可能的。

(2) 基本战术与多种战术相结合

对于球队和运动员来说，需要熟练掌握一两套基本战术，并在此基础上，逐步建立起应对不同对手的各种成套战术。战术的多样性有利于基本战术的运用和发挥。

(3) 增加战术的灵活性和实用性

战术训练必须在比赛条件下进行，这样战术训练才能完美适应比赛。此外，训练必须在困难的条件下进行。比如在篮球训练中，以少打多，或以多打少，增加攻防的难度和对抗性；要在攻防受阻的情况下灵活变换战术，在恶劣的装备和天气条件下进行训练等方法，培养和提高实战能力。

4. 心理训练

心理训练是指在运动训练中有意识地影响运动员的心理过程和性格特征，使运动员在训练和比赛中学会调整心理状态的训练过程。心理训练包括放松训练、表征训练、自言自语训练、目标设定训练等。

通过心理训练，培养运动员调节和控制自己心理状态的能力，学会自我控制的技巧；有利于运动员个体心理特征的发展和完善，增强其适应各种内在因素的能力。和外部环境条件；有利于提高专项运动成绩。需要具备感知、思维表征、注意力集中和分布等心理能力，以及抵御各种内外干扰的能力；帮助克服各种心理障碍，建立积极的心态，帮助运动员形成良好的心理状态去训练和比赛。

随着竞技体育的快速发展，运动员的技战术水平越来越接近，心理素质往往对比赛的胜负起着决定性的作用。人们越来越重视心理训练，并把它列为体育训练的重要内容之一。在课外体育锻炼中，有针对性的进行心理训练，培养良好的心理素质，可以使学生在任何条件下都能发挥最佳的练习水平。

5. 思想道德修养

思想道德训练是指在训练过程中对运动员进行思想道德教育的过程。课外体育发展是培养人、塑造人的教育过程，其主要目标是将运动员培养成为有理想、有道德、有文化、有纪律的新一代青年。思想道德教育的内容包括：爱国主义、集体主义、社会主义教育，灌输勇敢顽强的意志和奋斗精神；

在课外体育训练中，要结合训练和比赛实际，有意识地采取多种形式的思想品德教育，注重效果，严格要求，耐心引导，多做启发讲解工作。培训人员要严于律己，以身作则，言传身教，为学员树立榜样。

6. 智能训练

智力训练是指有计划地组织运动员学习文化知识和提高体育科学素养，培养观察力、记忆力、想象力和各种能力，提高智力水平的训练过程。

在课外体育锻炼中，应将智力训练纳入训练计划，培养学生自觉学习文化、学习体育知识、开发智力的习惯，并采用多种方法和手段，增强智力训练的效果。第三种课外体育锻炼方法

课外体育锻炼的效果很大程度上取决于训练方法的正确运用。在学校课外体育

锻炼中，除了采用各种正确的体育教学方法外，还需要大量采用重复训练法、变换训练法、间歇训练法、连续训练法、竞技训练法等。课外体育训练的特点 心理训练方法、模拟训练方法等。

（三）课外体育活动的组织与开展

学校课外体育训练的开展和实施需要学校各部门的协调配合。首先，根据学校的传统和条件，确定体育科目。然后是运动队的创建，不仅要选拔具有一定特长的学生，还要选拔喜欢业余练习的体育老师作为运动队的教练。确保课外体育训练正常开展的规定。

1. 组建课外运动队

（1）确定团队建设项目

学校开展体育课外训练，首先要解决训练教材的问题。具有传统体育项目的学校或后备人才培养试点学校，其培养项目一般由当地体育教育主管部门根据实际发展情况和体育实际情况统筹确定。普通学校在立项时，首先要考虑学校体育活动和传统体育项目的基础，再考虑学校的师资、场地、设备和学生资源。因此，对于刚开始组建运动队的学校来说，最好先集中练好一两个项目，然后在练习的基础上根据实际情况做相应的拓展和完善。

（2）确定培训组织形式

学校运动队：学校运动队是我国最常见的课外体育培训组织形式，也是我国课外体育培训组织中最具活力的形式之一。无论是传统体校、培养体育后备人才的试点学校，还是普通中小学，都有校体队。在传统的体校中，一般都有一两支规模大、水平高的运动队，受到教育和体育部门的重视和支持，其运动队的教练工作也列入学校年度计划。体育后备人才培养试点学校，体育队伍规模较大，旨在加强对多名学生德、智、体、美全面发展的系统科学训练，不断提高体育水平科技，创造卓越的运动成绩培养优秀的运动后备人才。许多普通中小学还组建了校运动队，贯彻党的教育方针，落实矫正政策，开展体育运动。组建校运动队的目的很明确，尤其是为了提高运动水平，代表学校参加各种级别的比赛。当然，由于受训学生与其他学生的密切关系，他们也为学校体育课外活动的社会化、普及体育知识和技能发挥了积极的作用。

体育俱乐部：随着学校体育改革的深入，课外体育活动变得丰富多彩。学校根据学生的需要，组成了各种形式的体育俱乐部。其中带有运动训练性质的体育俱乐部成为新型的学校课外体育训练形式，这类体育俱乐部由企业赞助，体育和教育行政部门出面组织，中、小学优秀的体育苗子被选送到体育俱乐部进行系统的培训，然后以企业的名称参加比赛，既为企业扩大了社会影响，又可代表本校参加各类比赛。这种形式依托于经济实体，训练条件有充分的保障，是体育社会化和教体结合的又一新形式。学校课外体育训练还有其他一些组织形式，如民办公助的训练中心、民间协会、训练站点等，其中有些纯属于民办的性质，这些组织训练的学生也有可能出现高水平的运动成绩。

（3）指导教师的配备

学校课外体育训练的指导教师或教练员，大多由本校的体育教师担任，也可以选择其他有体育专长的老师担任。有些条件较好的学校，还会聘请业余体校的教练或体育俱乐部的教练来担任运动队教练。

（五）体育课外训练计划的制定

体育课外训练计划是指为提高运动员的运动成绩，促进运动员的全面发展，为今后的训练过程预先设计并实施的训练计划。体育课外训练计划必须从学校教育的实际和特点出发，根据学生的实际和特点，以及不同体育训练的目标和要求来制定。根据各种训练过程的长短和相应的训练周期结构的不同，课外体育训练可分为五种类型：多年训练计划、年度训练计划、阶段性训练计划、每周训练计划和课时训练训练计划。

1. 多年培养计划

多年培训计划是对多年系统培训的总体规划。制定多年期培训计划，确保多年期培训总体目标统一。在这一目标的指引下，每年的训练都密不可分，大学、中学、小学各个阶段的课外体育训练都环环相扣。多年培训计划应涵盖以下九个方面。

（1）多年期培训的总体目标，以及实现总体目标的具体思路。

（2）学生运动员的基本情况，包括身体发育、体型、身体素质、运动技能、文化程度、人格特质等。

（3）确定体能技战术训练的总体目标。

（4）多年训练计划中的年度过渡和训练负荷增加的总体规划。

（5）培训的主要手段、方法和措施。

（6）各项比赛的总体安排。如学校运动会、区、市、省、全国的比赛。

（7）审查培训水平评估制度和方法。

（8）完成计划所需的物质条件。

（9）培训计划实施情况的检查步骤。

2. 年度培训计划

年度培训计划是将多年培训计划的目标和要求落实到每一年，其内容比多年培训计划更加充实和具体。年度培养计划是根据本年度多年计划中的目标任务、上年度计划完成情况和学生实际特点编制的。

（1）填写年度培训计划

（2）年度培训计划编制注意事项

3. 阶段性训练计划

阶段性训练计划是指为实现学年训练计划的目标而设计的短期训练计划。如果年度培训计划执行有偏差，特别要通过渐进式培训计划进行调整。学校课外体育辅导阶段一般以三个月为阶段。

阶段训练计划根据训练任务和重点的不同，可分为基础训练阶段计划、赛前准备阶段计划、比赛阶段计划、恢复阶段计划和临时短期训练计划。

（1）基础训练阶段方案

常用于年度训练周期的准备期，主要是有效利用各种通用和专项训练内容和手段，提高运动员系统功能水平，发展通用和专项素质。训练负荷量比较大，量和强度的增减相互配合，保持在较高水平。

（2）赛前准备方案

这是参加比赛前专门制定的训练计划，主要是模拟比赛训练，提高技术能力，适应比赛场地、气候、环境等，为进入比赛做充分的准备。主要内容是竞技训练手段和方法，内容强度高，有时达到或超过正式比赛的强度。

（3）竞赛计划阶段

这是阶段训练计划中最重要的一个计划，目标是做好赛前的小循环设置，以最好的状态完成比赛任务。本阶段训练的内容、方式和手段是根据正式比赛任务的要求来选择和安排的。训练负荷波动很大，主要取决于强度。

(4) 恢复阶段方案

这是赛后休息期的训练计划，任务是消除高强度比赛带来的身心疲劳，恢复身体机能。适当调整和改变训练内容，以游戏方法和放松练习为主，降低训练要求特别是训练强度。

（5）中期短期培训计划

临时短期集训是指临时编组参加某些比赛的集训形式。旨在为学生创造更好的训练条件，使他们能够在比赛中展现出更高水平的竞争力。临时短期训练营的内容和计划相对独立。制定循序渐进的训练计划，必须从学员的具体情况出发，明确阶段性训练的时间，设定训练负荷的节奏，以及循序渐进的重点内容培训和需要解决的疑难问题。

4. 每周训练计划

每周训练计划，又称小周期训练计划，是在循序渐进的训练计划基础上，结合实际的课外训练，进行为期一周的训练安排。中小学体育课外辅导每周举办 3-4 次，每次练习时间 1.5-2 小时。当然，学员年龄越小，持续训练的时间就越短。内容通常包括：本周培训的目标和要求；训练时间，每次训练的时间；每次训练的内容和负荷；测试和比赛等

每周的训练计划应根据一周的主要目标交替进行不同的训练内容（如技术、战术练习、体能练习），使之相互适应。每周训练的类型应根据该周在训练中的地位和作用来确定，可分为指导训练周、基础训练周、赛前训练周、比赛周、恢复周等。

5. 课时训练计划

课时训练计划是根据每周的训练计划，对训练课进行专门的安排。所有的训练任

务都必须在每一节训练课中完成，训练水平的提升和训练目标的实现，有赖于每一次一圈训练课的效果积累。班级培训计划的内容一般包括培训班的目标、班级进度顺序、班级内容和设施、班级组织形式、班级时间和负荷等。

根据训练课程的主要目的和内容，学校训练课程一般可分为体能训练课程、技战术训练课程、考试与比赛训练课程、调整训练课程和综合训练课程五种类型。训练课的结构和体育课的结构由三个部分组成，即预备部分、基础部分和期末部分。区别在于目标与具体要求、内容与方式、时间与内容、组织方式与具体指导等。

以上五项训练计划构成了一个统一的训练计划体系，从长期到短期，从宏观到微观，从粗到具体，是科学训练的前提。培训计划的制定要围绕学校、学生和基础，避免成人化的培训方式，使各种培训计划更符合培训实际。培训计划也是检查、总结和评价培训工作的依据。

| **完善高校课外体育竞赛体系**

（一）课外体育竞赛的重要性

首先，通过体育比赛，可以探索和了解学校的体育活动，收集和交流知识，取长补短，取长补短，促进发展。

其次，专项体育比赛可以鼓励和培养师生的积极性和积极性，促进师生之间的体育交流学习。

第三，专项体育比赛有利于促进和提高教学训练成果，促进学生运动能力，发展运动技能，招募和支持运动技能和骨骼。

第四，专项运动比赛能鼓励学生克服困难，勇敢拼搏，促进学生的合作意识、责任意识和良好的体育精神。

第五，专项体育比赛可以弘扬和加强学校文化，对发展友谊、加强分享、促进精神领导力的发展起到良好的作用。

（二）课外体育竞赛的作用

1. 提升竞赛能力

体育比赛是为了展示、比较和评价参赛者的运动技能和成绩，比赛贯穿其中。只有通过评定学生个人或比赛的实力和胜负，才能使学生体育竞赛具有竞争性，竞赛是学生体育竞赛的重要内容，体育竞赛的精神是提倡公平竞争，追求卓越。比拼不仅仅是两个或两个以上运动员在运动、技术、锻炼、体力、智力、想象力等方面的较量，还具有更广泛的意义。比赛中双方教练员之间进行比拼；还有观众之间的比赛，尤其是"啦啦队"，其强度、广度和耐力都不亚于运动员的比赛。我们经常看到，在学生体育比赛中，比赛双方的支持者挥舞着旗帜为球队加油助威，清楚地展示了比赛的实力和差距。

2. 发挥竞赛的教育功能

举办学生体育比赛充分体现了教书育人的特点，既有纸上的，也有实际的。国际学校体育联合会主席拉姆斯曾说过："狭义教育的目的是传授知识，而广义教育的目的是传授这种生活中的技能、能力和领导力"。教育的内容包括体育竞赛。还应进行批判性教育，让学生通过游戏本身了解人们创造的竞技体育文化、体育知识和技术知识，教会学生养成良好的思想品德，养成良好的心态，并接受游戏本身的特点特殊方面，如竞争、团结、正义、友谊等学习和影响。

3 营造健康娱乐的氛围

学生体育比赛有一个重要的方面，但更重要的是娱乐方面。玩乐娱乐是当今人们提倡的一种生活方式，也是提高生活质量的标志。在组织和比赛内容上，学生体育比赛比竞技体育更具趣味性和活力，是学生课余娱乐的主旋律。好手们在比赛中展现出的精湛技艺，更能激发学生的积极性，让他们爱上美。学生运动员的敬业和努力，激发了学生的想象力，激发了他们的激情。学生观众通过运动体验了运动的快乐，聆听了生活的丰富多彩，成就了人生。与艰苦的生活学习相比，比赛是学生和教师放松身心、调整学习生活、改变生活内容、支持学业的好方法。

（三）课外体育竞赛的原则

1. 小而多变

体育比赛是特别受欢迎、演员实力雄厚的体育项目，为了引起广大学生的兴趣，吸引他们参加体育比赛，我们要注重体育比赛的小型化、形式化、组织化。工作简单、灵活、携带方便。一般来说，中小学不具备开展体育运动的场地、设备和设施，适合开展小型、多样、孤立的比赛，以满足不同年级、不同性别、不同学校的实际情况。

2. 业余志愿

学校的体育比赛就是利用这些活动和假期进行的，不能干扰传统的教学。另外，这些学生活动的内容非常丰富，选择的余地很大。广告和教育，促进和发展职业，鼓励学生积极自愿地参加课外体育活动。

3. 公平合理

课外体育竞赛是体力、技能、智力和想象力的较量。所有参赛选手都努力发挥自己的水平，创造最好的运动，为比赛的胜利而努力。因此，比赛中不能有广告和欺诈，公平、合理、公平的比赛要提高参赛者的兴趣，发挥体育比赛的教育作用。

4. 健康与安全

体育比赛对提高体质特别有用，目的是改善身心。因此，在体育比赛中，要适当锻炼身体，注意安全卫生，防止醉酒、精力过剩和受伤。另外，在比赛中，需要快乐，兴趣高，容易开展，因此要特别注意健康卫生和安全教育。

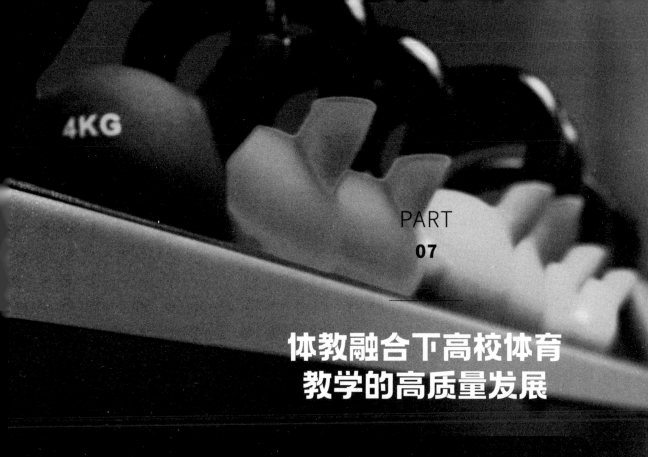

体教融合下高校体育
教学的高质量发展

　　体教融合脱胎于体教结合，是我国竞技体育与学校体育有机融合的具体体现，是改变我国体育发展模式的重要途径。伴随着新时代的来临，我国的体育事业也呈现出蓬勃发展的良好态势。尤其是体育强国建设大幕的开启，更是标志着我国的体育事业迎来了全新的发展纪元。因此，对体教融合视域下的高校体育教学的高质量发展进行研究，是推进体教融合理念在高校体育教学中有机融入并全面推广的重要保障。

　　习近平总书记曾经作出关于建设"体育强国"的重要指示，他还在全国教育大会上强调，要提倡中国特色的体教融合，要让青少年的文化教育与运动训练和谐发展，使其能够健康成长，能够磨炼自己的意志，能够拥有更好的人格。2020 年 8 月 31 日，《关于深化体教融合促进青少年健康发展的意见》（以下简称《意见》）发布，这标志着体教融合第一次以国家战略的地位出现在学界视野中，也表明我国体育和教育领域即将走向崭新的天地。《意见》的发表具有里程碑意义，是对"体教分离"和"体教结合"的历史经验总结。这不仅是体育事业发展的重点改革事项，也是体育战线的重大政治任务，更是对青少年体育工作提出了全新的整体性要求和工作。《意见》指示，体教融合下青少年的体育训练要更接近实战，从"跑跑跳跳"到"教会、勤练和常赛"。这意味着以"校园足球"为先锋的学校体育后备人才培养任务，得到了来自教育体系的支持。

体教融合下高校体育教学
高质量发展的理论解析

体教融合高质量发展的内涵

我国体育与教育两个部门的关系始终是学界讨论的焦点，体教融合发展过程经历了"体教配合""体教结合"和"体教融合"三个阶段。第一阶段起源于 20 世纪 50 年代的群体性体育运动。体育与教育两个部门开始相互配合，共同增强国民整体体质。但彼时的"体教配合"却忽视了对竞技体育人才的文化素质、心理环境、思想道德建设等问题的关注，体育与教育两个部门之间的合作只存在于表面。第二阶段始于 80 年代末，为在世界各类体育大赛上夺得优异成绩并培养出世界级体育人才，"体教结合"被广泛提出，这导致学校纷纷"以成绩论英雄"，一方面学校忽视对优秀运动员文化素养的提升，导致其在退役后很难进行再就业。另一方面学校忽视了全体学生体质的提高，国内青少年普遍出现肥胖，近视等现象。为解决这些问题，第三个阶段"体教融合"登上历史舞台。体教融合强调应在"健康第一"的理念下提升每一位学生的体质，以"体"育人。不但需要提高整体国民素质，也应大力弘扬爱国主义精神和集体主义精神，使体育与教育两个部门真正实现融合。但本文认为，体教融合是体育与教育领域新时代的起点，在体教融合的基础下实现高质量发展，是体教融合现有问题的有效解决路径。

在此基础上，进一步阐释体育与教育的内在含义，以更好地促进体育与教育的高质量发展。近年来，体育与教育界就如何培养青少年体育后备人才，如何发展青少年体育等问题进行了深入的探讨与分析。但是，目前阶段，在政策落地和推广实践中，两个主体仍然没有对其目标任务进行一致，工作部署也很难进行恰当的安排，因此，它们之间的协同协作还不够，对有限的资源进行充分的共享就更加困难。《体育总局教育部关于印发深化体教融合促进青少年健康发展意见的通知》是国家体育总局与教育部于 2020 年 9 月 2 日发布的文件，其中包含了国家和政府提出的"高质量发展"的新理念。从发展思想来看，《意见》中提出，体教融合要以文"化"人、体"育"人为导向，让体育与教育相结合，相互促进，促进体育更好地发挥其育人价值和作用，实现学校体育向竞技体育转变，实现从概念与理念的转变。在发展的方式方面，既要在宏观上，需要在全国范围内，对体育和教育部门进行协调合作，增强两部门之间的沟通与交流，相互帮助，从而达到体教融合的目的。同时，还需要在微观上，对党政机构的观念进行改变，打破部门的封闭思维，抛弃部门的立场，将对竞技体育后备人才的培养和对青少年的健康发展作为工作的指导方针，且学校、家庭、个人及相关的社会组织，对其进行最优的设计，并对自身的改革进行强化，从而推进融合发展。在实施的过程中，需要体育和教育两大主要职能单位进行思想融合、目标融合、资源融合、措施融合等多方面的融合。要从提高思想认识、更新培训模式、改革评估机制等几个角度来进行调整和改进，注重具体的措施和工作分工，并积极地与社会和市场联系起来，让更多的社会力量来帮助青少年的健康发展，将体育教育的协同效应发挥到极致。从成果的表现来看，需要各级学校不断地、有效地产生出高水平的竞技体育后备人才，从而能够更好地发挥出学校体育综合育人的效能和价值，体教融合高质量发展涵义的要点见表 7-1。

表 7-1 体教融合高质量发展涵义的要点

体教融合高质量发展	关键领域	内容概述
要点一	学校体育	构建全学段、立体、衔接、完善的体育健康促进体系，以高质量的体育教学和课外体育活动向社会、家庭、个人展现学校体育工作的价值和功能
要点二	青少年体育赛事体系	溯源"参与是目的、竞技是平台、教育是手段"的青少年体育赛事本质，构建分级、分层、相互衔接的青少年体育赛事体系，以达成为青少年身心健康和竞技体育后备人才培养服务的多元化目标
要点三	普通高校高水平运动队	以体育传统特色学校和高校高水平运动队促进体育与教育资源优势互补、共生、互惠，保障有潜质的体育特长生有上升的通道，通过弘扬学校体育正能量，把竞技精神注入全体青少年生命之中，为培养全面发展的人才树立精英榜样
要点四	普通体校	提高体校学生的文化教育水平、保障教练待遇，以提高人才培养质量、丰富体校多元化功能、夯实体校精英化人才培养阵地
要点五	体育师资与教练员资源	鼓励和激励优秀退役运动员进入校园担任体育教师或教练员，为优秀退役运动员转型拓展职业发展空间；逐年增加基层教练员、青少年体育俱乐部专业技术人员的培训规模，帮助基层教练员提升知识水平和技能

体教融合高质量发展	关键领域	内容概述
要点六	社会体育组织	构建新时代由社区资源、社交媒介、网络社会居民等社会资本要素构成的一体化的社会体育组织体系
要点七	政策保障与协同化组织	提供青少年体育服务的多元主体，强化体育促进青少年健康发展的责任定位，激发参与体教融合的热情，实施科学策略，提高青少年健康促进的效率和竞技体育人才培养的质量

在此基础上，本文对体教融合高质量发展的含义进行了定义，即：以全面育人为中心，以强化体育后备人才的培养和促进高校学生的身体健康发展为目的，体育与教育相互融合、相互促进的高质、高量、高效的发展途径，主要包括：巩固学校体育基础，完善高校体育赛事体系，强化普通学校高水平运动队建设，推进普通体教精准改革，提升社会体育组织能力，整合体育师资与教练员资源，强化政策保障与协同组织等 7 个方面。

体教融合背景下高校体育教学高质量发展的理论逻辑

"创新、协调、绿色、开放、共享"的新发展理念，是基于根本、统筹全局、立足长远的发展指导，彰显出引领性、纲领性与战略性。当前，我国的体育与教育协同育人正处在一个转变育人观念、优化育人方式、提高育人质量的关键时期，而新的发展理念将成为解决不均衡、不充分发展问题的理论指南，这也是在体教融合的视野下，高校体育要达到高质量发展的需要。

（一）创新发展是体教融合视域下高校体育教学高质量发展的第一动力

从十八大以来，习近平总书记就把创新摆在了整个发展的中心，它不仅是科技、人才、军事等领域的关键，也是推动体育教育高质量发展的首要力量。加速构建创新型育人模式，已是落实新发展理念，建设教育强国的重要战略目标。要想使学生的素质得到全面提高，就必须依靠学生的素质教育。随着体教融合思想的日益普及，这一思想也逐渐被人们所接受，并已成为各级政府部门开展体育教学和教学改革的一个重要手段。但是，目前我国高校对"三位一体"的办学模式还存在一些问题，存在着对"三位一体"的综合素质的迫切需要，传统的"粗放式"、"分离式"的办学模式，造成了学生过于注重一个领域的发展，而忽略了其他领域的提升。体校在竞技项目上采取"目标化"的做法，反映了运动员的整体文化素质和学历偏低，以及由于长期的封闭式的管理，导致了运动员的社会适应性较弱，在角色的转变上存在着一定的困难。但是，在高校教育中，更注重的是学生的学业成就，而对他们的体质能否得到提高，能否培养出每天的运动习惯，能否掌握一种运动技术却鲜有人问津。如果这样的状况出现在了整个国家，那么参与到体育锻炼和专业培训中的人才就会变得更加稀少，从而造成了对不断出现的高水平竞技体育后备人才以及对全面发展的需求，这就从客观上提出了从体育与教育相分开的育人方式向以体教融合为方向的高校体育教学创新方式转变。主要从体教融合教学观念、教学方式、教学模式、管理体制等方面进行创新，并以此为基础，通过教学方式的创新，推动体教融合发展的质效提高。

（二）协调发展是体教融合视域下高校体育教学高质量发展的内在要求

体育教育与教育的和谐发展是体育教育可持续发展的必然要求。在我国的运动项目中，采用"三级训练"的方法来进行运动员的选材与培养。"三级训练"包括三个方面：一是以体育传统学校和中小学运动队为代表的初级训练形式；二是以体育运动学校和业余运动体校为代表的中级训练形式；三是以国家集训队和各省专业队为代表的高级训练形式。但是，这样一套完整的、与学校无关的培训制度，已经不能适应现代社会的需要。例如，根据德国足协的相关资料，到 2016 年为止，德国拥有超过 30000 个业余球队，拥有 700 万名球员，而中国却只有 8000 名球员。通过"三级训练"系统提高到 140 万名学生的水平已不太可能，这就要求教育部门和体育部门共同努力，共同提高学生的综合素质。体育与教育的一个环节与一个因素存在薄弱与不足，势必会制约体育与教育的高质量发展，但"协调"发展思想的实施，将为体育与教育的关系理顺、发展空间扩大、发展效率提升打下良好的基础。体教融合是一个完整的体系进行发展，它一定需要相关要素、各个环节，各个主体部门之间进行协调互动，充分发挥要素聚变的合力效应。但是，伴随着社会发展和人们生活水平的不断提升，高校持续扩招，学生的升学渠道增多，父母不愿把子女送入专业化的发展轨道，青少年业余体校的发展遭遇了生源困难，学校体育还没有担负起作为基础体校的职责，二者之间在师资、竞赛等资源方面的协调不够。为了解决新时代下我国体育与教育之间缺乏有效协作这一难题，我国的体教融合发展必须坚持"协调"的发展理念，在对我国体育与教育领域的后备人才培养进行深入研究的基础上，找出并弥补自身发展的缺陷，在理念、部门、资源等方面进行有效的整合，提高体教融合的整体效果，从而适应我国体教融合发展的需要。

（三）绿色理念是体教融合视域下高校体育教学高质量发展的必备条件

"绿色发展"强调在体教融合视野下，如何实现高校体育高质量发展的可持续发展，如何提高学生的素质。用"绿色"发展来引导新的教育趋势，绿色发展的概念既着眼于体育与教学的多个领域的可持续发展，又着眼于学生自身的全面绿色发展。可以使育人的持续性和提高育人的质量达到一个有机的统一。以学生的身体和心理发展的客观需求为基础，对协作育人的规律进行了深刻的探索，对其进行全面贯彻，从而推动了学生身体和心理的和谐发展。在绿色发展理念中，要遵循教育规律办学，要遵循全面发展的规律育人。首先，对体育和教育部门提出了一种可持续的理念，建立起可持续的体制机制、一贯制的育人方式以及学生的发展道路，保证在普通学校中不断有优质的竞技体育后备人才的产生。另一方面，需要推动学校的文化软实力建设，创造出浓厚的校园文化和体育文化氛围，用深厚的文化积累来提高体育和教育的育人品质，启发学生的身体与心灵融合，培养他们的情操，从而真正地推动他们的全面发展。所以，要想实现体育教育的高质量发展，就必须要把绿色发展的思想融入到体育教育之中，从而使体育教育的可持续发展和全面的人才培养。

（四）开放发展是体教融合视域下高校体育教学高质量发展的根本途径

长期以来，我国的高校体育和教育界一直有沟通障碍，两个领域的人才培养目的不尽相同，从而造成了高校体育和教育界的分立。特别是高校的体育教育，由于长久以来的封闭性，与长久以来的竞技体育相对立，彼此游离。所以，在体教融合视野下，如何突破这两个体系之间的壁垒，实现对教育资源的全方位开放、沟通和互补，是实现大学体育高质量发展的一条有效途径。而新的发展思想中"开放"的发展思想，正好可以将我国的体育与教育资源发挥到极致，从而有效地缓解我国的体育与教育之间的互动不足。体育与教育的结合，必须在多方位地开展体育与教育的发展。

首先，由于升学压力过大，造成了对学生身体素质教育的淡漠，使身体素质教育很难起到良好的教育效果，也就不能真正地成为一名多面手。

其次，两个部门构间的交流比较少，尤其是在学生、教师、器材等方面，传统体校与常规体校在教学、教学等方面存在着一定的差距。

第三，我国城市与乡村的体育发展极不平衡，且存在着巨大的空间差异，比如我国城市与乡村的空间差异，根据第 6 次国家体育场所调查资料，截至 2013 年末，城市与乡村的空间差异达到了 68.6%，而乡村与乡村的空间差异只有 31.4%，两者差异超过了 2 个百分点。

最后，我国体育部门和教育部门之间的体育后备人员培训制度相对孤立，体育部门难以按照"三级训练"模式进行培训，这对高水平田径选手的专业化发展不利，而体育部的运动员又难以接受一般学校的文化熏陶，导致他们的文化素质下降。

而运用开放的发展思想来发展体教融合，则可以为上述问题提供一种行之有效的理论支持，具体表现为：一是可以推动某个教学体系中的资源的开放，在学校中恢复体育在其中的重要性和关键性的作用，在学校中将体育课充分地开设起来，利用校内体育与教育资源之间的互动，来对学生进行爱国主义和集体主义的培养，从而提高学生的身体素质，提高体育的育人效果。二是要加强同地区内各教育体系间的资源协作，特别是要加强传统体育院校与一般体育院校间的教育体系间的互补性与协作；三是推动城乡教育资源的互联互通，实现城乡一体化，推动城乡学校的体育资源在城乡的流动，实现城乡学校体育资源的最优配置；四是小学、中学、大学三个层次的教育体制和培训机构，要实现开放性和协同性，特别是要构建一致性的培训体制和培训方式，要形成一套行之有效的培训和培训机构，这样才能更好地为学生提供更好的培训方式和途径。

（五）共享发展是体教融合视域下高校体育教学高质量发展的根本目标

习近平总书记把"共享"的发展思想作为一切工作的起点和归宿，也指出了体育教育与教育相结合，共同育人的价值取向。体育与教育的高品质发展要求"共建共享"，是体育与教育的共同目标。体教融合肩负着"推动青少年健康成长、锤炼意志、健全人格，培养德智体美劳全面发展的社会主义建设者和接班人"的职责。但是，由于长期的原因，我国的体育系统和教育系统由于相互隔离，导致二者之间的资源共享并不充分，还存在着严重的障碍，从而限制了协同育人的效果。"体育教学资源"是在"共享"的发展思想指导下，实现体育教学的一个主要途径，给体育教学工作带来了崭新的活力。通过体教融合，实现了体教资源的共享，从而转变了传统的教书育人方式，把学校和学校的资源都集中到了教书育人的环境中，给学生带来了更多的新型、个性化、多样化的优质教育，培养出更多的高水平的体育后备人才，将会是提高学校教学质量的一个"动力源"。在实践"共享"发展思想中，"体教资源"的共享必将是体育教育与教育相结合的途径和目标。

体教融合背景下高校体育
教学高质量发展的问题探究

无可否认，在我国体育教育融合发展已经取得了一定的成绩，特别是在理念融合、育人方式和育人效果上都有了很大的提高，但是，在发展过程中，依然有许多制约因素，站在新发展理念的角度上，体教融合的发展实际与新发展理念有了很大的差距，甚至有可能出现了偏离。

| 体教融合的主体创新不充分

目前，体教融合的主体性还不够强，主要体现在以下几个方面：

一是体教融合的主体性创新观念不足，"促进青年文化教育与运动训练和谐发展"已成为新时期我国培育高素质人才的国家意志，但是该观念还没有付诸实施。由于长久以来的升学焦虑，造成了"重文化轻体育"、"文化学习与体育锻炼相互脱离，乃至相互对立"的错误观念，而且还很严重。教育主管部门、学校和家长等多元主体，依然将文化课程学习作为学生的第一要务，并没有发生根本改变。怎样才能做到观念创新，改变观念，使体教融合的观念在人们心中根深蒂固，这依然是体教融合创新因素中的一个关键问题。

二是体教融合主体制度缺乏创新。体制改革是体教融合的行为准则和运作机制保证，尽管国家体育总局和教育部发布的《意见》在宏观层面上提出了促进我国青年体育与教育和谐发展的目标，但是，在实施过程中，各地及各高校却缺少一套规范化、可操作的体教融合体系，比如，教育部在选择优秀选手时，对其学籍进行了严格的规定，这就给一些优秀选手的升学造成了很大的障碍。部分高校的学生由于进入了专业队伍，进入了专业队伍，但部分高校却没有对其进行注册，造成了我国高校体育后备人才的困难。目前，我国高校与高校在相关的政策与体制上存在着滞后，缺乏一条切实可行的途径来促进高校体育后备人才的发展。

三是缺少体教融合主体性创新环境。这一问题的突出体现在：体教融合的育才气氛不浓厚，对体教融合的文化宣传、文化认同与文化自觉缺乏，对体育和教育等政府部门进行了更多的规范，同时还存在着行政垄断与部门壁垒等问题。

四是体教融合的创新方式还不够完善，培训方式比较简单，"清华模式"、"南体模式"、"混合模式"、"省队校办模式"等几种高水平的培训方式还处在探索和探索的过程中，有的培训方式已经被证实了，有的培训方式还没有完全成型，还没有形成一种可以推广的培训方式。但是，在体育教学中，以"三级训练"为基础的体育教学体系已经不能适应当前体教融合的发展需要。

｜ 体教融合的要素协调不充分

目前，我国体育和教育部门存在不协调的问题主要体现在两个方面：一是在教育系统中，体育教育和智力教育的发展存在着不和谐的现象，这种现象主要体现在了对智力教育的高度重视，而对体育教育的关注不够，这就导致了青少年体质健康状况依然是教育中的一个薄弱环节。有关调查显示，目前我国义务教育阶段体育课开设的比例不足 20%，语文、数学、外语等"主科"占据了体育课的比例，平均达到 60% 左右，70% 左右的孩子不愿意进行室外运动，93% 的孩子父母更是不同意孩子们在校外和朋友们一起玩。高校体育后备人才的数量和质量都不高。

另外一个原因是，体育系统与教育系统的发展并不和谐，两个部门在培养体系、教学资源运行机制等方面存在着不足，在他们自己的系统运行过程中，整个体育系统的体育人才的智力教育程度普遍偏低，缺乏对文化课进行教学的杰出教师，在他们的职业生涯结束之后，由于他们的文化素养较低，导致了他们的就业渠道不畅通。截止到 2019 年，在全国范围内，拥有 25563 名优秀运动员，24914 名教练员，在顶尖运动队运动员中，拥有本科及以上学历的共有 7598 名，只占总数量的 29.7%。我国的体育体系缺乏优秀的教练和比赛等体育资源，体育体系的整体素质较差，学校很难培育出具有世界一流水准的体育人才。自 2005 年开始，高校培养的高水平篮球选手可以参与 CBA 的选秀，但是截止到 2020 年，高校培养的运动员还不到 40 名，而作为职业俱乐部的主力的选手更是寥寥无几，去参加国际大赛的大学生篮球选手更是屈指可数了。

｜ 体教融合的绿色理念缺失严重

在体教融合的协同育人方面，绿色发展理念在教育的持续性和提高教育的质量方面有显著的体现。从培养制度和机理来看，现行的竞技体育举国体制和教育制度和机理上的目的都有根本的不同，前者的目的是要培育高水平的运动员，而后者的目的是要培育具有一定学术背景的专业型人才，这种不同造成了人才的集聚度不高。二是缺乏对我国体育人才培育的科学规律的认识，更是没有从国家教育思想、社会人才需求和人才资源等方面进行深入研究。目前，我国高校体育专业在小学、初中、高中到大学之间存在着"三个阶段"之间缺乏有效的衔接，学生的可持续能力差，学生的后备力量流失现象十分突出。在体育和教育体系中，存在着竞赛制度、注册制度、竞赛成绩使用制度等方面的不一致，这些都是阻碍了在各种制度机制同时存在下，竞技体育后备人才的可持续发展的一个障碍。关于教育的品质，很长一段时间以来，在某些教育者和父母的眼中，所谓的品质理念就是单纯的智慧教育，而社会和学校对教育品质的评判，仅仅是根据学生的学习情况而定，而父母对一所学校的品质的评判，仅仅是根据学生的考试结果。这样，"素质导向"就变成"成绩导向"，这种"素质导向"的观念，不但令学校背负着智力教育的包袱，也令青少年背离了身体活动。根据政协的调研，我国的中小学中，文化课挤占了体育课，初中、高中数学、语文周课时分别高于教育部要求的 27.2% 和 76.1%，但体育课的课时占比却低于教育部要求的65.1%，这就导致了对学生身心发展的忽略。

体教融合的领域开放不充分

体育教育一体化是体育教育一体化的重要组成部分，体育教育一体化是体育教育一体化的重要组成部分。

一是我国高校体育与教育体系的开放性不够，高校体育被孤立问题依然突出，高校体育教学目标与教学行为的融合度不够，高校体育教学效果还需要进一步提高。根据最近的有关研究，小学生、初中生、高中生、大学生的身体素质低于标准比例分别为 6.5%、14.3%、11.6%、30%。

二是同一区域内体育和教育系统的开放性不够，由于体育和教育系统的办学理念、目标设置上的差距，使得体育和教育系统的育人理念产生了较大的"学训"冲突，这种差距造成了两部门之间的"学科隔阂"。

三是各级各类院校之间缺乏足够的开放性和联系，导致了从小学到中学到大学的发展道路并不畅通。

四是体育、教育体系对大众的公开程度还很低，对学生体育训练、学生体育比赛等方面的公开程度还很低。在整体教育中，学校体育仍然是一个比较脆弱的方面，人们对学校体育的重要性认识不够，体育课和课余活动的时间得不到保证，体育教师短缺，场地设施短缺，这些问题仍然十分严重，这也表明，以政府为主导的一元管理方式，要想要解决许多学校体育存在的问题，就必须要有更多的社会资源来共同努力，才能达到协同的效果。

| 体教融合的资源共享不充分

"共享资源"是实现"体教融合"视野下，实现"体教融合"目的和途径的有效支撑，是一种值得大力提倡和不断深入探讨的发展方式。然而，当前我国高校"共享资源"的发展还不够完善，仍面临着诸如"学校和学校两种资源割裂开来，流动不畅，资源的最优分配"这样的严重问题。在传统的制度下，体育部门与教育部门分别建立了一个比较封闭的运作模式，由于存在着各种不同的部门之间的障碍，使得双方之间的资源不能得到充分的利用。经过一段时间的发展，这种模式主要体现在以下两个方面：

一是人力资源不能实现有效的共享，没有形成一套完整的体育教学体系，也没有形成一个完整的体系，所以，在退役之后，还需要在体育教学体系中不断地培养和完善自己的教学体系，从而提升自己的教学能力。但是，受文化素质和政策等因素的制约，我国高校体育教师队伍中，高校体育教师队伍中，高校体育教师所占的比重很小。目前，全国共有 23,000 名在训练中的优秀运动员，其中大约有 3000-6000 人，而目前全国和各省的退役运动员的安置比例只有 40%，而且大部分都不在学校任教。以体操选手为例，有 51.55% 的选手选择了从商、从商或成为了体育指导老师，只有 6.23%进入了学校。

二是比赛制度共享不够充分，比如中国青少年足球的联赛、专业俱乐部联赛等，在这几年里得到了快速的发展。但是，这两项比赛都是由教育和体育两个不同的机构来单独举办和管理的，因此，存在着人才的分享不够完善的问题。因此，一些出色的校园足球运动员很难加入到专业的队伍中来，而专业的运动员因为学籍、文化素质等问题，也很难再返回学校。除了缺乏人才之外，比赛资源、训练场资源等方面也存在着一些问题。在将体育系统的比赛和教育系统的比赛全部并起来之后，这两个部门就必须对比赛的参赛资格、成绩标准以及等级的确认制度进行一起来制定和健全。因此，迫切地要打破过去两个体系之间的隔阂，将各种比赛的归属部门弄清楚，将比赛的运动等级评定工作进行清楚，并且将比赛的分类管理和配合工作做好。

体教融合视域下高校体育
教学高质量发展的路向

针对目前我国体教融合高质量发展所面临的许多问题，我们必须要将新的发展理念融入到我们的生活之中，并以此来确定推动我们体教融合高质量发展的方向。

| 创新发展用以提升体教融合的主体融合度

（一）拓宽创新主体范围，提升主体创新能力

体育和教育部门首先要成为创新主体，当然，虽然体育和教育制度的耦合创新很关键，但是社会组织、企业、政府等主体的政策创新与资源供给也是不可或缺的。要将普通学校、体校、培训机构、企业等主体联合起来，对校内和校外多种创新因素进行协调和相互促进，建立起在体育和教育领域中，多主体之间的创新协作关系，拓展创新的领域，完善协作创新协作的机制。在某些体教融合的成功事例中，企业、社会组织等网络因素在体教结合中起到了无可取代的重要作用。例如，深圳市文体旅游局竞体处的委托深圳市业余体育运动学校和万国（深圳）国际击剑运动中心联合成立了"深圳市击剑队"，团队成员均为学校的学生，在学习结束后也可参与体教融合的项目，为体教融合提供了一种全新的方式。在多元创新层面，从培养高水平体育教师，构建新兴育人智库，构建协同育人创新平台，构建协同育人创新机制，促进高水平体育教师培养，通过体育教育部门联合培养、定向培养，继续教育与继续培养，创新体育教师培养方式，并引入国际创新型教师，从而实现高质量的体育教师，实现高质量体育教师的创新。加速新型育人智库的建设，并将一批具有一定的基础和初步取得了一些成绩的高校或者是科研院所，打造成一个体教融合的新型育人智库。加快建设和完善高校科技成果转化体系，加快建设一批高校科技成果转化和教育改革示范平台。利用合作育人的教改项目建设，开展试验教学，对教学方式进行优化，提高学生在体育教

育领域中的体育教学的创造性，同时还可以鼓励有条件的学校和体育学校，单独或与科研院所共同建立体教融合教改和研究机构。

（二）优化融合创新环境，构建融合创新网络

在注重体教融合两大网络因素的基础上，注重其它因素对体教融合的催化和协同效应，从而建立体教融合的多主体创新网络。各个主体将自己的优势进行了充分的利用，比如：体育系统拥有比较丰富的竞技管理经验，并且在专业性的教练队伍上占据着一定的优势，并且已经形成了比较系统的运动员培养、训练、输送、竞赛管理机制。在教育体系中，我们拥有大量的实践和实践，并在知识文化的传授，文化素质的测试和高素质的知识人员的培育上，有着很好的积累；营利组织在品牌推广、市场经济发展和人员引进和调动上都有自身的优势；政府是一个重要的网络元素，它拥有制定相关政策、协调多元主体合作、保持可持续性等功能，而其它的社会组织则拥有丰富的群体结构，它们拥有很强的社会舆论引导能力，还拥有很好的自我发展机制。通过这个创新的网络，多个主体可以实现资源的共享和信息的流动，在先进文化内涵和知识经验的基础上，发挥出主体的共同的力量，从而为培养出竞技体育的后备人才，化解体育和教育之间的脱节的尴尬局面，提供了全新的思路和途径。在此基础上，以体教融合为基础，通过多种形式的体育教学活动，提高体育教学资源的调配和辐射引领能力，从而调动各参与方的体育教学活动的积极性。各部门要对体教融合的多种参与方在营造体教融合的创新氛围方面进行奖励，加大对融合模式、内容等方面的创新性项目的宣传力度，并以项目评比、人才质量考核等奖励奖励措施，激发体教融合的深度与倾向性。

协调发展用以强化体教融合的要素资源协同

（一）协同要素资源，推动传统体教结合的优化升级

在整个教育系统中，对课程体系、教学体系、考评机制和升学途径等进行全面的改革，特别是要将新一代的信息技术应用到教育和体育领域，提高体教创新因素的分配效率，从而不断地产生出更多的高质量的竞技体育后备人才。在"学校体育+"跨领域治理的创新思路上，实现"体育+教育、文化、互联网"等跨领域治理的创新系统。例如，在2021年的江苏高校健身气功比赛，利用"网络+体育"的方式，采取了"线上+线下"的评选方式，促进了学校和社会之间的文化沟通，同时还将体育元素与其它有关的元素进行了有效的整合，从而实现了多元的动力。同时，最重要的是，要加速推动对融合型人才的就业导向，制定相关的政策，确保退役运动员的再就业，从而提高他们的就业安置率，持续提升他们的社会适应性和社会关注度，以就业带动协同

育人机制的加强。支持体教融合的代表性单位做强做专，实现教学理念、教学目标、教学过程、教学手段等的融合，充分对接学生从幼儿教育、义务教育、高职教育、高校教育等全周期的培养过程相衔接，实现体教融合教学方式和实践运用的双重创新，实现整体最优的合作教育生态。

在对已有成果进行充分肯定的时候，传统的体教融合可以学习到现代体教融合的思想和创新元素，利用现代化的信息技术，利用教学方式的变革，完成了对体育和教育协同过程的流程再造，从而扩大了体教融合的半径，使体教融合的通道更加畅通，从而提高了体教融合的品质。从根本上改变过去的体育教育融合业务水平低下、效率低下、模式单一的现状，从而达到对传统体教融合模式的优化和提升。

（二）优化区域布局，促进体教融合区域的协调发展

面临体教融合地区发展不平衡与不协调的制约，需要做好如下工作：

一是根据各地体育教育的发展基础、资源禀赋、人才市场需求和地域位置的实际情况，结合各自的地域特点，探索出一条具有不同地域特点的体育教育一体化发展道路。例如，在我国东北，由于其独特的冰雪资源，为促进和发展冰雪项目在高校中的普及和发展奠定了基础。

二是加强体育教育的区域协作，既要合理设定体育教育的地域布局，又要防止体育教育的同质性，又要充分发挥体育教育在不同地域之间的辐射和互动作用，从而使体育教育的地域效果与当地的人才需要保持一致，从而使体育教育教育的差异化和特色化，使体育教育教育的地域效果更好。比如，广西的五通，浙江的开化，福建的龙岩，广东的石龙，这些地方的地域文化特色和体育教育资源的选择，都为高校体育教育的发展创造了有利的环境。

三是针对地区差异，在"协调发展"和"综合效率"指导下，各部门应当逐步解决导致地区差异的制度和机理问题。我国提出了"乡村振兴"的建设策略，并出台了相关的《意见》和其他系统性的文件，显示了有关部门转变教育和体育分开体制的坚定意志。在此基础上，以"城带乡"、"城乡统筹"、"体育与教育"相结合的发展模式，促进城乡体育与教育资源在城乡之间的有序流转。应该对乡村地区的体教融合发展基础薄弱，相关融合要素缺乏的困境进行全面的考量，通过加大国家财政、师资等优惠政策的扶持力度，推动教师力量、先进教学手段和社会资金等融合要素，朝着体教融合相对滞后的地区流动。

绿化发展，优化体教融合视域下高校体育教学发展的生态环境

"绿色发展"包含着"健康快乐"、"关系和谐"、"身心合一"、"可持续发展"等内涵。所以，高质量的体教融合发展，一定要有一种"绿色"的内涵，即：一是要

不断地培养出优秀的运动后备人才；另一方面，使学生在愉快的学习中既能培养智力，又能培养身体。

（一）优化培养路径，实现体育人才持续涌现

一是从单一模式向多元模式转变；实施多渠道、多层次的人才培训制度，建立一个水平和垂直的人才培训系统。在此基础上，加大对学生业余锻炼的社会化力度，使学校和学校课外锻炼"一条龙"和"社会化"的运动社团活动协调发展。

二是提高运动员选拔与培养的科学程度；对具有专业技术水平和体能水平的优秀学生进行选拔。举例来说：4 位中国农民出身的基层选手赢得了 2018 雅加达亚运 3v3 比赛的胜利。从这一点来看，大多数的高水平的运动员或有潜力的人才并没有被纳入到全国的体育系统中。所以，需要从两个方面着手：一是要提高教练员的教学研究能力以及科学的训练水平，采用科学的、合理的、个性化的训练方式来引导运动员，从而提高他们的成才率；在体育教学中，要加强体育教学中的科学与人文素质教育，使体育教学中所涉及到的学科间的交叉融合，使体育教学中的技术与战术水平得到有效的提高。

三是在此基础上，进一步健全我国运动员的社会保障体系，在《体育事业发展"十二五"规划》中，第一次提出"针对从事与体育运动有关的个人创业的运动员，要提供相应的政策扶持和经费扶持，丰富和发展"二次就业"的社会救助体系，促进其顺利实现"的目标"。对运动员伤残制度、运动员医疗保险制度、运动员升学制度进行持续改进，确保运动员拥有一定的科学知识与生存技能，消除运动员的后顾之忧，从而提升家长对子女在学校从事竞技运动的支持程度。

四是要扩大运动员的投递渠道，充分发挥全民投递的积极性，建立多层次、多渠道的投递网络。

（二）强化教育软实力环境，回归身心教育本源

绿色发展战略并非战略发展的一个可选择项，它是一个战略发展必须要遵守的必由之路，它是一个全面推进经济、政治、社会、文化与生态等各项事业建设的一个抓手。体教融合的"绿色发展"是国家实施"绿色发展"的一个重要组成部分。它的"绿色发展"要求有较长时间的"浸润"于体育和教育的文化软性力量，体现了体教融合的育人价值。

一是要在学校中创造一种浓厚的运动文化气氛，倡导和传播体教融合的价值观，在文化自信和传统的基础上，提高我们国家的教育软实力核心竞争力。

二是要合理配置体育部和教育部之间的权力关系，改进体育部和教育部的结合模式，建立健全体育部和教育部之间衔接的协调和保证体系。

三是充分发掘"以教育为本"的外延作用，通过"以教育为本"的方式来"辐射"、"推动"、"推动"等。要充分认识到体育的社会与文化的意义，用体育的发展来丰

富教育的内涵。

当前，学生们面临着课业负担过重的问题，这极大地挤压了他们进行自主学习与进行体育锻炼的空间，也在某种意义上抑制了他们的创造力和想象力，这与可持续发展的核心含义相违背。要想实现体教结合的绿色发展，首先，要从课堂教学和课外补习两个方面来减轻学生的学习压力，让学生的原始本性得到充分的发挥，在教学过程中，要对教学内容进行优化和选择，为学生提供充分的发挥和创新的空间，规范校外补习市场，让学生摆脱繁重的课外补习、补习、培训等课外补习，切实保证学生自主提高和体育锻炼的时间和空间。另一方面，要加强学生的意志力，让他们能够培养出"体魄健康、乐观向上"的性格，让他们能够以体育与教育的互利共赢的方式，培养出他们优秀的学习习惯和终生的体育习惯，并将身心健康摆在对学生进行教育的第一位。

开放发展用以深化体教融合的社会化程度

在新发展理念之下，体教融合的责任主体已经超越了体育和教育两家部门的范围，它还将其他党政机构、运动队、各级学校、企事业单位、社会组织、家庭与个人等都囊括在内。这就需要打破体育系统与教育系统间的障碍，让体教系统与社会系统建立起一个开放的通道，以体教系统为核心，兼容并包，多主体联动的开放育人体系。

（一）重构教学机制，推动部门沟通便利化

将竞技体育后备人才的培养纳入到教育体系当中，并不只是要用一种激励性的政策来将其纳入到教育体系当中，而是要在宏观的体制和中观的机制两个层面上，对其进行重新塑造，并对其进行创新，从而建立起一套有利于这一过程的制度体系与操作规范。通过体教融合制度的改革与创新，实现体教融合的可持续发展，这是我国体育教育一体化建设面临的重要问题。因此，要推动体教融合，必须要重建体育与教育相互开放的体系，打破体育与教育的管制，消除部门垄断，推动体、教之间的沟通便利，达到互通互联的目的。所以，要在体教融合的大环境下，从教育系统和体育系统之间的交流角度，做好顶层设计，加强政策保障和组织协作。比如，要打开高水平竞技体育后备人才进入高校的渠道，在重点院校设立二线省队，打造体育品牌竞赛活动，构建健全的运动队梯队，确保将青训经费纳入教育经费，对普通学校体育教练员工作岗位进行规范，对优秀教练员进入普通学校的途径进行梳理。要在学校的领导和管理上进行创新，将"举国体制"推向"市场化"，从而形成一股力量，推动学生身心健康，提高体育竞技水平。

（二）采取差异化开放策略，循序推进多边开放

在我国各地区不同的体教融合发展程度及运动技能培训情况基础上，制订出一套

针对运动技能培训与运动技能培训的差别的体教融合开放战略，并以此为基础，逐步推动运动技能培训与运动技能培训的多元化开放。对内部的开放应该要比对外开放更要具有更高的重要性，要逐渐地减少政府对体育的垄断，让社会资本和民营资本进入到体教融合培训产业中来。首先要建立和完善大学中的高水平竞技体育人才的有关体系，使我们国家的传统优势学校逐渐成为一个具有国际竞争力的一流学校。强调在目前阶段，体育教练、文化师资、重点体育赛事等重要方面的开放与协调，从而提高各个参与方的积极性和有效性，在基础体校急剧减少的情况下，将青少年的竞技体育后备人才的培育作为目前应该加快开放的重要方面，特别是中小学校应该作为重点开放的方面。要继续加大高校与先进国家之间的开放程度，在传统球类、田径等项目中，对具有一定传统项目优势的高校，应该尽量充分地向系统外开放，从而更好地提升高校的竞赛水平。例如乒乓球和击剑等可以依靠社会力量进行的体育活动，应提供一定的政策保证，以促进体育产业的壮大；对于像举重、冰雪等这些落后的项目，应该充分发挥国家办体育的集中优势，实现有序、有针对性的开放，并逐渐加速开放的速度。

共享发展用以提高体教融合视域下高校体育教学的发展质量

要提升体教融合的共享程度，应该把建设与分享作为一个根本原则，把对体教融合资源共享制度作为一个切入点，让全体同学都能享受到体育与教育的发展带来的好处。

（一）推动制度创新，促进体教融合制度共享

体教融合共享，其中最重要的因素是体教融合体系制度设计。要真正实现体教融合，迫切需要从体制上突破当前体制与新时期体教融合的脱节，从体制上进行改革，以体制上的改革来补齐体教融合体制上的缺陷，促进体教融合共享发展。在具体措施方面，可以制定出一套针对体教融合发展的专项资金支持制度，并将培育出一套以复合型高水平竞技体育人才作为指导的、推动体教融合发展的政策体系，完善以政府为主、社会与市场参与的体教融合的多元供给体系。而在乡村落后地区，则需要加强以政府为中心的供给体系，并构建出一套体教融合的政府绩效的考核体系。在城市发展水平高的地区，要利用社会与市场的资源，建立体育与教育融合的多元评估体系，在差异性的基础上，推动体育与教育融合发展。强化体育赛事制度的创新，要把赛事共享当作是体教融合共享化的关键，推动体育和教育系统内的赛事共享，对从义务教育阶段到高中阶段再到大学的四级竞赛体系进行健全，将已有的学生竞赛体系和职业体育体系进行有机地结合起来，在运动员注册、等级认证、阶段年龄赛事、项目竞赛规程等方面进行统一的认证，对体教融合下的体育竞赛体系进行高效地构建。

（二）共享共建资源，达成资源互惠互利

共享体教资源的实质是提高教育教学质量，提高竞技体育后备人才的培育，从而达到双方或多主体共赢。所以，体育界与教育界应共同努力，共同推动教学、训练、竞赛等领域的资源共享。比如，在"满天星"校园足球集训中，由国家体育总局和国家足联共同聘请优秀的教练员担任总教练员，对全县各中小学的足球老师、教练员、运动员进行专业知识和技术的培训，达到互相借鉴、共同进步的目的。与此同时，还可以在资源供应上进行创新，让社会的力量得到最大程度的发挥，将优质的资源引入到学校中，在多主体、多领域中实现资源的共享和协作，弥补体教融合主体资源不足的现实障碍。首先，各部门应加大体教融合的投入力度，将体育教育与教育的合作与培养工作列入整体计划，利用专项基金，确保体育教育的基础设施。其次，加强体育部门和教育部门之间的沟通与互动，在日常训练、比赛组织、高水平教练等方面，由体育部门给予教育部门相应的资源支援。教育系统对体育系统后备人才选拔、智力教育等工作进行沟通，拓宽后备人才的选材基数，提高文化课教育的基本水准。第三，政府部门要和社会训练组织一起，将大量的社会资源吸收到体教融合中，提高了社会资源的利用效率，实现了对体育服务的精确提供和对资源的精确提供，实现了各方的互利共赢。

体教融合下高校足球
人才的培养审视与提升路径

在《关于深化体教融合促进青少年健康发展的意见》（2020）中，明确提出：要认真贯彻习近平总书记关于体育强国建设的重要指示和全国教育大会精神的要求，推动中国特色的体教融合，推动青少年文化课与身体素质的和谐发展。提出了"体教融合"的理念，这是一种对新时期国家的教育和体育工作的整体谋划，也是一种顶层设计，它对国家的学校体育变革以及对足球后备人才的培育起到了很大的指导意义。

习近平总书记在会见国际足球联合会主席因凡蒂诺时谈到中国发展足球的主要目标：一是通过足球运动提高国民身体素质；二是通过足球运动弘扬爱国主义文化和精神，加强精神文明建设；三是提升我国足球竞技水平。而体教融合政策的重要目标之一就是提高我国竞技体育水平。而足球学院人才培养是整个足球人才培养工作中重要组成部分，为此，应充分发挥好普通高等院校足球体育教学、训练、竞赛体系的基础性作用。

本章节作为实证分析，通过对当前我国高校足球人才培养现状的调研分析，总结其发展中的现存问题，探讨相应的发展路径。为体教融合视域下高校体育教学的创新发展，提供理论支持与观点借鉴。

驱动与内生：我国高校足球人才培养
的发展沿革和政策逻辑

高校足球人才培养的发展沿革

2015 年，中央深化改革领导小组审议通过了《中国足球改革发展总体方案》，这项政策主要是为解决长期困扰中国足球发展的一些问题。其中《中国足球改革发展总体方案》明确提出的一项重要任务就是大力推进高校校园足球运动的发展，这是事关振兴中国足球的一项重要工作。该方案出台至今的六年里，中国足球改革发展取得了巨大进展。特别是我国很多所高校组建了足球学院，实现对足球专业人才的培养。

高校足球人才培养的政策逻辑

（一）足球振兴与高校足球发展

目前，我国的足球振兴之路仍处于发展的初级阶段。究其原因，第一，我国现代足球运动起步较晚，在培养经验和训练模式上存在差距；第二，足球相关人才较为匮乏，尤其是高技术水平人才；第三，足球理念和管理体制较为落后。其中，制约着我国足球事业及产业发展的瓶颈在于高层次足球专业人才匮乏，高水平足球运动员缺乏有效的学历提升途径和机会，影响了足球运动人才队伍的稳定。因此，在足球发展过程中需要解决的主要问题有：

一是在人才要求上需考虑人才应具备什么样的能力结构、知识结构、社会人文以及科技文化背景，这其实就涉及学科专业的设计。

二是我国足球发展之"道"不仅仅指借鉴国外足球发展的制度，需要去认真地围绕足球发展之'道'进行研究，实现本土化，把握我国足球事业改革和发展的新形势、新指向。三是，需要构建足球人才培养的模式，进一步完善目前足球学科体系，这也是困扰中国足球发展的一个基础性问题。而高校作为培养高素质人才的主要基地，承担着培育足球专业人才培养的责任和义务。

高等本科院校在足球人才的输出和培养路径中起到了引领和示范的作用，上能助力于国家足球改革发展战略，下能丰富高校自身的学科建设，促进学校快速发展。因此，要依托自身条件，集聚校内外资源，积极探索文化教育与足球运动紧密融合的新模式，有效构建足球协同创新发展机制，培养适应现代足球事业发展的高层次专业人才。

（二）足球产业与高校足球发展

足球人才的培养不仅要符合国家战略要求，同时也要注重和社会需求接轨。高校教育为经济社会提供源源不断的人才来源，而社会产业的发展也为高校人才的培养提供了方向。

足球经过百余年的商业化发展后，已经成为体育产业占比最大的单一项目，被称作"世界第 17 大经济体"，具有巨大的文化价值和商业价值。近年来，随着国内足球发展环境和氛围的改善，社会资本投入足球事业的积极性大幅提高。足球俱乐部、青少年足球培训等社会机构在全国各地形成了大幅增长之势，足球品牌价值也随之大幅提升，足球产业发展日益活跃，足球赛事、装备、场地、培训等产业链要素日趋成熟。从目前来看，足球人才缺口主要体现在足球教练员和足球专业管理人员。在中国足球核心产业中，占比最大的是足球彩票、用品市场，而足球赛事、培训、传媒等发展比较缓慢。与欧美等国足球产业对比来看，我国足球产业发展存在着发展不均衡，结构不合理等问题。未来中国足球要实现产业化发展，就必须对产业结构进行优化升级。从发展趋势看，足球产业在未来将逐渐与科技、互联网应用、游戏、等产业进行融合发展。

而足球产业的发展又离不开足球人才，目前在足球产业的从业者群体中，很多并不是体育专业出身人才，而是不具有运动背景的管理学、经济学人才。但这存在很多弊端，例如一些中超球队的总经理就是因为不具有专业足球背景，很容易造成决策失误，导致经营不善。这些问题一方面体现了目前足球产业的分化程度比较高，另一方面也体现了目前足球人才培养供给层次较低。同时在足球科学研究等领域与国际足球发达国际差距较大。针对国内而言，高等院校是足球人才培养的主要方式之一。从中国足球长远发展看，高校未来需要注重培养更多高层次的综合素质足球人才，从而满足足球产业结构的发展需要。

探索与审视：体教融合背景下
我国高校足球人才培养的现状分析

| 我国高校足球人才培养的内容体系分析

（一）足球学院招生专业和规模分析

2015 年颁发的《中国足球改革发展总体方案》作为中国足球改革与发展的纲领性文件，涉及足球改革发展的方方面面。足球改革，是提升足球发展水平的需要，也是为各项体育改革起到带头示范作用，加快推进我国体育事业全面发展的需要。目前，我国足球产业具有良好的发展前景，其中专业足球人才的缺乏也是制约足球产业发展的重要因素，足球的普及应该是一个值得关注的问题。以校园足球为例，影响校园足球发展重要的原因便是校园体育教师结构方面存在的问题，比如各中小学体育教师配备不足，一名体育教师带领多个班级，教师的精力被分散，对足球的教学和训练增加了一定的难度。体育教师业务能力水平不足，单纯地上体育课，缺乏足球运动相关理论的指导，满足不了学生发展的需要。因此，解决这些问题的重担落在高校对人才的培养上。为推进足球专业人才的培养，促进足球运动的健康持续发展，我国多所高校纷纷成立足球学院，或组建高水平足球队，据目前所查到的信息，我国成立足球学院的高校大约有 28 所，通过设立足球学院来满足足球运动快速发展而导致的师资力量的匮乏。

自 2015 年是改方案颁布起，高校足球作为足球人才培养的创新区，在足球人才的培养方向也处于摸索阶段。以高校足球学院为例，在招生规模上（2020 年招生计划）呈现出以下几个特征：第一，南京体育学院、成都体育学院、西安体育学院、山东体育院校、广州体育学院等院校的足球学院招生的数量大于 100 人，反馈出专业体育院校在培养能力上日趋提高。大部分的综合院校和师范院校在各专业上招生规模大约在30 人左右，反馈出综合院校和师范院校足球学院以"小班化"摸索的培养模式来进行足球相关专业人才培养。第二，足球学院两大专业上招生的规模不同，运动训练专业的招生规模平均要比体育教育专业的招生规模要大，说明社会对运动训练专业的相关的人才需求较大。总之，相比其他体育专业而言，足球学院足球相关专业的招生规模具有小而精的特点，因为现在大多足球学院还在专业设置进行探索，随着足球学院的培养模式逐渐成熟和办学条件的完善，招生规模也会不断扩大。

（二）足球人才培养目标分析

人才培养的目标是培养具有良好人文、科学素质和社会责任感，学科基础扎实，创新精神和创新能力的人才。具体包含以下几个方面：具有扎实的专业知识和实验技能，掌握科学的思维方法，具有探索精神、创新能力和较强的科研能力。培养目标的设立通常根据国家相关标准并结合高校自身特色进行制定，合理的培养目标能够促进学生综合素质的提升，不仅培养出符合社会需求的体育专业毕业生，而且使他们不断提升自我能力。通过调查发现，高校在人才培养的目标上具有相通性，基本都表现为：面向国家足球运动事业发展的需求，培养具有良好思想品德，遵守法律法规，社会责任感强的高素质足球运动专项人才；在学校、运动队及俱乐部等部门从事教学、训练、竞赛与管理的应用型足球人才。

（三）足球课程设置分析

体教融合背景下的高校校园足球，以逐渐发展成为足球相关专业人才需求的重要产出地，而高校足球通过课程设置与教学来进行人才培养过程。课程体系是足球专业人才培养的核心要素，课程设置的合理及实施程度，都是影响人才培养的质量的重要因素。在所调查的大部分高校都是采用常规的理实一体（学科理论和综合实践两种课程）的上课形式，同时课程设置上要与本校发展实际与办学特色紧密结合，要注重培养学生一专多能的综合素质，让学生系统掌握足球运动的理论知识和基本技能的同时，还能掌握一项或多项就业技能。

1. 高校足球课程学分设置情况

随着国家培养创新型、应用型人才要求的提出，在高校课程中整体划分为理论课和实践课。本文参照并归纳各高校足球教学制定的《人才培养方案》中对课程设置的现状，各高校大致将本科课程类型分为通识课程、基础课程、专业课程和实践教学四大类。虽然各高校在课程设置上各有偏重，但是，基本上能够满足足球人才多元化发展的需求。

2. 足球专项课程的设置

高校体育教育专业最主要的课程为教育学、体育教育学、运动生理学等。同时作为体育教育专业，还需要做到一专多能，掌握多种术科技能，体现了体育教育专业主要目的培养全面发展的学校足球教师。就目前我国高校足球专项课课程的设置上看，课程并没有太大创新之处，具有一定局束性，在一定程度上限制了学生就业的范围。可以以足球为核心开设一些贴近市场需求的课程，例如俱乐部经营与管理、足球营养与康复等课程。

高校足球师资队伍分析

（一）教师职称情况

足球人才培养的各个环节都不能脱离人的因素，高校足球人才的培养必须具有充沛的师资力量。因此，要提升办学质量，首先就是要增强师资力量。同时高校足球的师资力量也是影响人才培养质量的重要因素之一。通过调查发现，目前我国高校足球教师的职称以副教授和讲师为主，其中，讲师的人数占比较高，说明我国高校足球教师的整体职称水平还有待提高。尤其是体教融合理念的提及，更是对高校足球师资的建设提出了更高的要求。

（二）教师专业能力情况

足球教学中，由于教师对讲解动作的精炼程度和示范动作的准确性对学生足技术的学习起着重要影响，所以教师专业能力的高低显得至关重要。通过调查分析，我国高校高端层次的足球专业师资相对匮乏，高校应通过"引进来"和"走出去"两种方式强化足球师资力量。增加教师出国培训学习的机会，为足球培养国际化足球人才夯实基础。师资队伍是高校发展的基础，同时授课教师的水平与学生的培养质量密切相关，因此要把建设高水平师资队伍作为提高教育质量的必然要求。

我国高校足球人才培养的运行机制分析

（一）我国高校足球人才培养的制度保障分析

对我国足球人才培养方式的制度性进行宏观分析发现，其存在一定的"哑铃形态"问题，即体育部分和教育部门分离的状态，难以融合发展。竞技体育人才选拔模式和教育部门体育人才选拔模式难以兼容。"体教融合"政策的提出，根本任务就是打通竞技体育和学校体育过去的壁垒，一方面解决竞技体育运动员文化学习、升学和就业保障的障碍，另一方面打通学校体育的竞技水平难以支撑日益激烈的国际竞技水平的发展的困境。教育部门和竞技体育部门就像哑铃的两端，各自发展，各自壮大，互不兼容，无法协调。体教融合就是将体育回归教育，教育丧失了体育这一重要的部分，是不完整的，体育忽视了教育的内涵和功能，竞技体育的发展也就成为无源之水，难以长足发展。

构建新型的高校足球人才培养模式，是在"体教融合"发展背景下的足球竞技人才培养的创新，是解决我国足球竞技后备人才选拔的有效尝试，是近些年足球教育领域日益关注的热点问题。"体育融合"背景下我国高校足球学院人才培养模式一直遵循两种路径协同发展，即既抓足球学院学生的文化学习又重视足球专业技术的培养。设立足球学院的原动力就是强化多年来足球竞技运动员的核心文化素养，避免存在多年的重视竞技水平、忽视文化学习的发展模式。在实际的走访和调查中发展，仍然有部分高校的足球学院对人才培养理念混沌不清，继续遵循传统的足球人才培养理念，背离新形势下足球人才培养改革的理念，对足球学院文化学习和教育重视程度较低。

经过调研的数据表明，大约 80% 的高校基本没有机会与足球职业球队、青年足球职业球队等高水平足球竞技队伍进行比赛和训练的机会。仅有 20% 的高校能够有机会接触和参加由国家体育总局组织的足球竞技比赛。从数据可发展，我国现有的作为校园足球竞赛体系的高校足球人才培养模式仍然无法与职业足球竞赛能够有机融合和协同发展。作为足球竞技主管部门的国家体育总局和作为高校主管部门的教育部门仍然无法打破原有制度性壁垒，两者在足球职业运动资格、制度上仍然无法打破固有限制，两者各自培养的人才无法弥补各自原有的矛盾，校园文化教育和职业竞技水平提升的窠臼仍处于无法克服的状态。

回顾我国竞技人才培养的历史，"举国体制"给我国竞技体育水平的提升带来巨大的制度性优势，但是其弊端仍然显现，这就需要从顶层设计到内外环境建设能够有机融合。体育部门和教育部门作为竞技运动人才培养的主体，两者的有机统一、融合发展是足球竞技人才培养的有效路径，有利于将足球竞技人才培养更加科学有效，既遵循人才培养的逻辑性和时序性，又能够打破竞技水平和文化教育相互脱离的弊端。"体教融合"发展背景下的高校足球学院人才培养需要汲取有效经验，从制度层面重视顶层设计，发挥我国制度性优势。

（二）我国高校足球人才培养的动力支撑分析

从国际比较的角度分析，美国竞技体育投资模式主体来源于商业赞助，美国竞技体育主管部门将商业赞助的资金反馈给各单项体育协会，资助其人才培养和选拔。与此同时，美国竞技体育尤其重视以结果导向的资源分配模式，根据各单项体育协会在竞技比赛的成绩来决定资金的支配比率。然而，我国竞技体育长期依赖于"举国体制"，竞技体育发展的动力主要依赖于国家的资金投入。"举国体制"经过几十年的发展，我国竞技体育发展得到长足进步，外部经济社会教育的发展也日新月异。新时期如何优化和改进"举国体制"的弊端，改善原有单一的依赖国家投入足球竞技人才培养和选拔的模式已然需要迎合新时代发展的改革诉求。社会对"举国体制"的诟病主要是由于其人才培养方式的相对闭锁性，无法有效利用社会资源改善和发展竞技体育事业，单一依靠国家力量办体育，竞技体育的灵活性、市场性无法有效发挥。诚然，我国足球竞技人才培养成本逐年上升，"举国体制"的国家竞技体育管理模式主要支持"奥运争光计划"、"全运会计划"等大型竞技体育事业。通过学校体育选拔的足球竞技人才，主要的资源依托于高等学校，然而高等学校的经费投入主要以来中央财政和地方财政，足球体育运动只是高校体育运动投入的一小部分，其人才培养投入杯水车薪，无法有效回应社会对学校体育选拔足球竞技人才的需要。目前，只有少部分赞助商能够承接和运营校园足球体系建设，学生足球运动员培养体系的动力支撑不足。

（三）我国高校足球人才培养的协同效应分析

构建体教融合视域下的高校足球人才培养模式的初衷是"育人"，要将"育人"作为其发展的归旨，应以学生全面发展作为人才培养的主要目标，足球竞技水平和足球竞技成绩的提升也是足球学院成立的主要目标，但应着眼于学生未来的足球竞技水平的发展和未来足球竞技成绩的提升而非追求现有水平的发展。通过调研发现，当前建有高水平队，或组建足球学院的高校，仍以夺取优异足球竞技成绩作为衡量足球人才培养水平的位移标准，忽视学生未来足球事业发展和学生终身成长，固步现有竞技成绩，无法兼顾足球运动员的文化教育与竞技能力的共同提高。

然而，通过对高校足球教师的访谈中发现，大部分教师认为足球培养体系的目标定位是为了培养优秀足球竞技人才、足球师资及足球科研人员等。但是在实际培养过程中，目标和现实的落差较大，"赛、学、练"作为高校足球人才培养体系的主要环节并未协同一致。虽然我国高校足球在"赛、学、练"人才培养机制上得到长足发展，教育管理者也深刻认识到该问题，但是如何在实际操作中有效融合是摆在足球学院人才培养中的重点问题。现代足球竞技的发展不仅是竞技水平和能力的比拼，从更高的维度上看，其实是足球运动员文化教育和足球文化的较量。具有深厚足球文化底蕴和较高文化教育水平，能够延长和提升足球运动员的运动寿命和运动质量，进一步说，足球运动员能够更快、高质量的吸收和贯彻日新月异的足球技战术和训练理念，进而更加全面的提升足球运动员的综合素质。

从结构功能主义的角度来探察足球竞技人才培养的现状可以看出，现阶段，我国足球竞技人才培养的主体是国家体育总局和教育部门。需要加强国家体育总局和教育部门作为足球竞技人才培养的顶层设计，打通两个部门的协同联动体制和机制。但从结构功能的角度看，国家体育总局足球人才培养的目标主要局限于国内外顶级竞技赛事，打造具有国际水平的高水平足球竞技人才，然而教育部门在足球人才培养的目标主要是足球基础的建设，以学生体育兴趣和终身体育运动习惯为根本任务。两者结构和功能的具有巨大差异，目标和利益共享机制的差异必然导致两者协同联动机制失调。因此，体制机制上的协同效应的失灵，是制约我国高校足球运动人才培养和选拔的重要因素。

壁垒与挑战：体教融合背景下
我国高校足球人才培养的现实矛盾

自 2016 年以来，许多体育院校、师范院校和综合类院校逐渐成立足球学院，开启了我国高校足球人才培养的新模式，为我国足球行业发展提供了大量的足球专业人才，为我国足球产业发展提供了人才保障，已成为我国足球行业发展不可或缺的重要组成部分。还有些高校组建了学校高水平足球队有效地推动了校园足球运动的发展。经过多年的发展，以体教融合的视角加以回溯，对目前我国高校足球专业学生的人数情况、培养目标、核心课程、专业师资情况的等人才培养现状进行检视具有重要的实践意义。通过调研了解，目前我国高校足球在人才培养现状方面仍存在一些不足，具体而言，存在培养目标较单一和缺乏前瞻性、专业设置的量少和创新不足等方面的问题。本章节从以下方面论述人才培养模式存在的问题。

人才培养目标单一，发展理念定位尚待明确

（一）培养目标呈现趋同化

通过调查分析发现：虽然培养目标在表述上具有不同，但实际内容却相差无几，培养目标领域大都是足球教师、足球教练或裁判等应用型人才。相较于其他学校的体育教育足球专项的培养目标来说，并没有太多的创新，并没有体现学校办学优势和足球学院培养特色。而且目前中小学足球教师岗位逐渐出现饱和情况，培养目标太单一，同质化、趋同化问题凸显，势必造成足球专业毕业生竞争愈发激烈。足球学院不仅要承担起培养足球师资的任务，更要依靠办学特色，培养多元化足球人才。目前大多足球学院的培养目标并不具有统一的思想，没有跳出体育教育培养目标的束缚，在课程设置上也与体育学院足球专修学生比较相似。

（二）发展定位缺乏前瞻性

目前，我国高校对足球人才的培养高度重视，制定了专门的培养方案，但对足球人才培养发展理念的制定缺乏前瞻性。大力发展高校校园足球运动，不仅是要培养校园足球教师、教练，同时也要培养适应市场多元化需求的足球产业人才。由于大学学制为四年左右，周期较长，而且如今就业形势多变。如果在制定人才培养目标时，不具有前瞻性特点，就会导致毕业生能力与社会需求脱轨，缺乏市场竞争力。

专业结构设置滞后，课程体系开发尚待加强

体教融合要求高校在培养足球人才的过程中，首先需要设定好合理的招生专业和规模。目前，高校足球专业繁荣整体招生规模较小，一方面体现了体教融合下高校足球人才体系的创新正处于发展的探索时期，另一方面也是为了生源得到保证，能够实行小班化教学，提高人才质量。而且足球专业设置的数量较少，通过调查发现，目前高校足球人才培养体系只开设了 5 个专业招生，并不能很好的满足足球人才市场多元化需要。

对于足球专业设置的创新，主要目的就是突破原来的足球人才培养模式束缚，能够培养出高质量的一专多能型足球人才，从而为我国足球产业结构升级提供人才支持。目前，在专业设置方面与体育学类原有的专业同质化。例如：体育教育专业（足球教师实验班）、运动训练（校园足球）专业，仅是在专业名称后添加了校园足球，并没有进行太大的创新。可以看出目前对专业的设置还处于摸索时期，并没有太大的变动。

目前足球课程体系设置不合理主要体现在课程目标、核心课程两个方面。课程目标存在的问题体现在以下三个方面：一方面是课程目标与实际专业需求存在一定差异，对于课程的实践程度应该更加深入，其次应该考虑社会需求和专业能力要求，对足球行业的发展现状进行深入了解与掌握，在实践教研中更新课程体系。另一方面是课程比例不够均衡，有强调学生的实践教学能力。其次是核心课程区分度不高，核心课程对足球专业人才的培养起着致关重要的作用。在调查高校足球核心课程设置之后发现，核心课程的设置并没有太大区别，没有跳出原有培养模式的束缚。

师资队伍建设乏力，学生学训矛盾尚待化解

师资力量是高校人才培养的根本保障，教师的知识储备和教学水平直接决定了专业人才培养目标的实现。高校校园足球的发展离不开教师队伍的不断优化和水平提升。教育部于 2019 年发布了《普通高等学校本科专业类教学质量国家标准》，其中规定新办专业应该首先对师资力量、场地设施等加大经费投入，应有 20 名以上同专业本

科学历教师来保障教学需要，目前我国巨大部分高校都达不到此要求。而且大部分高校在发展校园足球时，都是"两块牌子一套人马"的管理体制，足球专项教师不仅要负责体育教育和运动训练专业的日常教学，同时要负责高水平足球队的训练。同时由于高校教师本身就有较多科研等任务，难免会分散一部分精力。同时在《普通本科学校设置暂行规定》要求学院教师结构中，具有研究生学历的专任教师应该达到30%，副高的教师人数应具有30%，正教授专任教师人数应大于10%。而通过调查发现，目前我国高校足球师资的职称结构较低，大部分都低于本科学校设置规定。

而教师学历是科研水平和知识水平的一个重要体现。所以高校足球在未来发展中需要引进更多的高学历、高技能的师资队伍。通过访谈发现，学生日常训练时间较长，强度较大，导致运动员文化课成绩受到较大影响，存在较为严重的学训矛盾。产生学训矛盾的主要原因有学习与训练的比重分配不当、训练的科学化水平不高、政策保障体系不完善、竞赛体制不健全、一味追求竞技成绩、学校教学模式不完善等方面因素。为促使学训平衡，需提升高校学生的自我管理意识、加强政策和制度的实施力度、采用科学训练手段和方法、完善竞赛机制、建立正确的成绩评价体系、采用合理的教学模式。

过程管理韧性不足，质量保障体系尚待健全

在国家深化足球改革和"体教融合"发展背景下，高校足球人才培养应然成为深化足球职业竞技人才教育和选拔重要之路，满足足球市场化改革的职业需要的主要培养主体。高校足球人才培养的质量和人才培养的可持续性、科学性、前瞻性，必然要求在人才培养中构建科学、合理、有效的过程管理体系。从招生质量、课程质量、教学质量、学习过程管理质量、就业质量等过程建构全面科学的体系，控制其中每个环节的管理质量，避免过程性管理中出现的"木桶效应"。通过调研发现，目前我国高校足球人才培养主要呈现以下三方面的困境：

一是人才培养方案与社会政治经济文化发展脱节，足球人才培养的知识、能力和素质的要求与足球行业发展的契合性尚待提升，人才培养方案仍需修订，过程性管理的顶层设计重视程度尚待提高；

二是招生质量和生源质量尚待加强，在招生过程、选拔过程中科学性和前瞻性不足；

三是高校足球学院教学管理的规范性、制度性、科学性仍待提升。

从培养高质量足球运动师资力量、竞技职业运动员和适应足球行业和市场的多元人才培养的目标来看，人才培养的质量保障建设是高校足球人才培养质量和学生足球

职业素养和职业能力胜任的重要环节和保证。高校足球人才培养质量保障建设仍未得到培养主体的高度重视，制度建设和体系化建设仍相对滞后，对足球行业和市场的多元化需求、学生未来职业素养的需求契合性不足，因此，应加强人才培养质量保障体系建设的审查和评估。

协同与创新：
体教融合下我国高校足球学院
人才培养发展机制的优化路径

我国高校足球人才培养理念思路的转换

通过对高校足球人才培养的现状调查发展，足球师资、足球教练员和运动员的选拔和培养上尚不能从整体层面、内在培养联动层面进行整合，尚不能运用职业生涯发展的规律和人才培养的内在规律上对培养理念与思路进行优化。因而，从实然层面造成培养思路与理念与一般体育学院的人才培养的同质性困境。亦未从国际视野和可持续发展的视角上检视高校足球学人才培养的现状。明确了"培养什么人"的问题，"如何培养人"是现阶段需要重要解决的问题，科学、系统和完整的培养思路是高校足球人才培养提升的重要环节。

现阶段，高校足球应加强联合培养机制，建立利益共享、合作培养的学院 - 俱乐部人才培养培养模式，构建明确的人才培养理念，理顺过去高校足球发展的经验，逐步探索出具有我国特色的足球人才发展思路和理念。培养具备足球综合能力的基础教育足球师资，注重训练、学习、竞赛的有效平衡，足球赛事的参与既要面向国际竞技，又需量力而行，需遵循高校足球人才培养的目标与宗旨，不能片面追求竞技水平而忽视文化教育的重要作用。培养思路与理念的转换是高校足球人才培养科学和可持续发展的关键环节。

我国高校足球人才培养价值取向的厘定

人才培养价值取向的厘定是引领高校足球人才培养的方向和质量的前提，价值取向的厘定是明确人才培养目标的准则和追求。对我国高校足球人才培养现状的问题进行抽离和总结可以看出，不少高校的足球人才培养价值在实然层面仍然是以提高高校足球学院学生的竞技水平,在考核高校足球人才培养成效时,仍以竞技水平的提升和锦标主义为主,这样的价值理念脱离了发展高校校园足球的初衷和使命。体教融合的发展必然倒逼高校足球人才培养改革的深化,从过去注重竞技水平转变为体育与教育的深度融合,这也符合高校足球人才培养贯彻人才的终身发展理念。在足球运动发展较高的国家,足球后备人才的培养都是坚持教育属性,足球竞技水平的提升是伴随着教育促进而形成的,高校足球人才培养应借鉴国外先进理念和价值规律,纠正以"职业化"、"竞技化"和"锦标化"的发展路径,坚持人才培养全面发展的价值取向。

长期以来,我国体育教育人才的培养都是二元分立的,主要是由教育部门抓人才培养工作,国家体育总局管理职业竞技人才的选拔与培养。"体教融合"打破了过去人才培养方式的藩篱,逐渐由教育部门和体育部门共同管理。新理念和新的发展方式的转变,必要需要对高校足球人才培养进行一系列的改革,加强对体育与教育的深度融合,更加需要社会对足球人才培养价值取向的转变。从高校足球人才培养而言,亟需改变过去注重竞技足球运动员的选拔为主的人才培养方式,应突出足球教育为主的教育价值取向。因而,高校足球人才培养的价值取向应契合体教融合的发展理念,推动新时期高校足球人才培养改革与发展。

我国高校足球人才培养错层治理的协同

基于系统管理理论及结构功能理论,构建我国高校足球人才培养体系需要内外相接、多层协同的治理机制,以此来优化与完善我国高校足球人才的培养机制。

（一）利益共享

从利益相关者理论的视角出发,高校足球人才培养的利益相关者主要是高校、足球学院学生、学生家长、高校教练员与足球学院合作企业及俱乐部。因此,从利益相关者合作的角度出发,如何挖掘利益相关方在高校人才培养体系中的作用、合理分配各方利益,是高校足球人才培养的重要课题。从学生的角度出发,在高校学习不仅提升了足球运动技能和水平,而且掌握了足球运动的教学能力。从教练员的角度出发,发挥高校校园足球的平台建设,收获了竞技成绩与荣誉。从合作企业的角度出发,支持和赞助高校足球人才培养,能够获得足球运动人才资源和竞技赛事的效益。

（二）责任共担

与利益共享相一致的是坚持责任共担的原则,高校足球人才培养的过程管理需要在各环节明确各利益相关者的责任,利益共享与责任共担目标一致,明晰责任是高校治理的中心任务,在人才培养的各环节目标一致、把握原则、利益协调是高校足球人才培养治理能力提升的重要方略。

体教融合背景下高校足球人才培养体制与机制的建立，需要构建体育与教育部门的协商对话机制，打破过去人才培养的体制与机制的障碍，共同优化和制定新时期高校足球人才培养的方案，从国际视野、长远视野科学规划我国高校足球人才培养的发展路径。从实然层面分析，高校人才培养相关主体应共同合作，明确人才培养的整体意识和各方责任观念，狠抓责任落实，建立有效的沟通协商机制，各方利益主体有权在人才培养过程中承担监督角色，构建资源分配与协调处理机制，协同治理人才培养的全过程管理，落实人才培养的具体目标，促进科学的高校足球人才培养体系的建设。

PART

09

体教融合下高校体育
教学评价的革新

体教融合下高校体育教学
过程的优化发展

| 体育教学过程的概念

体育教学过程是为实现体育教学目标而计划、实施的、使学生掌握体育知识和运动技能并接受各种体育道德和行为教育的教学程序。这个程序具有学段、学年、学期、单元和课时等不同时间概念。

| 体育教学过程的概念

（一）高校体育教学过程是学生对运动技能进行掌握的过程

高校体育教学过程是学生对运动技能进行掌握的过程。从本质上来讲，体育课程的教学就是在身体练习不断反复开展的过程中，使学生能够对运动技能进行掌握，同时，在对运动技能掌握的前提下在接受其他方面的养成教育，同体育课程不同，其它学科的教学过程实际上就是，使学生对概念进行识记，并且对推理、判断等思维方式进行应用，去对科学知识进行掌握，同时使学生的智力得到发展。因此，我们可以将高校体育教学过程理解为学生对运动技能进行掌握的过程。

（二）高校体育教学过程是使学生运动素养提高的过程

对运动技能进行掌握的前提就是，使运动素质得到提高，同时，还要使大肌肉群的运动素质得到有效提高，运动技能与运动素质提升之间存在的关系是互相促进。所以，高校体育教学过程可以理解为是使学生运动素质得到不断提高，且以此能够使学生体能得到增强的一个过程。在高校体育教学活动开展的过程中，在重视学生掌握运动技能程度的同时，还应该对学生运动素质的提升给予一定关注．并且，在对高校体育教学进行设计，对高校体育教学进度进行安排，对高校体育教学内容进行选编的过程中，将运动技能与运动素质的提高紧密地联系在一起，保证二者的协调发展。

（三）高校体育教学过程是知识学习、运动认知的形成过程

体育学科作为一门综合性课程，包含了自然学科与人文学科。在高校体育教学活动开展的过程中，不仅强调学生对运动技能的掌握，还会组织、安排学生对其他知识进行学习，获得一定的运动认知。在某些时候，这也是运动技能掌握与运动素质提高的重要前提条件。所以，高校体育教学过程也是对体育知识与运动认知进行掌握的一个过程。体育是涉及人文学科和自然学科的一门综合性课程，在以掌握运动技能为主的高校体育教学过程中，学生也会涉及许多知识的学习和运动认知的获得，有时，这也是掌握运动技能和提高运动素质的基础。因此，高校体育教学过程也必然是一个掌握体育知识和运动认知的过程。

（四）高校体育教学过程是集体学习与集体思考的过程

高校体育教学的教学形式主要以"集体学习"和"小集体学习"为主，之所以这样，原因在于绝大部分的体育运动项目的完成都是通过集体形式或者小集体形式，所以，也应该在集体性学习与集体性撕开的过程中完成体育技能的学习。此外，现阶段的高校体育教学目标也是更加倾向于学生的集体学习，旨在使集体教育的潜在作用能够得到充分的发挥。同时，在高校体育教学中，集体性学习与集体性思考能够使教师与学生之间、学生与学生之间的沟通和互动得到加强，同时，还能够促进学生社会适应能力与社会交往能力的培养，所以，对于高校体育教学过程，也可以认定为是开展学生集体性学习与集体思考的一个过程。

（五）高校体育教学过程是对运动乐趣进行体验的过程

从生理学的角度上来讲，学生体育学习的过程是一个充满汗、累和苦的一个过程，使对学生身体实施生物学改造的一个过程，同时，对运动固有乐趣从身体方面与心理方面进行体验的一个过程。这种乐趣体现了体育运动的生命力，同时是高校体育教学的重要内容与目标，还是对学生体育参与意识进行培养的重要手段与途径，是终身体育运动开展的前提条件。所以，对于高校体育教学过程，我们可以理解为学生对运动乐趣进行体验的一个过程。

体育教学过程存在的主要矛盾在体育教学过程中，主要矛盾存在三对，分别是：

（1）体育教师的教育学生的学之间存在的矛盾；

（2）体育教师同教材之间存在的矛盾；

（3）学生同教材之间存在的矛盾。在这三对矛盾中比较显著的就是体育教师的教同学生的学之间存在的矛盾。在高校体育教学过程中，体育教师与学生是两个重要的主体性因素，因而导致体育教师的教与学生的学之间双边互动的矛盾关系得到构成，并且在高校体育教学过程中，这一矛盾是始终存在的，同时，还能够对其他矛盾的存在与发展起到一定的支配作用，从而作为原动力，促进高校体育教学过程的发展。

体育教学过程的概念

高校体育教学过程从跟上来讲，就是认识与实践之间统一、协调发展的一种活动过程，这一过程的最终目标在于，使学生的全面发展得到促进，换句话来讲，高校体育教学过程的主要功能在于使学生身心诸方面的和谐发展得到促进。对于高校体育教学过程的功能进行全面地认识与开发，能够使高校体育教学成为有效途径，以促进高校体育教学目标的更好实现。高校体育教学过程的功能主要会在以下几个方面的内容中表现出来。

（一）体育教学过程的教育功能

在体育教学开展的过程中，不仅能够增长学生的知识，使其能力得到全面发展，还能够熏陶、改变学生的思想情感、道德品质与精神面貌。在体育教学中，教师应该将教书与育人自觉地统一起来，充分发挥体育教学过程的教育功能，使学生思想品质与道德素养的发展得到促进。

（二）体育教学过程的知识传递功能

体育教师通过体育教学过程的开展，能够将科学文化知识与基本技能技巧系统地向学生传递。体育教学过程实际上就是对学生有目的、有组织、有计划进行培养的一个过程，因此，体育教学过程的知识传递功能能够高质量、高效率的发挥。

（三）体育教学过程的智能培养功能

在知识传授与技能形成的统一发展过程中，智能培养得以实现，上述三个因素之间的关系是非常紧密的，是互相促进、互相依存的统一体。首先，智力活动的主要内容就是知识；其次，对知识进行学习与应用的活动，本身就能够实现智力的锻炼与能力的培养；最后，形成技能可以使智力活动过程得到大大地简化，使智力活动水平的提高更加迅速、更加经济、更加有效。

（四）体育教学过程的审美功能

作为教学艺术与教学手段，"美"的因素始终存在体育教学过程中，并且在体育教学活动的各个方面都有存在，在"美"的多样形式下，使学生对"教"所要传递的各种各样教育信息顺利吸收，同时，获得教学美的体验与享受，使紧张学习导致的疲劳得到消除，促进一定审美趣味、审美观念与审美能力的形成。

（五）体育教学过程的发展个性功能

发展个性的主要内容是对知识进行传授，对智能进行培养，促进技能的形成、在原有生理条件与经验背景的基础上，每一个学生都有可能会形成独有的知识、智能结构与技能，同时能够对自己新的知识体系进行构建，从而为个性发展创造良好的条件。然而，需要注意的是还受到其他几个方面内容的影响。即身体素质的健全，态度、情感、动机、意志、品德、思想、价值体系等方面的培养。对于上述能够对学生个性发展起到决定性作用的这几个方面内容，体育教学过程能够发挥积极的影响作用。

与体育教学过程有关的概念

本节内容主要是对体育教学过程的基本概念进行分析，但是本书的许多章节也都与体育教学过程存在是十分密切的联系，只是从不同方面出发对体育教学过程的内容进行阐述，例如，体育教学模式、体育教学设计、体育教学原则、体育课堂教学活动等都是从不同的角度来描述体育教学的整个过程，并且对相关规律进行揭示。所以，表述、分析体育教学过程是体育教学论的重要内容，本节只是对其进行简单的探讨。为了便于大家更全面和综合地理解体育教学过程，在此就体育教学过程与体育教学原则、体育教学模式、体育教学设计、体育教学计划以及体育课堂教学筹概念的关系做一简析。

（一）体育教学过程与体育教学原则

在许多《教学论》著作中都称教学原则，实际上就是教学过程的原则，由此可以看出，体育教学过程和体育教学原则之间存在的关系是非常密切的，但体育教学过程与体育教学原则又是不同的概念范畴。它们之间的联系主要体现在：

（1）体育教学原则是体育教学过程实施的基本要求。

（2）体育教学原则是体育教学过程优化的基本内容。

（3）体育教学原则在体育教学过程的各个层次中始终存在。但是，体育教学过程与体育教学原则之间也是存在一定区别是，在区分过程中需要注意以下问题：

（1）体育教学过程是时间和流程的范畴，体育教学原则是要求的范畴。

（2）体育教学过程可以分阶段、有重点，体育教学原则是贯穿始终的。

（3）体育教学过程与内容关系密切，体育教学原则与方法关系密切。

（二）体育教学过程与体育教学模式

体育教学模式实际上就是单元和课时体育教学过程结构，是本着某种体育教学指导思想设计的教学过程类型，体育教学过程与体育教学模式是"抽象"和"具体"的关系。因此可以说，那些具体的、有特色的、长短不一的体育教学过程设计以及其中的方法体系就是体育教学模式。

（三）体育教学过程与体育教学设计

从本质上来讲，体育教学设计就是体育教师构想与安排体育教学过程，对于体育教学的任一个过程而言，都有某一种体育教学设计存在其中，而体育教学设计是包含在体育教学过程中的工作。但是我们也不能认为有了一个体育教学过程就有了本教材所说的体育教学设计，因为本教材所讲的体育教学设计是"教师经过精心设计的为实现体育教学过程最优化的工作"。

（四）体育教学过程与体育教学计划

所谓的体育教学计划，主要是指体育教学过程的设计方案，我们对它的理解，通常是存在于纸上的体育教学过程。对于体育教学过程与体育教学计划而言，二者是一一对应的关系。例如，如果有学期体育教学过程，那么就会存在学期体育教学计划；如果有单元体育教学过程，那么就会存在单元体育教学计划；如果存在学时体育教学过程，那么就会存在学时体育教学计划等等。

（五）体育教学过程与体育课堂教学

体育课堂教学是教学的场景，通常指一个课时的体育教学，也是作为时间基本单位的体育教学过程。而体育课堂教学的各项因素同体育教学过程之间都存在十分紧密的联系，都是体育教学过程的主要构成因素，同时，也是对体育教学过程进行观察的最佳视角。一般来讲，体育教学论是为了让大家更清晰地理解体育教学过程，也是为了各个章节的平衡才予以分别论述的，这一点请大家注意。

▌ 体育教学过程的动态与静态分析

（一）体育教学系统的构成要素在对体育教学过程进行分析的过程中，可以应用整体性观点，首先，将体育教学作为一个完整的系统进行考虑，而整个体育教学系统的构成主要是很多互相练习的部分或要素。

（二）现代体育教学过程的本质

1. 体育教学是交往的一种特殊形式

在对人的本质进行分析的过程中，马克思提出了这样的观点，即从现实性的角度上看，人属于一切社会关系的总和。由此可以得知，通过社会这个媒介，人的本质才能够得到展现，而只有交往的存在，才能够在一定程度上促进社会的运行与发展。从本质上来讲，体育教学过程就是一个教师和学生之间互相作用的过程，一旦这样互相作用关系不存在，那么也就不存在体育教学活动，换句话说，体育教师与学生之间有一种特殊的社会关系存在，因此，他们间的互相交往也是一种特殊的形式。体育教学的特殊性主要会在以下几个方面表现出来。即：①它的交往目的比较独特。②它的交往内容比较特殊。③它的交往主体比较特殊。④它的交往方式比较独特。

2. 师生间的主客体关系由对话构成

体育教学属于一种特殊的师生交往过程，主要表现形式是对话，而双方之间的对话使教师与学生之间的特殊关系得以构成。在存在的特殊关系中，教师与学生都将对方看作是教学目的达成、教学目标实现的合作者，而不是一个对象。通过对话的形式，人与人之间的互相交往、沟通更加和谐，如此一来，教师与学生之间的关系也就发生改变。在基础教育课程改革与体育新课程改革中，对于教师与学生间关系的变化趋势已经进行了明确。

3. 体育教学过程的规律

所谓的体育教学过程的规律，主要指的是在体育教学的过程中或者是现象之间会有本质的、必然的联系存在，而这种练习能够将体育教学发展的特点体现出来。由于体育教学过程中存在许多的构成要素，并且这些要素之间还存在特别复杂、广泛的联系。所以，体育教学规律就不是单一的，这一点也是同其他现象所具规律相比的不同之处；体育教学规律也不会像其他规律一样，直接地展现出重复有效性；生物学刺激具有十分明显的反应规律，而体育教学是同人的身心发展相适应并促进的。对于体育教学存在的特殊规律，作者进行了如下分析。

（1）动作技能形成的规律

体育教学的最终目的是使学生对一定的运动技能进行学习并掌握。而事实上，掌握运动技能的过程并不是单纯地从不会到会，从不熟练到熟练的发展过程。动作技能的形成会经过三个阶段，对动作粗略掌握阶段、对动作改进与提高阶段，巩固与熟练运用动作阶段。

（2）动作技能迁移规律

从学习理论的角度上来讲，迁移是指一种学习情境对另外一种学习情境产生的影响。而我们这里所说的动作技能的迁移，就是指已经形成的动作技能对于所学习的新动作技能存在的影响。如果存在的影响是积极的，那么我们会把这种具有促进作用的迁移称作是正迁移；如果存在的影响是消极的，那么我们就会把这种带有负能量的迁移称作是负迁移。

在体育教学开展的过程中，迁移的现象是普遍存在的，同时，迁移规律对于体育教学过程还存在一定的影响，尤其是对于动作技能形成的影响更加明显。如果没有通过迁移，就不能够使已经形成的动作得到进一步的熟练、检验与充实。迁移的重要基础是已经拥有的知识技能，作为重要的环节，从掌握知识与技能向形成能过渡，因此，为了迁移而开展教学的思想被人提出。

（3）人体机能适应性规律

在体育教学开展的过程中，对于身体活动与反复练习，学生积极地参与，长此以往，由于体能的消耗导致身体疲劳与身体技能水平下降的情况出现，然而，事实上，疲劳的过程也会是使恢复得到刺激的过程，能够促进能量储备的加强，使超量恢复得以小狐仙，使机体的适应能力得到提高。因此，在体育教学开展的过程中，学生对于负荷的刺激要进行一定的承担，使新陈代谢与机体能力提高的过程得到促进。在开展体育教学的时候，为了能够使学生的机体能力得到提高，使健康得到增进，最应该要做的就是对负荷和休息合理地进行安排。由于运动负荷的大小与人体新陈代谢能力的不同，超量恢复也会出现一定的改变，在一定的范围中，如果肌肉存在较大的肌肉活动量，那么也就会存在约为激烈的消耗过程，进而就会出现更加明显的超量恢复，而一旦产生了机体适应性的变化，那么学生的体质也会有所改善。

①工作阶段

在这一阶段，学生对一定的运动负荷进行承担，即身体练习的强度与量，对机体的潜在能力进行动员，加强身体内部的异化作用，将会消耗掉能量储备。

②相对恢复阶段

在这一阶段，经过了休息与调整以后，身体的各项机能指标向工作之前的水平恢复，会出现上升趋势的曲线。

③超量恢复阶段在这一阶段，通过能量的补偿与合理的休息，物质储备与能量储备远远多余原本拥有的水平，在练习部分的效果，进而使机体的工作能力得到了提高。

④复原阶段如果经历的间歇时间较长的话，那么超量恢复阶段的效果就会失去，导致机体的工作能力慢慢降低到原本水平。

（三）高校体育教学过程优化分析综上所述，体育教学过程中会同许多的要素相联系，对此笔者对体育教学过程包含三个要素的观念表示赞同，因而，在对体育教学过程的优化问题进行分析的过程中，本书主要通过对教师、学生、教材（即教学内容）等几个方面的分析来进行探讨。

1.优化体育教师

使体育教师的主体能动性能够得到充分发挥，也就是在整个体育教学活动开展的过程中，使体育教师的主导作用得到有效的发挥。在体育教学中，体育教师是教学的主体，发挥着主导的作用。通过对体育教学过程展开动态分析可以得知，教师的主导作用主要会在三个阶段体现出来，即体育教学的准备阶段、体育教学的实施阶段与体育教学的反思阶段。因此，在优化体育教师的时候，应该从上述的三个阶段展开分析。

（1）体育教学的准备阶段

在体育教学的准备阶段，体育教学方案得以形成，是指按照体育教学的理论与实际条件安排、规划、确定体育教学过程、体育教学目标与体育教学评价等。对体育教学方案进行优化设计，能够保证体育教学整个过程的优化。

（2）体育教学的实施阶段

体育教学的实施阶段事实上就是对体育教学进行管理、组织、实施的阶段，同时也是体育教学目标与体育教学方案具体执行与实现的过程。体育教学的实施阶段是体育教学过程的重要组成部分之一，在这一阶段中，体育教师承担着很多方面的任务，例如，使学生的学习动机得到调动，学生的学习过程得到指导与组织，等等。这一阶段也是对体育教学过程进行优化的重点内容。

（3）体育教学的反思阶段

体育教学的反思阶段，主要是指评价与反馈体育教学效果的过程，在这一过程中，需要对体育教学效果进行检查与评估，同时，这一阶段也是体育教学过程的最后一个步骤。体育教学评价的开展，能够使体育教学活动是否达到体育教学预期目标的问题从实际效果上得到解答，同时，还能够将基本的反馈信息提供给下一个体育教学过程。对体育教学效果进行科学的、合理地评价，不仅仅是体育教师的重要责任，同时还是优化体育教学活动

的客观要求。

2．优化学生

在我国的国家基础教育改革中，以学生为主体的全新教育理念被提出。在体育教学活动开展的过程中，学生是主体，具体来讲，学生自身的主体性能够得到发挥，同时，其主体性就是整个主体结构的表现功能。所以，在体育教学开展的过程中，学生的主观能动性应该得到发挥，对体育教学内容的选择进行参与，使体育锻炼与学习的动机、兴趣与愿望得到体现，通过体育练习活动的开展，使学生的运动能力、运动经验与运动技能储备等得到发展。在体育教学实践活动开展的过程中，只要学生的主动性、创造性与独立性得到全面的发展，才能够保证学生对体育知识、体育技能有所掌握，使其自身的能力得到发展，促进合理主体结构的形成。

3．优化体育教学内容

在优化体育教材，即体育教学内容的时候，需要对以下几个方面的要求给予重视。

（1）保证全面性的体育教学内容

体育教学主要目标是使学生的全面发展得到培养，为其将来接受更高层次的教育建立良好基础。所以，应该将体育锻炼方法、体育科学知识与体育价值观念等多个方面的内容紧密地联系在一起，只有保证体育教学内容的全面性，才能够为日后学生的全面发展创造有利条件。

（2）保证基础性的体育教学内容

体育教学的内容，主要会在以下几个方面表现出基础性，及使学生的正常生长发育得到促进，保证学生身体素质与运动能力的全面发展，保证获得扎实的体育知识与体育技能，促进良好体育锻炼习惯的养成，创造终身体育运动的重要条件。

（3）保证活动性的体育教学内容

体育教学内容是学生开展学习活动的主要材料，通过主体活动的完成，使学生掌握了体育教学内容。体育教学内容的设计应该保证能够促进学生主体活动的开展，使学生的体育学习兴趣得到培养，也就是说体育教学内容应该是整体性的规划，主要从学生的思维、观察、体验、练习、互动与探索等方面出发。

4.体育教学过程的控制、管理与评价

体育教学过程的控制、管理与评价，应该从体育教学目标与体育教学效率等指标出发，并且保证控制、管理的过程中做到有组织、有目的、有计划的开展，同时还要对体育教学速度、体育教学时间、体育教学速度等因素进行综合考虑，争取在体育教学开展的过程中，做到在较低消耗的情况下，取得理想的体育教学教学效果。

总而言之，在对体育教学过程进行优化的过程中，应该同教师教学活动的科学组织与学生学习活动的有效开展紧密联系在一起，对于体育教师教与学生学的双边活动科学地进行组织，同时，对于体育教学的规律、体育教学方法、体育教学模式、体育教学的内部条件与外部实际条件要全面地进行考虑，从既定目标出发，使体育教学过程的有效作用得到发挥，促进最佳体育教学效果的实现。

体育教学评价
的改革创新

所谓的体育教学评价，主要是指在体育课程中一般性教学评价的具体应用，同时也是体育课程教学的重要环节。要卓有成效地开展体育课程教学工作，真正实现提高学生综合素质的目标，就必须在实际教学中贯彻新的教学理念，利用新的教学方式和丰富的、与实际社会生活相配套的体育课程内容来进行教学，而所有这些都需要有与之相对应的教学评价配合。因此，只有对当代体育课程的教学评价有较深入的了解，树立全新的教学评价观，充分发挥其在体育课程教学中的向导作用，才能更好地促进新课程改革背景下体育课程的教学工作。本章就体育教学评价的概念、特点、原则、功能进行了论述，同时还对新课程改革背景下体育教学评价及评价的新方法做了简要的介绍，使教师在教学中能够熟练地运用更多的评价方法，有效地对教学进行评价。

| 体体育教学评价概述

（一）体育教学系统的构成要素在对体育教学过程进行分析的过程中，可以应用整体性观点，首先，将体育教学作为一个完整的系统进行考虑，而整个体育教学系统的构成主要是很多互相练习的部分或要素。

（二）现代体育教学过程的本质

1.体育教学是交往的一种特殊形式

在对人的本质进行分析的过程中，马克思提出了这样的观点，即从现实性的角度上看，人属于一切社会关系的总和。由此可以得知，通过社会这个媒介，人的本质才能够得到展现，而只有交往的存在，才能够在一定程度上促进社会的运行与发展。从本质上来讲，体育教学过程就是一个教师和学生之间互相作用的过程，一旦这样互相作用关系不存在，那么也就不存在体育教学活动，换句话说，体育教师与学生之间有一种特殊的社会关系存在，因此，他们间的互相交往也是一种特殊的形式。体育教学的特殊性主要会在以下几个方面表现出来。即：①它的交往目的比较独特。②它的交往内容比较特殊。③它的交往主体比较特殊。④它的交往方式比较独特。

2.师生间的主客体关系由对话构成

体育教学属于一种特殊的师生交往过程，主要表现形式是对话，而双方之间的对话使教师与学生之间的特殊关系得以构成。在存在的特殊关系中，教师与学生都将对方看作是教学目的达成、教学目标实现的合作者，而不是一个对象。通过对话的形式，人与人之间的互相交往、沟通更加和谐，如此一来，教师与学生之间的关系也就发生改变。在基础教育课程改革与体育新课程改革中，对于教师与学生间关系的变化趋势已经进行了明确。

3．体育教学过程的规律

所谓的体育教学过程的规律，主要指的是在体育教学的过程中或者是现象之间会有本质的、必然的联系存在，而这种练习能够将体育教学发展的特点体现出来。由于体育教学过程中存在许多的构成要素，并且这些要素之间还存在特别复杂、广泛的联系。所以，体育教学规律就不是单一的，这一点也是同其他现象所具规律相比的不同之处；体育教学规律也不会像其他规律一样，直接地展现出重复有效性；生物学刺激具有十分明显的反应规律，而体育教学是同人的身心发展相适应并促进的。对于体育教学存在的特殊规律，作者进行了如下分析。

（1）动作技能形成的规律

体育教学的最终目的是使学生对一定的运动技能进行学习并掌握。而事实上，掌握运动技能的过程并不是单纯地从不会到会，从不熟练到熟练的发展过程。动作技能的形成会经过三个阶段，对动作粗略掌握阶段、对动作改进与提高阶段，巩固与熟练运用动作阶段。

（2）动作技能迁移规律

从学习理论的角度上来讲，迁移是指一种学习情境对另外一种学习情境产生的影响。而我们这里所说的动作技能的迁移，就是指已经形成的动作技能对于所学习的新动作技能存在的影响。如果存在的影响是积极的，那么我们会把这种具有促进作用的迁移称作是正迁移；如果存在的影响是消极的，那么我们就会把这种带有负能量的迁移称作是负迁移。

在体育教学开展的过程中，迁移的现象是普遍存在的，同时，迁移规律对于体育教学过程还存在一定的影响，尤其是对于动作技能形成的影响更加明显。如果没有通过迁移，就不能够使已经形成的动作得到进一步的熟练、检验与充实。迁移的重要基础是已经拥有的知识技能，作为重要的环节，从掌握知识与技能向形成能过渡，因此，为了迁移而开展教学的思想被人提出。

（3）人体机能适应性规律

在体育教学开展的过程中，对于身体活动与反复练习，学生积极地参与，长此以往，由于体能的消耗导致身体疲劳与身体技能水平下降的情况出现，然而，事实上，疲劳的过程也会是使恢复得到刺激的过程，能够促进能量储备的加强，使超量恢复得以小狐仙，使机体的适应能力得到提高。因此，在体育教学开展的过程中，学生对于负荷的刺激要进行一定的承担，使新陈代谢与机体能力提高的过程得到促进。在开展体育教学的时候，为了能够使学生的机体能力得到提高，使健康得到增进，最应该要做的就是对负荷和休息合理地进行安排。由于运动负荷的大小与人体新陈代谢能力的不同，超量恢复也会出现一定的改变，在一定的范围中，如果肌肉存在较大的肌肉活动量，那么也就会存在约为激烈的消耗过程，进而就会出现更加明显的超量恢复，而一旦产生了机体适应性的变化，那么学生的体质也会有所改善。

①工作阶段

在这一阶段，学生对一定的运动负荷进行承担，即身体练习的强度与量，对机体的潜在能力进行动员，加强身体内部的异化作用，将会消耗掉能量储备。

②相对恢复阶段

在这一阶段，经过了休息与调整以后，身体的各项机能指标向工作之前的水平恢复，会出现上升趋势的曲线。

③超量恢复阶段在这一阶段，通过能量的补偿与合理的休息，物质储备与能量储备远远多余原本拥有的水平，在练习部分的效果，进而使机体的工作能力得到了提高。

④复原阶段如果经历的间歇时间较长的话，那么超量恢复阶段的效果就会失去，导致机体的工作能力慢慢降低到原本水平。

（二）高校体育教学过程优化分析综上所述，体育教学过程中会同许多的要素相联系，对此笔者对体育教学过程包含三个要素的观念表示赞同，因而，在对体育教学过程的优化问题进行分析的过程中，本书主要通过对教师、学生、教材（即教学内容）等几个方面的分析来进行探讨。

1.优化体育教师

使体育教师的主体能动性能够得到充分发挥，也就是在整个体育教学活动开展的过程中，使体育教师的主导作用得到有效的发挥。在体育教学中，体育教师是教学的主体，发挥着主导的作用。通过对体育教学过程展开动态分析可以得知，教师的主导作用主要会在三个阶段体现出来，即体育教学的准备阶段、体育教学的实施阶段与体育教学的反思阶段。因此，在优化体育教师的时候，应该从上述的三个阶段展开分析。

（1）体育教学的准备阶段

在体育教学的准备阶段，体育教学方案得以形成，是指按照体育教学的理论与实际条件安排、规划、确定体育教学过程、体育教学目标与体育教学评价等。对体育教学方案进行优化设计，能够保证体育教学整个过程的优化。

（2）体育教学的实施阶段

体育教学的实施阶段事实上就是对体育教学进行管理、组织、实施的阶段，同时也是体育教学目标与体育教学方案具体执行与实现的过程。体育教学的实施阶段是体育教学过程的重要组成部分之一，在这一阶段中，体育教师承担着很多方面的任务，例如，使学生的学习动机得到调动，学生的学习过程得到指导与组织，等等。这一阶段也是对体育教学过程进行优化的重点内容。

（3）体育教学的反思阶段

体育教学的反思阶段，主要是指评价与反馈体育教学效果的过程，在这一过程中，需要对体育教学效果进行检查与评估，同时，这一阶段也是体育教学过程的最后一个步骤。体育教学评价的开展，能够使体育教学活动是否达到体育教学预期目标的问题从实际效果上得到解答，同时，还能够将基本的反馈信息提供给下一个体育教学过程。对体育教学效果进行科学的、合理地评价，不仅仅是体育教师的重要责任，同时还是优化体育教学活动

的客观要求。

2.优化学生

在我国的国家基础教育改革中，以学生为主体的全新教育理念被提出。在体育教学活动开展的过程中，学生是主体，具体来讲，学生自身的主体性能够得到发挥，同时，其主体性就是整个主体结构的表现功能。所以，在体育教学开展的过程中，学生的主观能动性应该得到发挥，对体育教学内容的选择进行参与，使体育锻炼与学习的动机、兴趣与愿望得到体现，通过体育练习活动的开展，使学生的运动能力、运动经验与运动技能储备等得到发展。在体育教学实践活动开展的过程中，只要学生的主动性、创造性与独立性得到全面的发展，才能够保证学生对体育知识、体育技能有所掌握，使其自身的能力得到发展，促进合理主体结构的形成。

3.优化体育教学内容

在优化体育教材，即体育教学内容的时候，需要对以下几个方面的要求给予重视。

（1）保证全面性的体育教学内容

体育教学主要目标是使学生的全面发展得到培养，为其将来接受更高层次的教育建立良好基础。所以，应该将体育锻炼方法、体育科学知识与体育价值观念等多个方面的内容紧密地联系在一起，只有保证体育教学内容的全面性，才能够为日后学生的全面发展创造有利条件。

（2）保证基础性的体育教学内容

体育教学的内容，主要会在以下几个方面表现出基础性，及使学生的正常生长发育得到促进，保证学生身体素质与运动能力的全面发展，保证获得扎实的体育知识与体育技能，促进良好体育锻炼习惯的养成，创造终身体育运动的重要条件。

（3）保证活动性的体育教学内容

体育教学内容是学生开展学习活动的主要材料，通过主体活动的完成，使学生掌握了体育教学内容。体育教学内容的设计应该保证能够促进学生主体活动的开展，使学生的体育学习兴趣得到培养，也就是说体育教学内容应该是整体性的规划，主要从学生的思维、观察、体验、练习、互动与探索等方面出发。

4.体育教学过程的控制、管理与评价

体育教学过程的控制、管理与评价，应该从体育教学目标与体育教学效率等指标出发，并且保证控制、管理的过程中做到有组织、有目的、有计划的开展，同时还要对体育教学速度、体育教学时间、体育教学速度等因素进行综合考虑，争取在体育教学开展的过程中，做到在较低消耗的情况下，取得理想的体育教学教学效果。

总而言之，在对体育教学过程进行优化的过程中，应该同教师教学活动的科学组织与学生学习活动的有效开展紧密联系在一起，对于体育教师教与学生学的双边活动科学地进行组织，同时，对于体育教学的规律、体育教学方法、体育教学模式、体育教学的内部条件与外部实际条件要全面地进行考虑，从既定目标出发，使体育教学过程的有效作用得到发挥，促进最佳体育教学效果的实现。

体体育教学评价概述

（一）体育教学评价的分类标准

按照不同的标准对体育教学评价进行分类，可以进行多种情况的划分。

1.根据不同的评价基准

进行分类如果根据不同的评价基准对体育教学评价进行分类的话，就可以分成自身评价、绝对评价与相对评价三类。

2.根据不同的评价功能进行分类

如果根据不同的评价功能对体育教学评价进行分类的话，就可以分成总结性评价、形成性评价与诊断性评价三类。

3.根据不同的评价内容进行分类

如果根据不同的评价内容对体育教学评价进行分类的话，就可以分成过程性评价与结果性评价。

4.根据不同的评价表达进行分类

如果根据不同的评价表达对体育教学评价进行分类的话，就可以分成定量评价与定性评价。上述的几种评价方式都存在不同的功能，且每一种评价方式都不仅仅存在自己的优势，还存在自己的不足。在评价体育教学设计方案的时候，应该按照体育教学实际的目标与需求对适当的评价类型进行选择。

（二）体育教学的评价种类

1.体育教学的绝对评价

体育教学的绝对评价，主要是指按照体育教学的目标评价体育教学的设计方案、教与学的成果。此评价形式在被评价的集合与群体之外建立了体育教学评价的基准，针对某种指标对集合或者群体中的每一个成员同基准进行逐一对照，进而对其优劣进行判断。通常来讲，会将体育教学的课程标准、教学计划中的教学大纲、课程具体实施方案，以及相对应的评判细则。体育教学绝对评价的优势是存在比较客观的评价标准。因此，在体育教学的评价过程中，如果能够恰当地使用此种评价方式，那么就能够保证每一个被评价者都能够对自身同客观标准之间的差距有所了解，以便于他们能够不断努力向标准靠拢。此外，通过体育教学的绝对评价，体育教学的管理部门可以对体育教学各项目标的完成情况进行直接鉴别。同时，还能够对即将要开展工作的重点进行明确。但是体育教学的绝对评价也是存在缺点的，在对评价标准进行制定与掌握的时候，容易影响到被评价者的原本经验与主观意愿。

2.体育教学的相对评价

体育教学的相对评价，就是指将基准建立在被评价对象的集合或者群体中，然后，逐一的将各个对象同基准进行对比，来对群体或者集合中每一个成员的相对优劣进行判断。体育教学相对评价的基准是群体的平均水平，根据在整个群体中被评价对象所处的位置进行判断。而体育教学相对评价的优势是具有广泛的适用范围，且甄别性强。就是说，无论群体的整体水平如何，都能够将优劣对比出来体育教学相对评价的缺点是，由于群体的不同基准也会产生相应的变化，所以，容易导致评价标准同体育教学目标相背离。

3.体育教学的自身评价

体育教学的自身评价，主要指被评价者从不同的侧面、过去与现在进行纵横比较，从而对自己各个方面的能力展开评价，对自身的进步情况进行确定。体育教学自身评价的优点在于，能够对个性特点给予尊重，同时对个别差异给予重视。通过纵横比较被评价对象或者部分的各个方面或者各个阶段，对其现状与趋势进行判断。然而，由于具有相同条件的被评价对象没有与被评者进行比较，所以对其实际的水平与差异进行判断是很困难的。所以，在体育教学评价的实践活动中，选择评价形式的时候应该将相对评价与自身评价紧密地联系在一起。

4.体育教学的诊断性评价

体育教学的诊断性评价，也被称作是前置评价。在开展体育教学的某项活动之前，例如，在前期分析体育教学设计的时候，应该针对学生的智力、态度、体能、知识与技能等方面的情况开展摸底测试，以便于对学生的准确情况与实际水平进行了解，对其是否具备体育教学新目标实现的必须条件进行判断，为体育教学决策提供一定的理论依据，保证体育教学活动同学生背景与需要的协同发展。我们这里所说的诊断，是一个存在较大范围的概念，不仅能够对缺陷和问题进行验明，还能够识别各种各样的优点与特殊才能。所以，体育教学针对性评价的最终目的是对体育教学方案进行设计，使起点水平与学习风格不同学生的需要得到满足，同时，还要在体育教学程序中对学生进行最有益的安置。

5.体育教学的形成性评价

在体育教学活动开展的过程中，形成性评价的不断进行是为了更好效果的获得。此种评价形式能够对阶段设计成果、阶段教学效果与学生的学习进展情况与存在的问题等进行及时了解，及时做出反馈，并且对体育教学工作进行不断调整与改进。这种评价会频繁的发展。例如，学习一个知识点之后的练习、提问，一个单元之后的技术评定，一节课以后的小测试。形成性评价是体育教学设计活动中的重要评价形式；或者是评价新的体育教学方案时，一般都是应用在此方案的试行过程中，主要的目的在于对该方案进行修改，对有利的证据进行收集。从体育教学质量提高的问题上来讲，对于形成性给予重视要下面将要分析的总结性评价更具有现实意义。

6.体育教学的总结性评价

体育教学的总结性评价，也被称作是后置评价，通常是当体育教学活动结束一段时间以后，为了能够对体育教学活动的最终结果进行把握而开展的评价。例如，在学年末或者学期末的时候，体育教师会组织考评、考核，主要目的是为了对学生的学习结果进行检验，看看它是否达到了体育教学目标的要求。在体育教学的总结性评价中对体育教学过程中教与学的结果进行了强调，进而全面地鉴定被评价者所取得的重大成果，对等级进行区分，对体育教学整个方案的有效性做出价值判断。

7.体育教学的过程评价

在体育教学开展的过程中，针对教学目标实现的手段与方案开展的评价叫作过程评价。过程评价的主要目的是目标达成的手段与方法的使用情况进行关心与检查。例如，在对某一个教学目标进行完成的过程中，游戏法与竞赛法哪一个效果更加明显；在某一个动作技能教学开展的过程中，究竟是完整法比较适合，还是使用分解法好；对于某一种技能的学习，是由学生自己探索发现的，还是在同伴的谈论与协作下实现的。所以，过程评价的开展不是在体育教学过程中，就是体育教学设计的过程中。体育教学的过程评价不仅能够促进形成性评价的继续修改，还能够促进体育教学过程中费用、时间与学生接受情况等方面所做的总结性评价的完成。

8.体育教学的结果评价

针对体育教学活动具体实施以后产生的效果进行的效果评价，就是结果评价。例如，对于某一种体育教学方案的实施效果与某一种辅助性教学设施的使用价值所开展的评价。体育教学的结果评价侧重于对总结性评价的功能进行完成，同时还能够将形成性评价的相关信息提供出来。

9.体育教学的定性评价

表 9-1 对各种体育教学评价的分析

重要性的排序	评价方式	优点	缺点	当前重要性	使用频率
1	对体育学习结果教师做出的评价	经验丰富的体育教师是评价的主体，而评价的对象主要是能够将教学效果反映出来的结果，所以，此种评价方式具有较高的评价准确度	评价在即时性方面比较欠缺，也会因此缺乏更加生动。已无法纠正发现的问题	仍旧重要且需要给予重视的主要评价方式	单元、学期、每学段、学年
2	对体育学习过程教师做出的评价	经验丰富的教师作为评价的主体，而主要将生动的教学过程作为评价对象，保证了评价的生动性与及时性	由于动态的过程是评价的对象，评价有时会在准确性比较欠缺	比较重要，需要更加关注的主要评价方式	时时刻刻
3	学生的自我评价	学生对其体育学习的"自省"，促进了此种评价方式的形成，"自省"能够使学生的学习动机得到激发，学生的学习能力得到培养	由于学生优点夸大	比较重要，需要更加关注的主要评价方式	时时刻刻
4	学生与学生之间的相互评价	学习目标与学习阶段相同的"同行者"是评价的主体，此种评价方式具有较强的刺激性、生动性与针对性	由于学生的经验不足、专业知识的缺乏与对学生负责精神的欠缺，造成评价偏差的出现	比较重要，需要更加关注的主要评价方式	由体育教师对时间进行安排、组织
5	教师对教师的评价	经验丰富的教师既是评价的主体，又是评价的客体，所以，此种评价方式具有较强的质量性与学术性。同时，此评价能够改善体育教学经验的总结与教学	此种评价方式既不能作为日常的评价方式，也不能作为面对每一个学生的及时评价	属于辅助性的评价方式，需要对此种评价方式给予重视	每一学期开展1~2次

重要性的排序	评价方式	优点	缺点	当前重要性	使用频率
6	教师的自我评价	教师对自身教学的"自省"促进了此种评价方式的形成，能够促进体育教学的不断改善，使体育教师的教学能力与责任心得到提高	评价会因教师的自我保护意识而产生偏差，而评价也不直接面向学生	要重视的、辅助性的评价方式	每时每刻
7	学生对教学的随时反馈	这种评价既是教学民主的体现，也能增进教学双方的互动和提高教学质量，并"以学生发展为本"	在实际的教学中实行起来并不容易，如果对此过度强调，那么就会对体育教学效率造成影响	不能忽视的、辅助性的评价方式	教师组织时间为主
8	学生的评教活动	体现了体育教学的民主性，对于教师对学生意见的倾听，对学生愿望与要求的了解能够起到一定促进作用，同时，还能够使体育教学得到改善	这种评价不可能经常进行，学生的意见也有许多不准确的内容	属于辅助性的评价方式，需要对此种评价方式给予重视	每一学期开展1~2
9	其他的评价方式（如家长对学生学习的评价等）	此种评价方式能够促进学校体育与社会教育、家庭教育的有机结合，同时，对于各方面认识的了解与监督教育也存在一定的帮助	社会人士并不具备专业的体育教学知识，对于体育教学过程也了解甚少，所以很难准确进行评价	属于辅助性的评价方式，需要尽可能地对此种评价方式进行实施	每学段1~2次

所谓的体育教学定性评价，主要是指针对评价资料展开"质"的分析，是对综合与分析、分类与比较、演绎与归纳等逻辑分析方法进行应用，思维加工所获得的资料与数据，进而开展定性描述的评价。而一般会有两种分析结果出现，其一，描述性材料，存在较低的数量化水平，更为严重的是根据不存在数量概念；其二，同定量分析相结合而产生的，即包含数量化但以描述性为主的材料。

10. 体育教学的定量评价

所谓的体育教学定量评价，主要是指针对评价资料开展"量"的分析，是对统计分析与多元分析等分析方法进行应用，对所获得的资料与数据做出定量结论的评价。

鉴于体育教学中人的因素涉及范围比较广，因而使得各种变量及其互相作用具有复杂性特点。所以，为了能够将数据的规律性与特征揭示出来，应该由定性评价来规定定量评价的范围与方向。

（三）各种"教学评价"的地位和运用频数

上述的体育教学评价的一种形式都存在各自的特点、优点与不足，且并不具备对等的重要意义。在体育教学改革的进程中，它们也存在不一样的突出性与重要性，因此，每一种体育教学评价方式在体育教学实践中的使用频率也有所不同，在下表，笔者从重要性排序、"评价方式""优点""缺点""当前的重要性""使用频率"等几个方面出发，对上述的几种体育教学评价方式进行以下的分析（表9-1）。

体体育教学评价概述

体育教学评价的改革具有非常重要的意义，主要包含以下几个方面的内容。

（一）使评价学生应用单一锻炼标准的模式得到改变

绝大多数的体育教师可能都会遇到此种情况，即在体育教学课或者体育活动开展的过程中，一部分学生没有做出积极的表现。但是根据体育锻炼标准中的体育测试，凭借良好的先天身体素质就能够获得优异体育成绩。这样即便不够努力也能够取得较好成绩的情况，对于那些身体素质先天较弱，但是却一直积极参与的学生而言，是一个严重的打击。所以，使评价学生应用单一锻炼标准的模式进行改变势在必行。体育课的成绩应该不仅仅是一个方面的，如果评价的时候将锻炼标准作为唯一的评价方式是不够全面的。因此，按照体育课程评价改革的精神，对于新颁布的学生体质健康标准充分利用。不仅能够将其作为一种学生体质强弱测试的标准，还能够将其作为一个学生进步程度的参考。例如，在学生刚刚入学的时候，就组织学生进行体质方面的一次摸底测试，并且在学生的个人档案中将测试的结果记录下来，保证每一学年开展一次测试，同时比较测试的结果，使学生体质提高的情况得到反映，这也将作为学生进步度的一个评价内容。

（二）改变以教师为唯一评价执行者的评价

体制，对学生进行多方位的评价在传统的体育教学过程中，教师主导了评价活动，导致学生的地位一直是被动，甚至是毫无存在感的。作为体育教学活动的主导者，体育教师需要对学生的身体素质基础、运动能力状况进行了解，并且按照学生的学习情况与锻炼表现对多种针对性的评价活动进行开展，进而使学生的积极性得到充分调动，促进体育课目标的尽快实现。伴随"水平目标"的逐渐设立，体育教师的教学任务在每一个阶段都会发生改变，因此，也要保证体育教学方式和方法的应用、体育教学内容的选择也多样化的发展。在新时期的体育教学过程中，我们在对评价内容进行设计的时候可以从运动技能、运动参与、身体健康、心理健康与社会适应等五个方面出发进行考虑。

（三）对过程评价与结果评价相结合的方法进行应用，使学生学习积极性得到提高

在传统的体育教学评价中主要针对学生的学习结果进行评价，重视学生在各项运动中取得的最终成绩，而对于学生整个学习过程的评价则没有重视。所以，导致评价的有效反馈功能逐渐失去，对激励学生学习，在体育教学效果提高与体育教学改进方面并没有多大的作用。

所谓的过程性评价，就是对各种评价的工具与方法进行利用，对于体育教学的各个方面经常性评定，同时还要将结果向学生及时的反馈，促使学生对问题尽早发现。现阶段，我们不仅仅要调整体育教学评价的内容，还要在平时的评价中，对学生的练习过程直接进行评价。

此种评价方式的存在，不仅能够保证大多数学生对于整个体育学习过程认真的、积极的对待，还能够对一部分学生凭借线条身体素质条件而消极学习的情况有效防治，此外，还能够对那些先天身体素质差却很努力的学生进行有效鼓励。

（四）按照新课程倡导的质性评价方法，对体育课特有的教学环境资源积极开发

体育课与其他学科对比有着很大的弱势，这种弱势是由于多方因素引起的。可对于这次的课程改革，体育对于其他学科来讲，拥有的课程资源优势得天独厚。课程改革基本上涵盖了所有的学科，要求他们能够使学生的互相协作能力、社会适应能力与人际交往能力得到提高。对于其他学科，由于受特定教学范围的影响，安排的内容只能限制在本班级范围内，而恰恰是这种局限性限制了学生这些能力的提高。相关的心理学研究得出，如果人在同一种环境中停留的时间较长，那么此种环境会降低对他的刺激，直到最低的状态，这就是我们常说的适应。这也是即便教师大声的、极力的讲课，但是，只有外界出现声音，哪怕是非常非常的小，也会吸引学生的注意力，使他们转投往外看的主要症结所在。对于体育课而言，教学的载体与教学的环境也可以是多样化发展的，甚至可以与其他年级的体育教师互相合作，以促进学生的相互协作、社会适应能力、人际交往能力的共同提高。使学生学会走出自我，参与其他各类体育活动；学会从他人中获取健身知识；学会对"体育运动"这个载体进行应用，来使自身的人际交往能力得到提高。所有评价内容的确立、方式方法的应用，都会存在一定的变化，它会受到学习阶段深入与水平目标提高的影响，并随之发生改变，此外，还能够按照体育教师的教学习惯来对其进行改变，在不同的班级中，对于不同的学习群体，也可以对不同的评价方式方法进行采用。我们是所以选择体育教学内容，应用评价方式方法，主要目的在于使体育课的开展促进学生运动兴趣的激发，使其自觉、自主参与体育锻炼的习惯与坚韧不拔、顽强勇敢意志品质的形成，保证学生身体方面、心理方面与社会适应能力方面等全面、健康、和谐地发展，进而使学生的整体健康水平得到提高。

| 体育教学评价新模式

（一）对于评价中学生的地位给予重视，实现自评与他评相结合

体育教学的重要组成部分之一就是体育教学评价，学生既然是学习的主体，也必定是体育教学评价的主体。在体育教学过程中，教师发挥着主导的作用。因此，在评定学生成绩的时候，应该将体育教师的作用充分的体现出来，但是，还要对足额生的自我评价给予重视。对能够促进学生全面发展的评价体系进行建立，使得评价主体单一的现状得到改变，保证体育教学评价的主体，不仅有体育教师，还要有班主任或者其他的任课教师；不仅要有家长，还要有学生群体，进而是体育敬爱哦学习评价成为一种交互活动，需要教师、学生和家长的共同参与，将"评价主体互动化"体现出来。学生互评能够使学生在角色转换的过程中取得自学满足感，进而使其学生比较鉴别、评判是非的能力得到提高，而学生自评则是能够使学生自我认识的能力与自我健身能力得到培养。

（二）对于学生心理健康发展及体育学习态度、情感的评价给予重视

体育教学的最终目标是促进学生身心健康的全面发展，在对学生体育学习进行评价的过程中，在对运动技能获得与身体素质提升进行考虑的同时，还要将学生的心理健康发展作为考核的指标。根据学生的认识规律与心理趋向，对体育课程内容的考核与评价进行设计，学生体育运动参与的积极性能够反映出其自身的体育学习态度，也就是说，学生能不能对体育锻炼知识积极地学习，能不能主动参与到体育锻炼中，能不能同他人主动进行体育交往，等等。体育学习的情感与态度等心理因素影响着学生的未来发展，所以，也应该将它们作为评价、考核的重要标准。

（三）对于学生终身体育意识形成的评价给予重视

体育教学运动参与的主要目标是使学生良好的体育锻炼习惯得以形成，使学生终身体育锻炼的能力得到培养。使学生自觉参与健身活动的主动性得到提高，使被动参与体育活动的行为向自觉参与转变，对学生良好的健身行为与生活方式进行培养，这是体育教学的重要目标。

终身体育能力的培养是体育教学的一个基本任务。对于传统的体育评价体系我们应该进行改变，在评价开展的过程中，对于学生终身体育意识形成和发展的情况进行考察，保证体育教学评价能够对于日后学生体育锻炼意愿能够造成影响。

（四）体育教学评价新方法———价值增长评价

所谓的价值增长评价，主要指的是利用统计方法，对于经过一段时间学习以后，对于学生所取得的有"价值"的学业进步或学业成绩增值进行衡量。在体育教学过程中，通常每一学期或者每一学年学生取得的考评分数会通过价值增长评价的方式，向标准分转化，之后，通过对这些标准分的综合，对学生学业成绩曲线图（横坐标为考评次数，纵坐标为标准分）进行构建。尽管每一个学生的曲线图会有各不相同的形状。然

是，如果能够对大量学生的学业成绩曲线图进行收集与比较的话，那么就能够发现它们共同存在的曲线特征，例如，在某段曲线范围，所有的曲线都呈现上升趋势或者下降趋势，由此我们就能够对体育教师的教学工作进行判断，也就是对于教师能否保证学生获得有效的学习进步进行鉴别。此种对体育教师工作有效性进行评价的方法，逐渐取代了传统体育教师模式的评价，即领导的评价，专家的评价、同事的评价，基于体育教师的教学效果来对他们进行评价，所以，价值增长评价能够保证更加科学、客观地对体育教师进行评价。

PART

10

体教融合下课外
体育教育管理探索

体教融合下课外体育
管理方法

在课外体育管理工作中，对其组织形式进行多模式、多渠道、多层次建立的工作完成以后，就能够有效促进学校体育工作的管理。

课外体育工作的管理

对于学生课外体育锻炼活动而言，其显著特点是具有广泛的涉及范围，多样化的参与形式，以及众多的参与人数，等等。不可避免地导致学校课外体育的组织工作与管理工作也存在着一些实际问题，例如，巨大的工作量、繁琐的操作，等等，因此，就对广大体育教育工作者的敬业精神与风险精神提出较高的要求。课外体育锻炼管理制度的建立与不断健全，使得全方位、多层次的组织形式与服务形式得到切实地落实，使得各职能部门之间的分工协作得到加强，促进信息化、网络化体育教学技术水平的不断提升，进而能够促进课外体育工作的管理水平与服务水平得到不断提高。有一点需要我们注意的是，学校课外体育工作的管理水平与服务水平，会受到学校课外体育工作管理体系健全程度的直接影响。

而学生课外体育俱乐部制组织形式的建立，使其自身逐渐成为一种主导性的发展模式，促进了全面协调、可持续性科学发展观的确立，同时也是对"课内外一体化"体育课程改革要求的积极顺应。

体育综合管理系统建设

（一）高校课外体育工作中存在的主要问题与面临的困惑

《学生体质健康标准》从 2021 年开始，就已经被我国所有的普通高校进行了广泛地推广与实施。如果对传统的《国家体育锻炼标准》中要求的组织和管理管理模式继续遵守的话，那么一些主要的现实问题将会摆在我国普通高校的体育工作面前，对于存在的主要问题与面临的困惑。

（二）高校课外体育管理工作中现阶段存在的重要难点和面临的繁点

高校体育教学工作由多项环节构成，例如，体育教学工作、运动训练工作、体质健康标准测试工作、运动竞赛工作、群体活动、体育俱乐部，等等。作为高校体育工作的重要一环，高校课外体育管理工作在长期的开展过程中也免不了会出现一些难点与繁点，对此，笔者将现阶段高校课外体育管理工作中存在的重要难点与繁点绘制成。

（三）"三合一"高校体育工作综合管理系统的开发与研究意义

现阶段，我国的一些高校已经对"三合一"进行展开，例如，浙江经济职业技术学院、浙江万里学院、宁波大学科技学院，等等。在高校体育综合管理领域中，"三合一"体育综合管理系统的开发与研究实践具有十分重要的探索性与创新性意义。我们必须要承认的是，"三合一"高校体育工作综合管理系统的应用与实践存在学校的独特性，而对于其过程的研究存在一定的简捷性，而其研究、设计的思想则具有加强的推广性。

（四）高校体育综合管理系统的开发与实践

1. 对于"三合一"的高校体育综合管理系统进行设计时，应该将《学生体质健康标准》的思想与要求贯穿始终。此系统的整体思路和多功能型的要求对于高校体育信息资源的综合服务与利用的实现是非常有用的。将高智能型的《学生体质健康标准》的管理系统与测试仪器作为重要的条件，同时，将学生课外体育锻炼考勤机制与高校学生体育教学的成绩考核引入其中，同时使三者之间的体育信息资源的转换功能与共享功能得到实现，在高校体育综合管理系统中存在自主结算、查询与查分等多项功能。

2. 当《学生体质健康标准》测试的设备、仪器得到学校的投入以后，就应该对合作机制积极寻找，除了学校对测试设备、仪器的支持以外，还需要设备外发、运营公司的课题经费支持与相关技术支持。在开发测试设备公司与运营公司的有利技术支持下，实现了"二次"的开发、应用、实践、调试通用版管理系统的适用性问题与实用性问题，同时还需要对软件进行升级工作，以促进高校体育综合管理系统实用性与适用性的不断提升。

课外体育的
创新发展

近些年来，许多高等院校对学生课外体育锻炼进行了改革，采用自主练习与课外单项俱乐部相结合等形式，取得了显著的阶段性成果。

| 制度建设

（一）《课余运动训练与竞赛管理办法》

为了能够使党的教育方针得到全面贯彻，使《全民健身计划纲要》与《学校体育工作条例》得到认真的贯彻、落实，进而使体育"窗口"形象的工程建设得到加强，使高校体育运动技术水平与训练质量得到提高，促进校园体育文化生活的进一步丰富，从而更好地为学院创建示范性高职院校服务，所以，对本管理办法进行了制定，作为具体的指导性文件，用于教师课余运动训练活动、竞赛活动与体育教研室内部岗位责任制的考核等工作。

（1）对于新时期体育教育工作的重要意义应该具有充分的认识。从实践"三个代表"重要思想和全面建设小康社会的高度，以及促进和谐社会发展的角度，对体育教育工作的重要性进行充分认识，使体育教学工作的力度加大，尽可能地促进竞技运动水平的提高。同时，对于领导工作也要加强，落实狠抓，进而使高校体育事业的健康发展得到推动。对于体育教育教学工作各系（部）处（室）都要给予关心与支持，在全院性体育活动开展的过程中，应该积极组织、引导教师与学生广泛地参与，进而促进广大师生身体素质的增强，对学校各项事业的发展起到一定的推动作用。

（2）学校体育工作的重要内容之一就是课余运动训练与竞赛工作，因此，在学校体育正常教学工作完成以后，体育教研室应该尽可能地对形式多样的课余运动训练与竞赛工作积极开展。现阶段，学校已经将课余训练纳入了体育工作计划，保证有组织、有检查且有总结的开展；对于学校体育训练工作要定期地进行研究，同时对于课余训练中存在的具体问题要及时的发现，并解决。

（3）学校课余运动训练与竞赛的领导机构是学校体育运动委员会，其具体的执行部门是体育教研室。体育教研室在职教师应该要承担的主要工作职责之一就是课余运动训练与竞赛活动，因此，他们应该对学校课余运动训练与竞赛活动的组织和安排自觉的服从，坚持"六严格"的要求，所谓的"六严格"，主要指的是严格对教学大纲进行执行、严格常规管理、严格教学研究、严格备课、严格上课、严格考核，对于工作任务尽心尽责的完成。对于运动训练与运动竞赛系列工作，运动训练和运动竞赛组的成员具有一定的责任与义务。

（4）体育教研室的在职所有教师应该积极的、主动地去学习，使运动训练水平与竞赛组织、管理水平得到不断的提高。同时，对于运动训练活动要积极地、有效的组织、安排，使其表率作用得到充分的发挥，始终倡导、坚持"育人第二、健康第一"的重要指导思想理念，努力营造出"参与健身、崇尚健身"的体育运动健身气氛，此外，体育教研室的所有在职教师应该使自身的敬业精神与牺牲精神得到不断提高。

（5）为了能够科学地、有计划地组织、实施体育运动训练相关活动与体育相关竞赛活动，所有体育教研室的在职教师都应该将学年的运动训练活动计划与相关竞赛活动完成初步的计划，最佳的时间是在学校每一学年刚刚开始的第一个自然月中。等到落实计划以后，就需要将包含具体内容的运动训练计划与竞赛计划提供出来，同时向教研室上报进行核准以后，再具体实施。在运动训练计划或竞赛计划正式开始实施的之前一个月以内，每一位教师都应该将一份详细的运动训练相关的计划书或者相关竞赛活动的计划书向上面领导提交。

（6）在运动训练相关或者或者相关竞赛活动正式进行实施的时候，教师应该在活动开始前就提前到达活动场地，充分做好准备工作，在严格执行、遵守点名制度的同时，重视自身的仪表穿着。在运动训练相关或者或者相关竞赛活动完成以后，教师还必须对一份关于体育运动训练的活动或者相关竞赛活动的具体实施报告进行认真、准确地填写，值得说明的是，对于这份报告而言，如果没有运动训练队队长或者副队长的核实与签名，那么就没有任何效力。同时，当较大型的体育运动比赛活动每一次结束以后，还需要将关于本次比赛的总结报告或者是简报以书面的形式表达出来，同时要向体育教研室上交。在情况需要的情况下，对于宣传报道信息资料的工作与上报信息资料的相关工作都要认真做好。

（7）对于学校的体育运动俱乐部而言，应该尽可能地每一周都组织一次体育运动训练的相关活动，也就是说，从每一学期开始的第三周到每一学期结束之前的一周都应该积极组织、开展体育运动训练活动。同时，对于由学校选拔出来的体育代表队而言，应该积极贯彻、实施集训制度。一般来讲，集训的时间应该控制在２２天之内。

（8）对于学校课余竞赛活动、运动队的训练活动与外出竞赛活动而言，都应该对全称管理责任制进行应用，对于运动员的思想工作要全程负责，同时，对于组织观念与赛场作风建设工作也要加强，实现运动成绩与精神文明的同步发展。

（9）全校性的体育教师工作会议应该每一学期定期或不定期的召开，对于体育工作中存在的问题展开研究，对经验进行总结，对成绩进行发扬，使缺点得到克服，对更大的成绩进行争取。

（二）《学院学生体育管理信息卡管理暂行规定》

为了能够使学院学生体育管理规范化、制度化与科学化的建设与发展得到更进一步的提高。学院经过研究最终决定，对于学生每一个人拥有一张卡的管理制度进行使用。此张卡片将《学生体质健康标准》测试信息、学生课外体育锻炼考核信息与学生体育教学考核信息等内容包含其中，保证此张涵盖内容丰富的信息卡能够为学院体育管理工作的科学化与效率化更好地、积极地服务，因此，对以下的管理规定进行了制定，希望学院每一个系的学生都能够对此认真遵守。

（1）此张体育管理信息卡的使用范围是体育管理工作中的《学生体质健康标准》测试、学生课外体育锻炼的考勤、学生体育教学考核中，而对于其他管理中的功能而言是不能够替代使用的，换句话说，此张卡片只能用于体育管理工作，其他以外的工作中不得使用。

（2）此体育管理信息卡是对专卡专用的制度严格执行的。在体育管理信息卡不能同强磁场位置靠近，也不能进行撕折与涂改。每一个学生拥有的体育管理信息卡都是实名制的，如果学生之间互相交换使用的话，那么个人所有的考核内容等信息将被清除掉。因此，由于换卡行为而导致的一系列不良结果，由本人自行负责。

（3）在《学生体质健康标准》考核、学生课外体育锻炼考勤与体育教学考核进行的过程中，要求学生都必须对本人的体育管理信息卡进行携带。

（4）在课外体育锻炼考勤的过程中，要求学生不能代替其他人进行考勤，而本人需要亲自参与其中；代替其他人进行考勤的情况一旦出现，那么在本次课外体育锻炼考勤中，委托他人进行考核的学生与参与考核学生的次数则是无效的，同时，还要将已经出勤实际次数的3次自动扣除掉。如果经过了系组织领导的教育批评以后，仍旧没有悔过之意、出现三次或者是三次以上代替考勤、具有严重情况的人都需要上报学院，并给予一定的纪律处分。

（5）在校期间，每一个学生都应该自行保管属于自己的体育管理信息卡，还要将本人的姓名、照片、院系识别标记粘贴在专有贴片上，如果学生对上述的要求严格遵守、执行，那么在《学生体质健康标准》考核、学生课外体育锻炼考勤与体育教学考核进行的过程中，测试、考勤与考核相关人员就有权利拒绝持卡人的参与。

（6）在校期间，每一个学生都应该妥善保管属于自己的体育管理信息卡，如果出现遗失体育管理信息卡的情况，就需要向教研室及时汇报，在开据遗失证明以后，就能够对重新申领的手续进行办理，同时，学生还要自己负责体育管理信息卡的成本费用。

（7）如果学生毕业或者是由于其他的原因离开学校，那么就需要在对离校手续进行办理的同时，还要向体育教研室交还体育管理信息卡，否则的话，学生还要自己负责体育管理信息卡的成本费用。

（8）为了能够保证体育管理信息卡的使用方便与保管妥善，建议学生在学院胸卡前面防止体育管理信息卡。

| 课外体育工作改革效果评价

众所周知，对真理进行检验的唯一标准就是具体实践，对于课外体育工作改革工作的成效进行评价的重要指标之一就是对于课外体育锻炼活动学生的满意程度。

（一）对于课外体育锻炼，学生的认知状况与满意度情况

通过诸多的科学研究可知，体育运动锻炼最佳效果获得的表现是：练习者的平均心率波动在 120 ～ 150 次／分之间，能够每一周坚持至少 3 次到 5 次的运动，且每一次的锻炼时间维持在 20 分钟到 60 分钟之间。只有理想运动锻炼效果的获得，才能够对人体健康产生积极影响。经过对相关调查数据、资料的进一步分析得知，对于每一周出勤四次的体育锻炼制度，学生存在较低的满意率，由此可以看出，在课外体育锻炼工作必要性的问题上学生的认识程度还不够，也直接反映出学生体育素养程度较低的基本现实。我国教育部的部长周济曾经提出过这样的观点，即每一天坚持一个小时的体育运动锻炼，那么就能够保证五十年的健康工作，进而获得一辈子的幸福生活。我国教育部在 2004 年的时候，在全国范围内的高校中对于"为祖国健康工作五十年"的青春健身运动"的活动进行了广泛的组织、开展。对于"青春健身运动"而言，其内容主要有：通过体育运动锻炼促进体育运动锻炼良好风气的形成，同时使得体育锻炼经常性参与的习惯得到养成，对于半强制性的达标活动进行开展，保证学生对两项体育运动技能进行掌握，使他们对科学健身方法与技巧有效掌握。

现阶段，学校课外体育锻炼活动制度的具体实施，使健康文明生活方式培养的社会需要得到顺应，同时还能够使《学生体质健康标准》贯彻实施的基本要求得到满足。针对约百分之五十学生存在不理想体育锻炼效果的情况，学校不仅仅要对引导进行加强，还要实施制度上与监督上的约束，使学生课余体育组织的指导、扶植与培养得到加强，使体育干部与体育骨干的作用得到发挥，使得良好的体育锻炼风气与环境进行营造，保证更多的学生在课外体育活动中积极参与，使得课外体育锻炼的参与逐渐变成学生全新的生活方式，需要注意的是，此种生活方式具有科学性、文明性与健康性等多种特征。

（二）课外体育锻炼活动中学生参加的主要项目与制约因素

1. 在选择课外体育锻炼活动时，学生具有一定的倾向性

通过相关调查资料与数据的分析可以得知，在在选择课外体育锻炼活动时，学生具有一定的倾向性，通常集中在小球类运动项目、快走慢跑运动项目与健身器械类运动项目等方面。为了能够改善这种现象，学校对于课外体育俱乐部要加强组织建设。现阶段，在高校成立的课外体育锻炼俱乐部中涵盖了多个方面，例如，健美操运动俱乐部、轮滑运动俱乐部、乒乓球运动俱乐部、防身防卫活动俱乐部、羽毛球运动俱乐部、网球运动俱乐部、篮球俱乐部、足球俱乐部，等等。将体育骨干培养的相关工作积极做好，广泛吸收、引入具备一定体育专项技术技能与较强责任心的人才，使他们投身到体育干事的行列中，同时，还应该定期地组织、开展体育活动，努力对一个友好的人文环境进行营造，保证体育运动开展过程中学习

活动与交流活动的顺利开展，旨在能够更好地为学生服务，是学生课外体育锻炼的需求得到满足。使他们对于"我为祖国健康工作五十年"的健身活动积极投入，认真努力。同时，使学生体育锻炼的良好习惯得到养成，促进体育更好地服务于学生的终身健康。

2. 使课外体育锻炼服务的质量得到进一步提高

在课外体育锻炼活动开展的过程中，必须要有体育活动场地设施与器材的支持，还有一定技术服务的支持，等等。通过对相关调查数据、资料的分析可以得知，在课外体育锻炼服务的问题上，学生存在较高的基本满意率与满意率。

体教融合下高校科学化运动训练理论

体教融合下科学化
运动训练的基础

| 运动训练的范围

　　运动员通过系统、集中的训练以完成特定的目标。训练的目的是为了提高运动员的竞技能力，从而提升运动成绩。训练是一项系统工程，会涉及到生理学、心理学及社会学的诸多变量。在此期间，训练要遵循循序渐进、区别对待等基本原则。整个训练过程中，运动员的生理和心理素质得以塑造，从而满足一些严格的任务要求。不管是初学者还是职业运动员，至关重要的一点是制定切实可行的训练目标。训练目标要根据个人能力、心理特征和社会环境来设计。有些运动员是为了赢得比赛或提高成绩，有些运动员则是追求获得运动技能或进一步提高生物动作能力。不论是目标如何，都应尽可能的精确及可测量。不论是短期计划还是长期计划，在训练开始之前就应设定好，并且明确实现目标过程的具体细节。而完成这些目标的最终时刻，往往是一次重大的比赛。

| 运动训练的目标

　　训练是运动员为了达到最佳竞技状态的准备过程。通过制定系统的训练计划，可使教练员的训练工作更有效率，而设计训练计划需要借鉴各门学科的知识。

　　训练过程是以发展专项特征为目标，这些特征与完成不同的训练任务紧密相关，包括全面身体发展、专项身体发展、技术能力、战术能力、心理因素、健康管理、伤病预防以及相关理论知识。要想获得上述能力，需要根据运动员的年龄、经验和天赋，运用个性化、适宜的方法和手段。

（一）全面身体发展

也称为一般身体素质，是所有体育运动训练的基础。一般身体素质发展的目的是改善基本的身体能力，如耐力、力量、速度、柔韧和协调。运动员全面身体发展的基础越扎实，就越能经受住专项训练，最终可能发挥出更大的运动潜力。

（二）专项身体发展

也称为专项身体素质，是为了发展专项运动所需要的生理或身体素质特征。这种训练类型是为了实现运动的一些特定需要，如力量、技能、耐力、速度和柔韧性。不过，许多运动项目需要各种关键运动能力的组合，如速度—力量、力量—耐力或速度—耐力。

（三）技术能力

这种训练强调以发展技术能力为核心，技术能力是获得体育运动项目成功所必需的条件。提高技术能力是以全面和专项身体发展为基础的，例如完成体操十字支撑动作的能力，要受到生物动作能力中力量因素的制约。针对发展技术能力训练的最终目的是在于完善技术动作，优化专项运动技能，专项运动技能是展现最佳竞技状态所必需的。发展技术能力应当在正常和特殊状况（如天气、噪音等）下进行，并且始终要围绕完善运动项目所必需的专项技能而进行。

（四）战术能力

发展战术能力对于训练过程也是极为重要的。战术能力训练的目的是为了完善比赛策略，该项训练要以竞争对手的战术研究为基础。具体来讲，这种训练的目的是利用运动员的技术和身体能力来制定比赛战术，增加比赛获胜的几率。

（五）心理素质

精神上的充分准备也是保证身体健康的必要因素。一些专业人士也把它叫做个性发展训练。无论怎样称呼这个词，培养一个人的精神品质（比如自控，勇气，坚韧，信心）都是一个人在比赛中发挥才能的关键因素。

（六）健康保养

应当注意选手的总体身体状态。健身主要是指对身体进行常规体检，并制定合理的锻炼计划，而合理的锻炼计划则是将高强度的锻炼与间歇的休整相结合。在训练时，要对伤病予以重视。

（七）伤病预防

为了防止受伤，最好的办法就是保证运动员有足够的体能，有足够的生理素质来进行艰苦的练习和竞赛，并且保证适量训练。同时，不合理的练习包含了可能提高伤害危险的超负荷运动。年轻运动员的主要目的就是要使自己的体质得到充分的发展，这可以帮助他们减少损伤。另外，注意身体的疲倦程度，因为疲倦程度越高，就会有更高的伤害机率。由此，制订一套有效的运动控制方案是非常必要的。

（八）理论知识

应该在训练的时候，对运动员补充有关训练、计划、营养和能量补充等生理和心理学的知识。在此基础上，通过不同的训练方案进行探讨，或者邀请不同类型的运动员参与不同的训练方案。使运动员了解到有关的训练过程和运动项目的原理，能够增强其决策能力，加强其对训练过程的重视程度，使教练和运动员能够更好地制订训练的目标。

| 运动训练系统

系统是指将某些观点、理论或假说采用正确的方法和手段加以组合的组织方式。一个系统的发展应该基于科学成果及实践经验的积累。虽然一个系统在自身独立前会依附于其他的系统，但该系统不应被一成不变地移植。而且创造或完善一个更好的系统必须考虑到实际的社会和文化背景。

（一）揭示系统的构成要素

构成要素是训练系统发展的核心，这可以从训练理论和方法的有关基本知识、科学成果、本国优秀教练员的经验积累以及其他国家的前车之鉴中提炼和总结。

（二）明确系统的组织结构

确定了决定训练系统成功与否的核心要素后，就可以建立现实的训练系统了，而短期的和长期的训练模式也应当随之建立。该系统应当能为所有教练员共享，但也应当保持足够的灵活性，以便教练员能够根据他们自身的经验进行下一步的丰富与完善。体育科研工作者对于建立训练系统起着十分重要的作用。体育科学研究，尤其是应用领域的研究所提供的成果，丰富了训练系统赖以不断发展和完善的知识基础。此外，体育科研工作者的工作还能有益于完善运动员的监测计划和选材计划、建立训练理论以及完善疲劳和压力处理方法等等。尽管体育科学对于训练系统的重要性是显而易见的，但这门分支科学并未在全世界受到足够的重视。例如，斯通（Stone）认为体育科学在美国的应用呈现下降趋势，这在某种程度上解释了近些年奥林匹克运动会上美国运动员的运动成绩下降的原因。

（三）验证系统的效能或作用

一旦启动训练系统，就应当经常对其进行评估。训练系统有效性的评估可通过多种方式进行。验证训练系统效果的最简单的评估方法是该系统带来了实际运动成绩的提高，也可使用更为复杂的评估方法，包括对生理适应的直接测量，例如荷尔蒙或细胞信号传导的适应。此外，力学评估方法可用于定量地测定训练系统的工作效率，例如最大无氧功率、最大有氧功率、最大力量以及力量增长率峰值的评估。体育科研工作者在此领域中起着极为重要的作用，他们运用自己的专业知识来评价运动员，并对训练系统效率的提升提出独到的见解。如果训练系统并非最佳，那么训练团队可以重新进行评价并进一步改进系统。总体来说，训练系统的质量依赖于直接和支持因素。直接因素包括那些与训练和评价相关的因素，而支持因素与管理水平、经济条件、专业化能力和生活方式相关。每一个因素对于整个训练系统的成功都发挥着重要作用，但直接因素的作用更为重要。直接因素的重要性进一步强调了这一观点：体育科研工作者为高质量训练系统的发展和完善做出了重大贡献。

高质量训练系统对于达到最佳竞技状态是必不可少的。训练的质量不仅取决于教练员，还取决于许多因素的相互作用，这些因素会影响到运动员的训练成绩。因此，所有会影响训练质量的因素都需要进行有效的落实和不断的评估，必要时进行调整，以满足当代体育运动不断变化发展的需求。

| 运动训练的适应

训练是一个有组织的过程，它使身体和心理都在不断地接受各种负荷量和强度的刺激。运动员适应和调整训练与比赛负荷的能力，同生物物种适应其所生存的环境一样重要———适者生存！对于运动员来说，如果无法适应不断变化的训练负荷与训练及比赛带来的刺激，将会导致疲劳、训练过量甚至过度训练。在这种情况下，运动员无法完成既定的训练目标。高水平竞技能力是多年精心筹划、系统而富于挑战性的训练结果。在此期间，运动员不断调整自身的生理机能以适应专项运动的特殊要求。运动员对训练过程的适应程度越高，就越能发挥出高水平的运动潜力。因此，任何组织严密的训练计划，其目标都是为了促进适应，从而提高运动成绩。只有运动员遵循以下顺序，才有可能提高运动成绩：

增加刺激（负荷）＝＞适应＝＞训练成绩提高如果负荷总是处于同一水平，那么适应在训练的早期就会出现，随之而来的是一个再没有任何进步的高原期（停滞期）。

刺激不足＝＞稳定平台＝＞训练效果提高不明显，如果刺激过度或刺激过于繁杂，运动员将无法适应，发生适应不良现象：过度刺激＝＞不适应＝＞运动成绩降低。因此，训练的目标是逐步地、系统地增加训练刺激（训练强度、训练负荷量和训练频率）以得到较高的适应，从而提高运动成绩。这些训练刺激的变化是指训练要素的改变，以使运动员对训练计划的适应最大化。

体教融合下科学化
运动训练的原则

运动训练原则，是运动训练过程客观规律的反映，遵循训练原则就是遵循训练过程的客观规律，在很大程度上反映了训练的科学化水平；违背训练原则就是违背训练过程的客观规律，训练就不是科学的。运动训练原则对训练实践的重要指导作用也主要表现于此。因而实施科学化训练，就必须遵循运动训练原则，训练原则的贯彻是科学化训练的最重要的体现。

一般训练与专项训练相结合的原则

一般训练与专项训练相结合的原则就是指在运动训练过程中，要根据运动项目的特点，运动员的水平和不同训练时间、阶段任务，恰当地安排两者的训练比重。

一般训练和专项训练两者在内容、手段以及所起的作用方面是不同的，但其目的是一致的，都是为了提高运动员的专项运动成绩。对青少年运动员来说，在训练的基础阶段，离开一般训练，过多采取专项训练的内容和手段，对今后的发展是不利的，重要的是如何按不同水平和层次的运动员的实际情况，在训练过程的不同时期和阶段，恰当地安排好一般训练与专项训练两者的比重。

系统的不间断性原则

系统的不间断性原则是指从初期训练到出现优异运动成绩，以及保持和继续提高，直至运动寿命的终结，都应系统地、不间断。贯彻系统地不间断性原则的基本要求。

周期性原则

运动训练过程的周期一般分为：多年训练周期（4～8年）、训练大周期（0.5～1年）、中周期（4～8周）、小周期（4～10天），以及训练课（15～4小时）这几种不同类型的训练周期，并以此制定各种训练计划。每个训练周期是由准备期、竞赛期和休整期三个相互紧密衔接的时期所组成。而每个时期都有其各自的主要任务、内容、负荷的安排、手段和方法。就运动项目的特点而言，各运动项目对运动员机体能力有不同的要求，而且赛季的安排也不尽相同，如体能类的耐力性项目，准备性训练和比赛都要消耗巨大的体能，并且需要恢复的时间相对较长，因而全年大周期就相对较少；而一些技能类表现性项目和对抗性项目，尤其是球类，相对来说竞赛安排较多，赛季也长，全年训练大周期就多一些，多采用多周期（如双周期）制，或者竞赛期安排的时间较长，此外冬季运动项目如滑雪、滑冰等，受季节的影响，一般也只安排1～2个大周期。在现代运动训练中有的项目的优秀运动员年度中参加重大比赛的次数较多，并要求多次创造优异运动成绩，因此有的研究提出多周期的安排，这在优秀运动员的训练中是需要进一步通过实践和科学研究加以探讨的。

区别对待原则

区别对待原则是指在运动训练过程中，要根据运动员的个人特点，有针对性地确定训练任务，选择方法、手段和安排运动负荷。区别对待原则中所指的个人特点，包括运动员的年龄、性别文化水平、身体条件，承担负荷的能力、技术、战术水平和心理素质等各个方面；确定训练任务，包括从训练课直到全年或多年训练期望达到的目标和具休任务。

体教融合下科学化
运动训练的要素

| 训练量

训练量是训练的主要组成部分之一，因为它是实现高水平技术、战术和身体素质的先决条件。训练量有时被错误地认为仅仅是指训练的持续时间，但实际上它包含以下部分：

(1) 训练时间或持续训练的时间。(2) 行进的总距离或抗阻训练的总重量（即：训练负荷＝组数 × 重复次数 × 重量）。(3) 运动员在规定时间内完成一项练习或技术动作的重复次数。

训练量的定义可以简单理解为：训练中完成活动的总量。训练量也可以被看作是一次训练课或一个训练阶段完成训练的总量。训练总量必须是量化的指标，具有可监控性。训练量的准确计算依运动项目或活动类型而异。在耐力运动项目中（如跑步、自行车、皮划艇、越野滑雪及赛艇运动）确定训练量的单位是训练经过的距离；在举重或抗阻训练中，采用公斤或吨位制（训练负荷＝组数 × 重复次数 × 重量）作为衡量训练量，这是因为仅考虑重复次数不能合理地评价运动员完成的训练任务。重复次数也可以用来推算运动中的训练量，如：快速伸缩复合式训练或棒球、田径等运动中的投掷动作。几乎所有的运动都会包含时间要素，但训练量的正确表达形式应该囊括时间和距离两个要素（如 60 分钟跑 12 千米）。训练量的计算方法按照时间要素可以划分为以下两种。第一种是相对训练量，指一次训练课或训练阶段中一组运动员或运动队训练时间的总数。相对训练量不适用于计算单个运动员的训练量，因为无法得知单位时间内某一位运动员的训练量。另一种更好的衡量单个运动员训练量的方式是绝对训练量，它是指运动员个体在单位时间内完成训练任务的总量。在运动员的职业生涯中，要不断增加训练量。

随着运动员训练时间的增多，训练量的增加是运动员产生生理适应并提高运动成绩的前提。将初学者与高水平运动员进行比较后明显发现，高水平运动员能承受更大的训练量。随着时间的推移，训练量的增加对从事有氧运动、力量与功率项目、团队项目的运动员的发展具有重要的作用。同样，还需要增加技术和战术技能的训练，因为提高运动成绩需要进行大量的重复练习。增加运动员训练量的方法有许多，以下是3种常见的有效方法：

(1) 增加训练的密度（即训练的频率）。(2) 增加训练课中的负荷。(3) 同时增加训练的密度和负荷。研究人员表明，只要不引起过度训练，在训练中尽可能多的增加训练次数非常重要。另一些研究人员明确表示，训练频率越高，越能产生更大的训练适应效果。增加每天训练课的次数同样有益于运动员的生理性适应。对于优秀运动员来说，每周进行 6～12 节训练课，每个训练日又包含多节训练小课是常见的。运动员的恢复能力是制定训练计划中运动量大小的主要决定因素。它决定了在训练计划中制定多少训练量。高水平运动员之所以能承受大的运动量，是因为他们能够更快地从训练负荷中恢复过来。二、训练强度训练强度是对运动员完成高质量训练的另一个重要训练因素。可米（Komi）将训练强度定义为与功率输出（即能量消耗或单位时间做的功）、对抗力量或发展速度有关的训练要素。根据这个定义，运动员在单位时间内做功越多，训练强度则越大。强度是神经肌肉激活的函数，训练强度越大（如更大的功率输出，更大的外部负荷）需要更多的神经肌肉被激活。神经肌肉激活模式取决于以下四个要素：外部负荷、运动速度、疲劳程度及所从事的训练类型。另一个要考虑的因素是训练时的心理紧张程度。就训练的心理方面而言，哪怕是出现低水平的身体紧张，也会造成训练强度极大提高，从而导致注意力的分散和心理压力的产生。训练强度的量化方式根据训练类型和运动项目而定。速度训练通常用米／秒、次／分或功率输出（瓦特）来进行量化评定。在抗阻训练中，训练强度一般以公斤为单位、克服重力每米举起的重量（千克／米）或功率输出（瓦特）来量化。在团队项目中，训练强度通常用平均心率、无氧阈心率或最大心率的百分比来进行量化评定。在年度训练计划的各个不同阶段中应包括不同的训练强度，特别是在小周期阶段。可以采用多种方法来量化和确定训练强度。例如，抗阻练习或高速度练习的训练强度可用最佳运动成绩的百分比来量化。这种方法认为最佳成绩意味着最大运动强度。再比如，一名运动员在 10 秒内完成 100 米冲刺，其速度则是 10 米／秒。如果这名运动员能以更快的速度跑完更短的距离（如 102 米／秒），其训练强度则被认为是超最大强度，因为它已经超越了 100% 的最快速度。

在速度力量练习的强度等级训练强度等级区最大运动能力百分比强度 6 > 100 超大 590～100 最大 480～90 大 370～80 中等 250～70 低 1 < 50 非常低在表 5 - 1 显示的强度分级中，用大于最大负荷的 105% 的阻力负荷完成的训练很有可能是等长运动或离心运动，因此这种训练强度被视为超最大强度。在耐力训练中（如 5000

米～10000米），运动员可以用更快的速度跑完稍短的距离，因此可以使训练强度达到实际比赛中平均速度的 125%。

高强度训练虽然能取得很大的进步，但产生的适应较不稳定。稳定性越低，越容易产生过度训练和运动成绩的稳定平台现象。相反，低强度的训练负荷会使进步缓慢且生理适应的刺激较小，但整个过程却更稳定。训练计划应该系统地改变训练量及训练强度以达到最佳生理适应。

训练强度可划分为两种类型：绝对训练强度，是指完成训练所需的最大百分比；相对训练强度，是用来量化一节训练课或一个小周期的训练强度，即训练期完成的训练量总和及绝对训练强度。

| 训练密度

训练密度是单位时间内运动员接受训练课的频率。训练密度可表现出单位时间内训练与恢复的关系。因此训练密度越大，训练阶段间的恢复时间就越少。随着训练密度的增加，运动员和教练员必须建立训练与休息的平衡，从而避免引起过度疲劳或力竭，因为这些都会导致过度训练。

量化多次训练课（例如，在一个训练日或小周期）所需的最佳时间量非常困难，因为许多因素会影响运动员的恢复速度。在下一次训练课开始之前，本次训练课的训练强度和训练量对确定所需的时间量起主要作用。训练课的负荷（即训练强度和训练量）越大，所需的恢复时间就越长。此外，运动员的训练状况、实际年龄、使用的营养干预及恢复干预都会影响到运动员的恢复能力。在下一次训练开始之前，不需要从上一次中完全恢复，一般通过增加训练密度，并在训练日或小周期中运用不同负荷的训练课来促进恢复。

在耐力训练或间隔训练中，通常有两种安排"训练—休息"
间隔的适宜方法：①固定的训练—恢复比率；②恢复的持续时间，能使心率恢复到预设的最大心率百分比。

（一）固定的训练—恢复比率

部分研究人员在研究间隔训练时运用了这一方法，通过控制训练—休息的间隔，教练员和运动员能够制定出发展特定生物能量适应的训练计划。用1：1或2：1的训练—休息比率来发展耐力项目的特征，而把1：12或1：20的训练—休息比率来发展力量和功率性项目的特征。

（二）预设心率

决定恢复期时间长短的另一种方法是，在下一次训练开始前确定必须达到的心率。方法一，为下一次训练的开始设定心率范围（120～130次／分）；方法二，设定恢复时间，即运动员的心率恢复到最大值的 65% 所需的时间。

可以通过量化相对训练密度来算出一次训练课的训练密度，公式如下：

$$相对密度 = \frac{绝对训练量 \times 10}{相对训练量}$$

绝对训练量是运动员个体的做功总量，而相对训练量是一次训练课的做功总时间（持续时间）。假设绝对训练量是 102 分钟，相对训练量是 120 分钟，训练课的相对密度为：

$$相对密度 = \frac{102 \times 100}{120}$$

计算出的百分比表示运动员有 85% 的时间在训练。相对密度虽然对运动员与教练员有一定的价值，但训练的绝对密度更加重要。绝对密度是运动员完成的有效训练与绝对训练量的比。绝对密度或有效训练可以用绝对训练量减去休息时间量来计算。具体计算公式如下：

$$绝对密度 = \frac{(绝对训练量 - 休息时间量) \times 100}{绝对训练量}$$

假设休息时间量是 26 分钟，绝对训练量是 102 分钟，则绝对密度可计算如下：

$$绝对密度 = \frac{(102-26) \times 100}{102} = 74.5\%$$

上述计算表明训练的绝对密度是 74.5%。因为训练密度是强度的要素之一，所以这个绝对密度属于中等训练强度。确定训练的相对密度与绝对密度有助于建立高效的训练课。

表 5-2 训练与休息间隔和专项能量

目标能量系统	平均训练时间（秒）	训练休息比
磷酸原系统	5～10	1：12～1：20
快速糖酵解	15～30	1：3～1：5
快速糖酵解、慢速糖酵解及有氧代谢混合	60～180	1：3～1：4
氧化代谢	＞180	2：1～1：3

复杂性

复杂性指一项技能的完善程度及生物力学难度。在训练时，技术越复杂就越会增加训练强度。与掌握基本技能相比。学习一项复杂的技能可能需要更多的训练，尤其当运动员神经肌肉协调性差或在学习技能的过程中精力不完全集中时。让之前没有复杂技术训练经历的一群人参加该项训练，可以迅速地分辨出哪些运动员表现好，哪些运动员表现差。因此，运动或技能越复杂，运动员的个体差异与力学效率差别就越大。即使以前已经学会了的复杂技术，也会产生生理上的压力。例如，艾尼赛尔（Eniseler）对足球运动员的研究表明，完成战术训练比完成技术训练的心率和乳酸堆积要高。在该项研究中，训练课的技术部分集中在没有对手的情况下进行技术练习。而在战术训练中，对手的存在显著地增加了训练的复杂性，因此心率和乳酸堆积也会增加。此外，在进行模拟比赛时，也会出现上述反应，但只有在实际的比赛中才会产生最大心率及达到最高乳酸水平。鉴于此，教练员在技术复杂性较高的训练或活动中应考虑到不同训练课的生理压力。

总体需求指数

训练量、训练强度、训练密度及复杂性都会影响训练中运动员的总需求。虽然这些因素相辅相成，但加强其中任何一种因素而其他因素不进行相应的调整，都可能增加运动员的需求。比如，在发展高强度耐力时，如果教练员想保持同样的运动强度，则应增加训练量。在增加训练量时，教练员必须考虑怎样增加训练量才会影响训练强度及训练强度必须要减少多少。

训练地计划和指导主要依赖于训练量、训练强度和训练密度三者的合理安排。教练员必须着重分析这些要素的变化曲线，尤其是训练量和训练强度。还应考虑到运动员的适应反应、训练阶段以及比赛的时间安排（赛程表）。训练要素的科学搭配可以让运动员在预计的时间达到最佳的训练效果，并获得最佳竞技能力。一项训练计划的总需求可以用训练的总需求指数（IOD）来计算，IOD可以通过伊柳策和杜米特雷斯库提出的公式来计算：

$$总需求指数 = \frac{OI \times AD \times AV}{10000}$$

总需求指数＝OI×AD×AV1000 OI：总强度／总强度，AD：绝对密度，AV：绝对训练量例如，假设OI（总训练强度）是63.8%，AD（绝对训练密度）是74 5%，AV（绝对训练量）是102分钟，代入方程即得出IOD：

$$总需求指数 = \frac{63.8\% \times 74.5\% \times 102}{10000} = 48.5$$

5 在这个例子中，训练的总需求指数很低，略低于５０％。训练量是实施训练计划成功与否的一个关键要素。身体、技术与战术训练的整合要进行大量的工作，这些工作是刺激生理性适应，提高运动能力所必需的。教练员必须针对运动员的特点设置个性化的训练负荷，因为每一位运动员对训练量、训练强度和训练密度的承受能力都不尽相同。

在过去的时间里，训练负荷不断增加。运动员在一天中要参加多次训练课，在一个小周期内训练的时间也逐渐增加。在运动员的运动生涯中，必须渐进地增加训练量、训练强度和训练密度。如果这些要素急剧增加将可能导致过度训练。因此，必须要遵循区别对待原则和循序渐进原则。

为了确定训练计划的有效性，教练员一定要监测训练负荷和运动成绩测试的结果。教练员还要计算出训练课的密度或战术和技术训练中要练习的技术的复杂性在训练负荷中所占的比例。在许多运动项目中（如足球、英式橄榄球）监测心率是逐渐被普遍采用的有效方法，用监测到的心率来计算训练和比赛的强度。教练员要对增加训练量和训练强度的因素进行监测，并将它们与休息及恢复有机协调起来。教练员还应考虑促进身体恢复的方法和能量再生所需要的时间。

体教融合下"体教融合"发展的路径

"体教融合"发展路径的创设条件

1. 以史明智鉴往知来

历史在本质上是人的活动史，兼具客观性和主观性，人的活动要以一定的客观条件为基础，并且在总趋势上体现出规律性。对"体教融合"以及相关事业进行一个客观的历史还原，目的一是了解"体教融合"中的体育和教育在历史中的本来关系，实事求是，正本清源，以利于审视"体教融合"发展现状和推动"体教融合"后续发展；二是总结体育发展的经验教训，进而揭示其客观规律，为后续发展提供借鉴。所以，在"体教融合"的发展路径考究中，不可避免的需要对体育教育发展史进行深刻的了解，而这个历史的学习和认知，不仅面向"体教融合"的实施方，也面向所有利益的相关者。

2. 对标"时代特征、国际水准、中国特色"

时代特征：任何事物发展既有时代性又有未来性，任一领域的发展都无法逃脱大环境的限定。从目前的国际政治角度来看，中国乃至亚洲各国的强势复兴不可抵挡；从经济角度看，世界格局正走向"区域化"、"组织化"。那么时代特征在"体教融合"中的启发，就是体育教育治理需要抓住这个时代给予中国的机遇，把握奥林匹克教育理念在体育中的传导力量，这已经不再是"唯金牌论"、"经济利益高于一切"、"综合国力单一标准"的时代了，这是一个重视体育治理、树立生态体育观、平衡体育教育协调发展的时代。

国际水准："不谋万世者不足以谋一时，不谋全局者不足以谋一域"这句话点明我国在体育事业治理领域需要在把握全球局势之下了解中国，以国际标准要求建设体育治理体系，促使"体教融合"所期望的目标任务与应有的国际化标准相适配。现代奥林匹克运动之父顾拜旦强调，"教育是生活的前提，现代人生活中最重要的是教育"。对于顾拜旦的教育思想与当代奥林匹克的核心教育观念就是一部具有国际化的体育教育模板，"体教融合"的持续发展若能对标现代奥林匹克所呈现出来的"全面教育、重在参与"的价值理念，将能更科学、长远的植根于优化我国体育事业格局之端。

中国特色：中国特色即中国特色社会主义。中国特色社会主义理论体系初期的两大价值观念便是"实践是检验真理的唯一标准"和"与时俱进"，其具体表现之一便是注重解决"从有到优"的需求。而随着新时代中国特色社会主义的发展，人们的视线已经转移到注重解决比基本需求更高的精神文化需求和良好环境诉求的时代。"体教融合"的发展是体育事业发展转型的标志性改革措施，我们需要在中国特有的社会体制和价值导向下去审视"体教融合"的出发和落实。

| "体教融合"发展的主体协同路径

目前，"体教融合"研究主要考虑体育和教育两大系统，但协同治理视角强调对某一公共事务的多主体共同治理，所以在主体协同路径部分需要将政府、市场、社会及三者间协同纳入其中。

1. 明晰政府职责：工作职责重新划定多元部门齐抓共管

政府在"体教融合"中应当做些什么？从政府角度出发，首先是为人民。尤其要为青少年群体提供充分的物质保障和法律保障，完善相应的基础设施建设和制度体系保障，需要做到两个务必：一是相关部门机构务必担负起保障青少年教育权的职责，在指导广大院校改善"学生—运动员"的理念和培养模式导向方面提供政策指引和转型辅导；二是相关部门机构务必担负起面向社会大众普及推广正确体育竞技价值观念的责任，应当更进一步强化价值引导和情绪认同作用。其次，政府的"父爱主义"体现，政府就是坚守为社会提供所需的公共服务的角色定位。具体而言，应该从以下几方面入手：

首先，实现"体教融合"政策层面的中央和地方的协同。

实现政府协同，建设一致性的"体教融合"工作，首要的就是优化中央与地方的关系。在落实"体教融合"工作时，中央政府制定整体规划和宏观政策，地方政府应该积极、认真地执行，为如何落地"体教融合"作有效布局；中央要保证其总体规划的科学性和权威性，保证"体教融合"工作的统一性和有效性；中央政府同时也要考虑地方利益，处理好整体与局部的关系；将"体教融合"的工作成效纳入地方政府体育事业方面的绩效考核体系中，实现一致性。

其次，实现"体教融合"的部门协同。

一方面，要在科学指导下，按照"体教融合"工作的内在要求，将教育部门和体育部门对"体教融合"需要的职能整合到专有部门，例如"体教融合"工作组，进而通过这个专有部门进行整体规划，提高实施的整体效果。围绕"体教融合"建立健全部门间的工作协调机制，使得部门之间相互了解，使得一部门能够及时有效地从另一部门获得相应资源。例如，"体教融合"的协作框架之中应当包括：体、教两部门间正式、非正式的交流合作，工作标准的制定，体育教师与教练员的互派培训，相关管理人员的跨部门锻炼等。治理主体要对"体教融合"的实施共同监管与究责，以此增进两部门的信任程度。

再次，实现政府与工作人员的协同。

所有"体教融合"工作中的规划、政策都要有具体的部门人员来执行，政府必须要加强相关人员办事的制度建设，实现工作人员与政府意志的目标统一和协同。具体而言，建立"体教融合"实施的目标体系，使得内部工作人员理解"体教融合"从上至下各个层次的目标；二要加强对工作人员的实施培训，保证"体教融合"目标转化为工作人员内在的道德自觉；三要建立有效的奖惩机制，使工作人员按照规范执行"体教融合"的具体政策；四要开通对领导干部的特殊通道，鼓励教育部门与体育部门的领导人跨部门进行短暂工作和学习，深度理解对方部门的工作实质，以便未来"体教融合"的跨部门需求。

最后，实现"邻里"协同。

不管是学校体育还是竞技体育，城市与城市、学校与学校、学校与训练队，都可以树立以"邻里"协作意识，共促青少年体质发展。2022年1月，浙江省黄龙体育中心与杭州学军中学达成战略合作，双方领导出席并授牌，就此开启了公共体育设施为学校提供服务、学校发挥公共体育设施效益的探索与尝试，共同推进青少年体育培训深度发展。据知，近年来，黄龙体育中心通过黄龙体育课、黄龙周周有赛事、省青训机构联赛、"黄龙杯"青少年体育赛事等公益活动及公益培训形成了广泛影响力。黄龙体育中心副主任王振璋坦言，希望通过"黄龙＋学军"的强强联合，进一步打破壁垒，更好配置场馆和学校资源，构建更加协同高效、特色鲜明、成绩突出的"体教融合"发展体系，贡献更多"黄龙＋学军"智慧。

| "体教融合"发展的主体协同路径

针对"体教融合"过程碎片化的问题，反思过去整体性和一体化两种思路的不足，本部分围绕实现"体教融合"政策过程中的各环节提出协同路径，分别为：协同体教关系、协同学训关系、协同利益关系、协同资源交互、协同评价方式。

（一）协同体教关系：树立体教协同育人的价值理念

价值理念引领行动，是将预先考虑好的事情付诸实施的过程。实现"体教融合"政策过程的协同，首先应该从树立价值理念开始。

首先，在体育层面，实现教育的最好方式就是运动参与和竞赛体验。体育是教育天然不可分割的部分，对青少年来说，通过体育不仅能够增强体质，养育身心，同时也能进行规则、合作的培养，养成良好品质，提升整体素养。但是，学校体育的分数指标和家长对于文化成绩的单方面追求，忽视了体育对于青少年身体和人格的培养价值。"体教融合"就是强调和要求体育回归教育本源，承认体教协同育人的价值。

其次，在教育层面，实现健康的重要途径是体育。奥林匹克精神创立的初衷便是普及教育，尤其是体育教育，在创始人顾拜旦的奥运概念体系中，体育教育的传播和弘扬是一切的出发点。萨马兰奇先生也用"体育在塑造人类"表达体育的教育力量。奥林匹克 2021 年东京奥运会上，中国选手杨倩夺得首金，这一"开门红"选手"无清华、不体育"的成长过程也因此备受"体教融合"研究领域的各位专家学者们寻迹。温州大学教授易剑东也对此发表个人言论——"杨倩的成功，就是'体教融合'的成功"。清华大学所提供的学生参与体育锻炼的氛围和条件，科学、健康的学训结合对竞技体育后备人才培养的供给，无疑成为杨倩"冠军学霸"成长中的两重护甲。2022 年北京冬奥会上，谷爱凌和苏翊鸣两位小将的大红大紫也让他们身后的教育履历成为模范，学习能力和运动参与从来不是两个相斥选项，成为"有学识的优秀运动员"或许是未来竞技体育和学校体育需要共同树立的培养理念。

所以，培育体教协同一体的发展观念，进一步展现体育和教育对于新时期所需求的高素质人才的作用价值，也是解决社会各个阶层对于"体教融合"理解过于片面的首要前提。

（二）协同学训关系：确立学校体育培养源头的首要地位

学校是全国青少年的教育主场、培养基础，是体育教育实施的核心地带，应该是竞技体育后备人才培养的初始地。在体育发达国家，学校体育是其他体育发展的根基，是学生—运动员的孕育载体。

所以，在"体教融合"的发展过程中，要强化学校体育培养源头的首要地位，在这种肯定的孕育地位中，市场主体、社会主休才会主动将资源和信任投放进体育教育事业中。学校体育首要培养地位的战略化将带动学校体育践行"健康第一"的"体教融合"目标。树立学校体育的首要培养地位，应当尊重竞技体育的游戏规则，强化基础培养和梯队建设，聚焦体育的教育功能，为新时代中国特色社会主义建设添砖加瓦。

（三）协同利益关系：构建便于整合多元诉求的合作机制

在"体教融合"政策实施中必须实现利益关系的协同，否则，在"体教融合"发展过程中，多元主体由于利益差异对某一事项就会产生不同看法，因而产生冲突，进而影响政策推行。

首先，完善不同主体的相应诉求机制。

体育是综合性学科，运动成绩直接反映其竞体能力，但运动成绩的好坏又取决于多方因素。在深化"体教融合"的实施中，"体教融合"与"健康促进"、"体教融合"与人才培养，"体教融合"与育人效应，"体教融合"与科学方法，"体教融合"与政策治理等的相互碰撞都涉及到不同主体的利益博弈。所以，需要建立相应诉求表达的机制，开放政府主体、市场主体与社会主体在整个"体教融合"方面的诉求通道。政府主体向政治系统表达诉求，决定哪些体育教育问题应该解决，哪些问题应该优先解决，是政府主体的诉求表达渠道；市场主体和社会主体向政府抛出需求，通过专门通道表达各自的需求，是市场主体和社会主体的诉求表达渠道；公众积极参与整个过程的讨论，公众的体育教育诉求才能在后续的议程中得到更直接、更真实的体现。

其次，建立深入的合作机制。

"体教融合"的合作机制应当考虑：学校系统是否在"体教融合"政策下促进了高水平学生运动员综合素质；"体教融合"政策实施后是否提高学生人生的可持续发展；相关利益者是否共同参与实现"体教融合"目标；发展具有阶段性和反复性，"体教融合"的发展是否也符合这样的发展规律；"体教融合"的发展是否突破了原有的界限，实现了主体间的权责划分。

最后，赋予利益法律保障。

实现主体间的利益协调，就是在关于"体教融合"范围内统筹规划各个利益相关方的切实权益，树立用正确的利益价值观引导市场各个主体间的逐利行为，同时通过成果的分享促进全产业链的良性发展，以规范的利益分配制度规范市场的运行，从而才能通过合理的利益保障公民的体育需求，具体而言就是各级政府及工作人员要在法律的框架内追求自身利益，企业要在法律体系内追求自身的利润，公民要合法地表达自身体育教育的利益需求。

（四）协同资源交互：构建从人才到服务资源共享的网络机制

在现代社会中，"体教融合"的实施不可能由单个组织独立完成，必须有多个主体协同完成；"体教融合"的实现不可能单靠简单的"一对多"资源来完成。所以"体教融合"的发展也必须实现资源之间的协同共享。

首先，人才资源的共享。"体教融合"政策的协调运行，少不了人才资源的共享机制。现代化的优秀人才共用共享平台的建立能够进一步推动"体教融合"的实施，例如引导优秀退役运动员进校园担任体育教师，建立一定项目的校园联赛和梯队升降级制度等；同时提升体育类院校的文化水平提升要求，实行职称学位双挂钩。在通过考察地的走访发现，许多专业外聘教练员无法获得教育部门的师资证明，而学校内体育老师所分配的体育工作聚焦不够，政策发展需要考虑为其开通特殊渠道，为外聘教练员设置职后培训、职业成长渠道，提升专业化知识能力，为学校培养有发展潜质的运动队；组织以教练为主的教师队伍，把自己的特长充实到队伍之中。这种人才共享的机制建设可以先采用以社团、大学、协会等组织先行先试，依据试行效果决定是否从教育部门和体育部门进行正式执行计划，真正地把专业人员融合进教育系统中去。例如，从全国范围内"体教融合"的开展新闻报道中获悉，沈阳某校就有许多退役运动员通过沈阳各个地区政府搭建的体育教师共享平台

签约合作被派驻到学校里，以职业运动员的专业背景和教学质量参与学校体育工

作，无疑是人才资源有效利用的表现，但如何保障和维持这些资源被长效利用还需制定更具吸引力的专有聘用制度。

其次，公共性服务意识。

教育和体育都具有公共属性，教育和体育是公民的正当权利，"体教融合"的公共属性也就相应的得到重视。在"体教融合"的发展中不断强化其公共性的服务意识，才能保证各种资源和机制围绕着这个公共性服务意识发生从分散到聚合的转变。

最后，合理的网络机制。

"体教融合"在深化改革阶段还处于体育部门和教育部门寻找融合构建的摸索阶段，两个部门共同管理的结构较粗放，具有"一对多"的特征，而现代网络是"多对多"的结构关系，关联密度更为突出。根据对社会治理理论的部分探索，"体教融合"发展中应当考虑将体育领域其他非政府主体引入"体教融合"领域，赋予其制定规范与标准的参与能力，增加网络主体间的信任度，也提升了政策运行的准确性和抗风险能力。

| "体教融合"发展的主体协同路径

《中华人民共和国体育法》（简称《体育法》）是我国体育法治的基本法，也是国家对竞技体育以及社会体育等进行治理的基本行为规范。要让"体教融合"的发展路径得到有效运行，需要为其创造一个法治化氛围，使得整个体育法治和治理体系能够吸收各方当事人，使其作为正当主体介入体育治理事业中。

所以，要实现政府、市场和社会的关系协同，要保证各个主体在"体教融合"过程中的工作协同，"体教融合"法治化是非常关键的。"十四五"时期是我国全面建成小康社会后的第一个五年规划，作为依法治国方略在体育领域的具化，"依法治体"是推动体育强国建设的必由之路。"体教融合"法治化可以推动全社会对于实施深化"体教融合"工作树立法治意识，在全社会内树立对法律的信仰。新时期实现社会法制的精神条件是树立正确的法律信仰基础和心理基础，"体教融合"的建设，也要求全社会树立法治意识，在法治氛围下，政府将自觉履职"体教融合"相关工作，企业将遵守"体教融合"市场方面的法律规章，公民将合法地表达自己的体育需求，依法维权。

目前，我国许多地区组建了教育局，这也在一定程度上为"体教融合"提供了工作平台，但仍然不够"专有化"。该专门小组应该有丰富的体育教育知识，基本的管理能力，对"体教融合"工作中各条各例的实施要求十分清楚；该小组要有大格局工作视角，主动梳理"体教融合"工作，共同办好落实工作；充分理清专门小组的组建出发点和落脚点，这是体育部门与教育部门两个主体的优势结合点，需要整合两个系统的资源去为"体教融合"的推动办实事，避免工作内容的重复建设。"体教融合"工作亟需设立这样一个包含调度、实施的工作小组，专门为该政策的落实把关、服务，且若干团队支撑小组工作，包括过程中每个环节的行政组员和具有专门知识与经验的专家，所有成员要针对所属领域酌情向高层提出建议，协助制定政策；每季度或年度举行一次大会，将各个事项的工作成果进行明晰统计。

参考文献

[1] 杜江.美国体育健康协同治理伙伴模式的特征及启示 [J].沈阳体育学院学报,2021(05)

[2] 侯玺超,肖坤鹏.体教融合：青少年竞技体育后备人才培养的协同治理 [J].沈阳体育学院学报,2021(05)

[3] 韩升,张瑜.新时代社会治理共同体的价值共识凝聚 [J].学习论坛,2021(05)

[4] 毛振明,查萍,洪浩,孙思哲,钱娅艳,何宜川.从"体教分离"到"体教融合"再到"体回归教"的中国逻辑 [J].体育学研究,2021(04)

[5] 许弘.体教融合——新时代教育改革的要求与使命 [J].天津体育学院学报,2021(03)

[6] 武培,董亚琦;李国栋;钟建伟.体教融合政策的亮点、施行障碍与实践路径 [J].四川体育科学,2021(03)

[7] 季浏,尹小俭,吴慧攀,杨小芳,刘媛."体教融合"背景下我国儿童青少年体质健康评价标准的探索性研究 [J].体育科学,2021(03)

[8] 欧阳井凤,邢金明,岳晓波."体教融合"的新生境构成、组织形态与体制设计研究 [J].沈阳体育学院学报,2021(02)

[9] 杨国庆.中国体教融合推进的现实困境与应对策略 [J].成都体育学院学报,2021(01)

[10] 孙科,刘铁军,马艳红,张震,郇昌店,纪成龙,任慧涛,王永顺,闫士展,李立.中国特色体教融合发展思考——对《关于深化体教融合促进青少年健康发展意见》的诠释 [J].成都体育学院学报,2021(01)

[11] 冯振伟.体医融合的多元主体协同治理研究 [D].山东大学,2019

[12] 田培杰.协同治理：理论研究框架与分析模型 [D].上海交通大学,2013

[13] 王英峰.英国体育管理组织体系研究 [D].北京体育大学,2010

[14] 吴建喜 . 论"体教结合"向"体教融合"的转变 [D]. 北京体育大学 ,2009

[15] 刘光容 . 政府协同治理：机制、实施与效率分析 [D]. 华中师范大学 ,2008

[16] 于喜华 . 从国际法治视角探析欧盟法律体制 [D]. 吉林大学 ,2011

[17] 孙永亭 . 澳大利亚优秀运动员培养模式研究 [D]. 上海体育学院 ,2010

[18] 王娅娅 . 协同治理视野下公民网络有序参与研究 [D]. 福建师范大学 ,2010

[19] 杨马华 . 美国竞技体育持续强势发展的社会学因素分析 [D]. 西南大学 ,2007

[20] 党航 . 基于"体教融合"视域下的学校体育发展分析 [J]. 田径 ,2022(06)

[21] 高辉炎 . 体教融合背景下青少年体育后备人才的培养 [J]. 田径 ,2022(06)

[22] 刘彦敏 . 体教融合理念下中学体育课程改革路径研究 [J]. 青少年体育 ,2022(05)

[23] 徐艳，柴业宏 . 北京冬奥会华裔运动员成长模式对我国体教融合发展理念的启示——以谷爱凌为例 [J]. 体育与科学 ,2022(03)

[24] 欧阳井凤，邢金明 . 共生理论视域下体教融合现实审视及路径构建 [J]. 体育文化导刊 ,2022(05)

[25] 王峥 . 我国竞技体育发展方式转变中体教结合向体教融合的嬗变 [J]. 青少年体育 ,2022(04)

[26] 王德政，李斌 . 新时期我国体教融合政策的发展演变与未来展望 [J]. 山东体育科技 ,2022(01)

[27] 刘红香 . 高校体教融合体制难点及制度设计研究 [J]. 青少年体育 ,2021(11)

[28] 布特，段红艳，诺日布斯仁 . 从体教结合到体教融合：从资源耦合向制度耦合创新发展 [J]. 北京体育大学学报 ,2021(09)

[29] 陈仔，向程菊，杨丽茜 ;，宋君毅 . 基于文献计量与知识图谱的我国体教融合情况 [J]. 湖北体育科技 ,2021(03)

[30] 张瑾，王佳鑫，霍志豪，余瑾 . 基于文献计量学和可视化技术分析脊髓损伤的全球研究现状 [J]. 按摩与康复医学 ,2021(02)

[31] 卫路兵，杨金凤 . 十二五以来我国体育产业发展热点追踪——基于文献计量的分析 [J]. 甘肃科技 ,2020(16)

[32] 冯艳，尚菲，赵炳南 . 集束化护理相关研究的文献计量学分析 [J]. 中华现代护理杂志 ,2016(13)

[33] 王文雅，张彬，吉日格勒，张琳 . 基于文献计量与知识图谱的我国电子文件风险管理研究 [J]. 图书馆学刊 ,2022(11)

[34] 李强，丁梦，张玉，张冰清，董衡，牟永斌 . 基于文献计量学及可视化技术分析牙周组织工程干细胞疗法 [J]. 口腔疾病防治 ,2023(05)

[35] 荣昱淇 . 基于文献计量的政策工具研究现状与展望 [J]. 科技传播 ,2022(24)

[36] 邹海燕，高霞 . 基于文献计量的国内协同创新研究评述 [J]. 内蒙古科技与经

济,2022(20)

[37] 王玮康，郑禧澺. 文献计量学的影响力辐射研究 [J]. 内蒙古科技与经济,2022(20)

[38] 殷阿娜；朱宏涛. 中国"绿色经济"研究综述——基于文献计量学 [J]. 金融理论与教学,2021(06)

[39] 刘长平，王琛. 近十年我国雾霾研究现状分析：文献计量视角 [J]. 淮阴工学院学报,2021(05)

[40] 李云亮. 南京市"一校一品"体育特色项目发展现状和优化对策研究 [D]. 南京体育学院,2021

[41] 贾志强；董国民；贾必成. 体教融合背景下我国竞技篮球后备人才培养新格局与发展路径 [J]. 体育文化导刊,2022(03)

[42] 黄书元，孔德银. 体教融合背景下中小学运动队目标定位与管理问题探讨 [J]. 辽宁体育科技,2022(02)

[43] 蒋亚斌，张恩利，康博华. 体教融合背景下取消体育特长生升学加分政策的理论审视与实践反思 [J]. 沈阳体育学院学报,2022(02)

[44] 梅秀萍，姚磊，李伟业. 新时代深化体教融合：价值意蕴、困境剖析与路径选择 [J]. 哈尔滨学院学报,2022(02)

[45] 朱东明，张晓，吴秋林，秦钢. 论新时代体教融合的结构功能、引领动力与协同治理 [J]. 湖北体育科技,2022(02)

[46] 蒋维娜. 体教融合背景下青少年健康发展的治理研究 [J]. 青少年体育,2022(01)

[47] 张孝禄，梁勤超，高鹏飞. 深化体教融合中利益相关者主体话语权及利益博弈 [J]. 体育与科学,2022(01)

[48] 赵亚男，郭蔚蔚，刘志云，李实. 体教融合背景下中国青少年足球赛事体系的优化路径 [J]. 上海体育学院学报,2022(01)

[49] 殷明越，罗嘉颖，刘一航，张炜哲. 体教融合背景下雅安市体育后备人才"学训优化"现状及对策研究 [J]. 当代体育科技,2022(02)

[50] 陆炎，史曙生. 公共服务视域下体教融合的思维转向与进路选择 [J]. 天津体育学院学报,2021(06)

[51] 刘玉恒. 政策工具视角下我国竞技体育政策文本研究 [D]. 上海体育学院,2021

[52] 刘浩. 协同理论视角下社区体育与学校体育融合发展路径研究 [D]. 鲁东大学,2021

[53] 方明克. 浙江省三对三篮球"篮协与高校"协同发展策略研究 [D]. 杭州师范大学,2020

[54] 闫壮壮. 新时代背景下南京市校园足球特色学校发展路径研究 [D]. 长江大

学 ,2020

[55] 武显治 . 协同发展视角下河洛篮球联盟的构建研究 [D]. 首都体育学院 ,2019

[56] 岳凤文 . 京津冀体育赛事协同发展的测量与评价 [D]. 天津体育学院 ,2019

[57] 成颖 . 基于主体协同的大型体育赛事系统协同度评价指标体系研究 [D]. 上海体育学院 ,2019

[58] 胡云婷 . 基于协同理论视角的县域农村公共文化服务供给模式研究 [D]. 哈尔滨师范大学 ,2016

[59] 聂振 . 无锡市新区初中体育特色学校特色项目的发展现状研究 [D]. 苏州大学 ,2015

[1] 杜江 . 美国体育健康协同治理伙伴模式的特征及启示 [J]. 沈阳体育学院学报 ,2021(05)

[2] 侯玺超，肖坤鹏 . 体教融合：青少年竞技体育后备人才培养的协同治理 [J]. 沈阳体育学院学报 ,2021(05)

[3] 韩升，张瑜 . 新时代社会治理共同体的价值共识凝聚 [J]. 学习论坛 ,2021(05)

[4] 毛振明，查萍，洪浩，孙思哲，钱娅艳，何宜川 . 从"体教分离"到"体教融合"再到"体回归教"的中国逻辑 [J]. 体育学研究 ,2021(04)

[5] 许弘 . 体教融合 —— 新时代教育改革的要求与使命 [J]. 天津体育学院学报 ,2021(03)

[6] 武培，董亚琦；李国栋；钟建伟 . 体教融合政策的亮点、施行障碍与实践路径 [J]. 四川体育科学 ,2021(03)

[7] 季浏，尹小俭，吴慧攀，杨小芳，刘媛 ."体教融合"背景下我国儿童青少年体质健康评价标准的探索性研究 [J]. 体育科学 ,2021(03)

[8] 欧阳井凤，邢金明，岳晓波 ."体教融合"的新生境构成、组织形态与体制设计研究 [J]. 沈阳体育学院学报 ,2021(02)

[9] 杨国庆 . 中国体教融合推进的现实困境与应对策略 [J]. 成都体育学院学报 ,2021(01)

[10] 孙科，刘铁军，马艳红，张震，郇昌店，纪成龙，任慧涛，王永顺，闫士展，李立 . 中国特色体教融合发展思考——对《关于深化体教融合促进青少年健康发展意见》的诠释 [J]. 成都体育学院学报 ,2021(01)

[11] 冯振伟 . 体医融合的多元主体协同治理研究 [D]. 山东大学 ,2019

[12] 田培杰 . 协同治理：理论研究框架与分析模型 [D]. 上海交通大学 ,2013

[13] 王英峰 . 英国体育管理组织体系研究 [D]. 北京体育大学 ,2010

[14] 吴建喜 . 论"体教结合"向"体教融合"的转变 [D]. 北京体育大学 ,2009

[15] 刘光容 . 政府协同治理：机制、实施与效率分析 [D]. 华中师范大学 ,2008

[16] 于喜华 . 从国际法治视角探析欧盟法律体制 [D]. 吉林大学 ,2011

[17] 孙永亭.澳大利亚优秀运动员培养模式研究[D].上海体育学院,2010

[18] 王娅娅.协同治理视野下公民网络有序参与研究[D].福建师范大学,2010

[19] 杨马华.美国竞技体育持续强势发展的社会学因素分析[D].西南大学,2007

[20] 党航.基于"体教融合"视域下的学校体育发展分析[J].田径,2022(06)

[21] 高辉炎.体教融合背景下青少年体育后备人才的培养[J].田径,2022(06)

[22] 刘彦敏.体教融合理念下中学体育课程改革路径研究[J].青少年体育,2022(05)

[23] 徐艳,柴业宏.北京冬奥会华裔运动员成长模式对我国体教融合发展理念的启示——以谷爱凌为例[J].体育与科学,2022(03)

[24] 欧阳井凤,邢金明.共生理论视域下体教融合现实审视及路径构建[J].体育文化导刊,2022(05)

[25] 王峥.我国竞技体育发展方式转变中体教结合向体教融合的嬗变[J].青少年体育,2022(04)

[26] 王德政,李斌.新时期我国体教融合政策的发展演变与未来展望[J].山东体育科技,2022(01)

[27] 刘红香.高校体教融合体制难点及制度设计研究[J].青少年体育,2021(11)

[28] 布特,段红艳,诺日布斯仁.从体教结合到体教融合:从资源耦合向制度耦合创新发展[J].北京体育大学学报,2021(09)

[29] 陈仔,向程菊,杨丽茜;,宋君毅.基于文献计量与知识图谱的我国体教融合情况[J].湖北体育科技,2021(03)

[30] 张瑾,王佳鑫,霍志豪,余瑾.基于文献计量学和可视化技术分析脊髓损伤的全球研究现状[J].按摩与康复医学,2021(02)

[31] 卫路兵,杨金凤.十二五以来我国体育产业发展热点追踪——基于文献计量的分析[J].甘肃科技,2020(16)

[32] 冯艳,尚菲,赵炳南.集束化护理相关研究的文献计量学分析[J].中华现代护理杂志,2016(13)

[33] 王文雅,张彬,吉日格勒,张琳.基于文献计量与知识图谱的我国电子文件风险管理研究[J].图书馆学刊,2022(11)

[34] 李强,丁梦,张玉,张冰清,董衡,牟永斌.基于文献计量学及可视化技术分析牙周组织工程干细胞疗法[J].口腔疾病防治,2023(05)

[35] 荣昱淇.基于文献计量的政策工具研究现状与展望[J].科技传播,2022(24)

[36] 邹海燕,高霞.基于文献计量的国内协同创新研究评述[J].内蒙古科技与经济,2022(20)

[37] 王玮康,郑禧潓.文献计量学的影响力辐射研究[J].内蒙古科技与经济,2022(20)

[38] 殷阿娜；朱宏涛.中国"绿色经济"研究综述——基于文献计量学 [J].金融理论与教学,2021(06)

[39] 刘长平,王琛.近十年我国雾霾研究现状分析：文献计量视角 [J].淮阴工学院学报,2021(05)

[40] 李云亮.南京市"一校一品"体育特色项目发展现状和优化对策研究 [D].南京体育学院,2021

[41] 贾志强；董国民；贾必成.体教融合背景下我国竞技篮球后备人才培养新格局与发展路径 [J].体育文化导刊,2022(03)

[42] 黄书元,孔德银.体教融合背景下中小学运动队目标定位与管理问题探讨 [J].辽宁体育科技,2022(02)

[43] 蒋亚斌,张恩利,康博华.体教融合背景下取消体育特长生升学加分政策的理论审视与实践反思 [J].沈阳体育学院学报,2022(02)

[44] 梅秀萍,姚磊,李伟业.新时代深化体教融合：价值意蕴、困境剖析与路径选择 [J].哈尔滨学院学报,2022(02)

[45] 朱东明,张晓,吴秋林,秦钢.论新时代体教融合的结构功能、引领动力与协同治理 [J].湖北体育科技,2022(02)

[46] 蒋维娜.体教融合背景下青少年健康发展的治理研究 [J].青少年体育,2022(01)

[47] 张孝禄,梁勤超,高鹏飞.深化体教融合中利益相关者主体话语权及利益博弈 [J].体育与科学,2022(01)

[48] 赵亚男,郭蔚蔚,刘志云,李实.体教融合背景下中国青少年足球赛事体系的优化路径 [J].上海体育学院学报,2022(01)

[49] 殷明越,罗嘉颖,刘一航,张炜哲.体教融合背景下雅安市体育后备人才"学训优化"现状及对策研究 [J].当代体育科技,2022(02)

[50] 陆炎,史曙生.公共服务视域下体教融合的思维转向与进路选择 [J].天津体育学院学报,2021(06)

[51] 刘玉恒.政策工具视角下我国竞技体育政策文本研究 [D].上海体育学院,2021

[52] 刘浩.协同理论视角下社区体育与学校体育融合发展路径研究 [D].鲁东大学,2021

[53] 方明克.浙江省三对三篮球"篮协与高校"协同发展策略研究 [D].杭州师范大学,2020

[54] 闫壮壮.新时代背景下南京市校园足球特色学校发展路径研究 [D].长江大学,2020

[55] 武显治.协同发展视角下河洛篮球联盟的构建研究 [D].首都体育学院,2019

[56] 岳凤文.京津冀体育赛事协同发展的测量与评价 [D].天津体育学院,2019

[57] 成颖. 基于主体协同的大型体育赛事系统协同度评价指标体系研究 [D]. 上海体育学院,2019

[58] 胡云婷. 基于协同理论视角的县域农村公共文化服务供给模式研究 [D]. 哈尔滨师范大学,2016

[59] 聂振. 无锡市新区初中体育特色学校特色项目的发展现状研究 [D]. 苏州大学,2015